教育发现
EDUCATION DISCOVERY

为教师立言

20位课改人物访谈录

INTERVIEW
OF TWENTY
CURRICULUM REFORM
EDUCATIONISTS

褚清源 著

山东文艺出版社

推荐语

对当前的课改，我有话要说——

1. 不能把手段当成目的。教学形式和学习方式的改变并非课改的终极目的。校本化课程建设、小组学习、互联网＋教育、校本课程开发等皆为课改的重要组成部分，但这些只是手段，课改归根结底是为了改变学生的生命状态，培养学生的动手能力和创新能力。

2. 不能窄化课改。正如有校长所言：课改被窄化成了教学改革，教学改革被窄化成了教学技术和方法的改革，教学技术和方法的改革则被窄化成了小组学习和学案改革，甚至窄化成了做题和训练的改革。

3. 不能"瞎子摸象"式课改。有人认为课改就是课程设置的改革，有人认为课改就是课堂模式的改革，有人认为课改就是信息技术与学科融合的改革，也有人认为课改就是学习方式的改革……这些是课改，但不是课改的全部。千万不能犯盲人摸象的错误，不能认为只有自己是正途，别人都是歪理邪说，更不能排斥别人的改革尝试。

4. 不能只做加法。课改不是加重师生课业负担，不是无限制开发课程，不是单纯讲效率改革。在加法之外，课改还要有减法思维和乘法思维。

5. 不能让课改话语权一家独大。课改话语权可分为：专家话语权、教育职能部门话语权、媒体话语权、师生及家长话语权等，话语权一家独大是非常危险的。

6. 不能忽视课改的累积效应。每次课改都是上次课改的传承与创新，不能全盘否定上次课改的作用。课改不能大跃进，不能放卫星，速成式课改必将昙花一现。课改不是说出来的，更不是写出来的，而是做出来的。

这些思考大多源于我与褚清源先生平时的交流。所以，我郑重向大家推荐他的新作《立场》一书。我相信，这本书能给你带来无限的思考，也相信这本书会给课改人带来不一样的阅读体验。

（王红顺　中国教师报特聘课改专家）

我一直在思考两个问题：什么人搞课改？什么人不课改？

先说"不课改"。

我认为，第一类就是那些公办名校。人家是"大户人家"，"不愁吃不愁穿"，"饱食"之后谁喜欢折腾？！校长不喜欢，怕课改有风险；老师也不喜欢，在名校悠然地当名师足矣，别没事找事。

第二类或许是那些所谓高端、大型民办学校。在鹤立鸡群的感觉下，他们认为那些课改做出成就的学校属于"小户人家"。于是，他们耻于下问，也不课改，反正当下的日子还不错。

而我在思考搞课改的那些"小户人家"的动机、动力何在时，曾想到过毛泽东说的"穷则思变"，认为一些想过好日子的小型民办学校当属于此类，希望在和公办学校的教育竞争中找到一个异质化的突破点。这是实情，也是民校市场行为的体现，但这绝不是课改人的根本动因和本质。

我定义了一个群体——课改人。

这个群体有三部分，研究者、实践者、推广者。教育媒体人褚清源先生当属后者。而且，他代表和解释了课改人的深度行为动因，即我国基础教育的教学方式已经和社会发展需求相背离。显然，他们看到的是社会"高危问题"，是未来"如何立国"的问题。

尤其是清源的课改智慧，早已远远越过了媒体人的疆界，走进了教育和课改深水区，并以独立思想去发现、去整合，在渐行渐思渐变中，走到了中国课改人的前排。

（王国平　河南省民办教育协会副会长）

清源，是我最敬重的教育媒体朋友之一。他对教育事业充满激情，对广大师生充满真情，并用自己的才情，写就了大量的发人深省的文章。

作为《现代课堂》周刊的主编，他手中的镜头，始终聚焦在教育的最核心部位——课堂。他试图通过扫描大量的基层教育实践，探索出具有普遍意义的课改理念和有效路径，通过课堂变革实现教育突围。因此，哪里有课改的大事"发生"，哪里就会有《现代课堂》的"发声"。通过媒体的"发声"，促进基层课改重大事件的不断"发生"，这份周刊真正成为基层学校和课改教师的导航仪、冲锋号和说明书。

经过清源三年的辛勤整理，《立场》一书终于要与广大读者见面了，这个思想成果可喜可贺。书中的20位课改人物，从不同角度阐释的是同一个教育立场，那就是"学生立场"。应该说，一直以来，我们所有思想观念的偏差与落后，所有教育教学方法模式的陈旧与僵化，教育教学结果的事倍功半，归根结底都是偏离正确教育立场所造成的。《立场》进一步告诉我们，教育为什么出发，从哪里出发，到哪里去，这是教育的最根本问题。立场决定观点和方法，观点方法决定结果。

我相信，这本书一定会给教育人带来"心"的启迪，更会给教育人带来新的视野和新的方向。

（任永生　辽宁省葫芦岛市南票区教育局局长）

"立场"，不仅是一个好书名，也是一个很好的观察课改的视角。一些学校、地方在课改上半途而废或南辕北辙，究根问底，恐怕都能在立场上找到问题。在我看来，课改只应有一个立场，即学生的立场。一切不以服务于学生更好成长为出发点和落脚点的课改，都不会有生命力。

要解释这一点，需要思考和回答以下问题：为什么要有学校，它因何而存在？孩子到一定的年龄为何需要从家庭走向那个叫作学校的地方？是因为它有老师吗？是因为它有固定的场所能把一群同龄人聚在一起吗？是因为它能提供系统的课程吗？是因为只有它才能贯彻落实国家的教育目标吗？这样追问下去，我们会发现，学校存在的唯一理由，是它可以比其他教育机构（包括家庭）更好地利用、提供各种资源，服务于学生的成长。背离了这一点，学校也就失去了存在的价值。

学校因学生而立，课改就是要让学校成为更适合孩子们生长的地方。但世间最远的距离就在说到与做到之间，坚定学生立场不易，从学生立场出发朝着正确的课改方向前行更不易。一位校长、一所学校很容易在各种利益的诱惑与干扰、各种教育观的是非纠结中摇摆不定，也因此，在《立场》一书中所记录的那些真正的课改者，才格外显得难能可贵。

(李斌　天真蓝教育传媒创始人、原中国青年报评论部副主任)

两年前成为台湾十二年一贯制义务教育语文新课标研订委员后，我开始理解各国"核心素养"内涵的构建过程与意蕴，并关注核心素养为两岸所理解与接受的程度及改革趋势。近年我走进两岸上百所学校观察课堂，我的经验每每印证：培育核心素养的课堂实践，不容乐观。

每当我与老师们谈"核心素养"概念时，老师们普遍认同：比起书上的知识，核心素养更是人际互助解决问题派得上用场的胜任力。然而，当我走进课堂观察学科教学，一再打从心里追问：为什么不见核心素养的踪影？

原来"认同"核心素养与"教学实践"之间，诸多问题必须被看见，看得见问题才比较可能找得到解决之道。

培育核心素养绕不开的首要挑战是：从强调教师的教转化为注重学生的学的专业要求。在此前提之下，现场教学面临种种转型挑战：老师眼里必须看清一个个学生，而非面目模糊的班级群体；比以往更重视学习的历程；布置参与式的学习任务使学生经历探索的过程以获得深刻理解；设置促成学习的丰富资源与环境；除了学科知识概念与能力，如何学习也是学生重要的学习目的；更重视学习者的文化背景、前概念、个性与情感……

然而，整个教育，实质改变好少好小好困难。班额庞大、教室匮乏空荡、无谓无穷的教师检查评比、中考高考竞争激烈横在眼前……核心素养目前还仅是理念、理想，仍悬在苍穹之巅……

《立场》所报道的20位课改人物，有愿景、有策略、有系统、有延续性、有影响力地深耕着。这20位教育实践与改革者，在这理念超载、教改已成人人都能喊上几句的躁动年代，为量大却无声的学生，撑起一小片天地。

褚清源先生眼观六路耳听八方，深刻的描绘力、感染力让读者一如现场亲临，无非想借笔奔走相告：教育最美的风景，是让理念落地，让学习有生趣，让学生有生机。这20位长期播种灌溉的园丁，突破万难披荆斩棘所走出的改革之路，化成让核心素养跨天落地的一道道彩虹。

（李玉贵　台湾师铎教师、台北市国语实小教师）

不论从哪一个角度观察中国教育，今天，改革都一定是主题词、关键词。从热议"世界那么大，我想去看看"的小情怀，到关注教育公平与质量的大政策；从改变某一个具体课堂形式和载体的细微，到谋划全国性高考制度变革的宏观；从教育官员因为课改而被迫下课的人生起伏，到新的教育部长走马上任所带来的全民期待……这个时代给了教育改革最隆重的礼遇、最广泛的支持。正如本书作者所言：如果人人敢于谋变，教育便是晴天。教育改革，迫在眉睫，万众瞩目。

本书用了五年多的时间，回顾了三十年来，甚至更长时间，中国教育改革，尤其是课改，所经历的不断谋变的曲折与艰辛。教育一直在谋变，怎奈雾霾依然在。人们在等待，等待教育的晴天，似乎都有点等不及了。孩子的事情耽误不起啊！怎么回事？教育的变革一直都在，说好的晴天却迟迟不来！作者带着我们一起反思。

立场！我太赞同作者的观点了！就是立场决定了改革的走向与结果。立场是感情，是归宿；是世界观，是价值观。对于教育，不同的人，不同的机构，在不同的时期有不同的看法。这些看法有的大致相同，有的大相径庭、完全相左。就好像"一千个读者有一千个哈姆雷特"一样，对于众口难调的教育改革，人们当然莫衷一是。面对东西南北风，无论风帆怎样高悬，你都无法祈求教育改革的大船可以抵达成功的彼岸。理念不同、模式各异，只有要求立场一致，才能把谋变的努力聚合起来，朝一个方向鼓劲，推动改革的大船破浪前行。

我相信作者的立场，更期待这个立场带来的变革！

（李奇勇　国家督学、贵州省教育厅副厅长）

当今时代，是信息化、全球化步伐不断加快的时代，是文化多元、思想多元、价值追求多元的时代。映射在教育领域，则是百花齐放、百家争鸣，教育思想纷呈，教育流派林立，教育模式滥觞，可谓是进入了教育理论与教育实践的"丛林时代"。

在这样一个"乱花渐欲迷人眼"的时代，我们每一位教师、每一位校长、每一位教育工作者，都需要澄明自己的教育理想、自己的教育信念、自己的价值追求，以坚定自己的教育立场，义无反顾地走进自己的课堂，变革自己的课堂，让自己的教育理想得以实现，让自己的每一个学生都能够成为新时代自由而全面发展的人。

身处教育理论与实践的丛林中，想要澄明自己的教育理想，坚定自己的教育立场，不单单需要我们每一位教师的自思自醒，更需要照亮丛林迷雾的航标灯。在我们迫切需要对照教育实践的范例，澄清自己教育观念的时候，清源先生的新作《立场》一书，为我们送来了选定自己教育立场、校准自己教育航向、探索自己教育实践路径的 20 个标杆。

清源从在《中国教师报》五年时间采访报道中积累的众多成功案例中，精心选取出来 20 位对课改有着深刻思考和成功行动的人物，从课程与课堂教学改革的视角，分为启蒙者、决策者、盗火者、突围者四个维度，透视这 20 位课改人物思想和行为背后的教育理想、教育信仰、教育立场。而他们坚定的教育立场使他们在遇到任何困难和阻碍时，都能够毫不动摇，坚持自己的教育主张，坚持自己的教育改革实践，直到自己教育理想的实现。

这样的 20 个课改航标灯值得我们去解读，清源先生所书写的立场值得我们去期待！

（李洪山　海南省教育研究培训院副院长）

屈指算来，我和清源相识已经十多年了。最初的几年，在我的印象里，清源不是那种口若悬河、语惊四座的"精英"，总是一副眉头微蹙、举轻若重的模样，但他认真、勤奋、执着，在教育新闻采编岗位上一步一个脚印地走着、问着、记着、思考着……终于，他从一个地方教育媒体走进了中国教育报刊社的大楼，从新的角度仰望教育的星空、关注教育改革与发展的脉络；终于，他数年磨一剑，推出了这本《立场》。

在这本书中，清源以他惯常的认真、勤奋、执着，与 20 位课改人物深入对话、互动。通过书中鲜活的呈现，读者可以清晰地触摸课改、倾听课改，从而理解课改、支持课改；读者也可以通过一个个课改人物的喜怒哀乐、个性情怀感受到教育的博大与多元，感受到教育人的可敬与不易。可以说，这本书围绕课改在叙事，也在书史，在写人，也在立论，建议每一位关心课改、心系教育的人，特别是从事教育的人，都来读读这本著作，从而深化自己的认知、丰富自己的思想、谋划自己的行动。

最后，作为老同事，我祝愿清源在自己的记者生涯中不忘初心，继续前行，期待他不断推出新的作品。

（张剑光　《河南教育》杂志主编）

山与水相遇了。山问水："你为什么不断地流动？"水答："我不流动就会变臭。"水问山："你为什么不动？"山答："我一动就会坍塌。"双方沉默片刻顿悟了，山说："我们一刚一柔，动静异趣，个性不同，坚守自己才能生存。"水说："我能滋润你，你能储备我，相互借力又不失自我，可以携手创造美好世界。"从此山水相亲，山环水绕，山清水秀，风景各好。

读罢清源的《立场》一书，我写下了这则寓言，我想深入地读懂这本书。20位课改领军人物创造了可与山水媲美的课改景观，仅仅是因为立场坚定不移吗？他们是如何把立场转化为创意，转化为路径，转化为践行的平台与操作方法的？这个立场的落地行走过程我要弄明白。

清源历五年贴地行走，格人致性，终剥笋破茧，独家发现，他仅仅是为了找到引领英雄走向成功的立场吗？他如何借众多立场的发现进而判断中国课改的走向，并前瞻性地对策今后课改的战略与战术，我要弄明白。

我和众多的教育人一样都是《立场》的读者，但我们仅仅把自己定位于读者是不够的，阅读别人是为了阅读自己，我们的课改立场是什么？能站在时代的前沿吗？能跟上前行者的脚步吗？能沿着自己的立场走出一条通向成功的大道吗？我不敢说我已有正确的立场，我能走多远，但我一定会找到自己的信念，一定会坚定地走下去，哪怕一条道走到黑！

《立场》是一本解读课改的书，引领课改的书，坚定课改的书，成就课改的书。读懂它，成就自己，成就自己的团队，成就学生的未来，成就中国的教育事业，这就是我的课改立场。

（郑冠坤　河南省新密市教研室原主任）

捧读清源的《立场》，好亲切！好感动！好憧憬！

亲切：清源是我相逢在课改路上的一位有思想、有学识、有立场、有激情且相见恨晚的"媒人"（清源自称媒体人为"媒人"）。多年来，他凭借坚定的使命担当和敏锐的洞察力，集课改战场上的启蒙者、决策者、突围者和盗火者之音，向改革一线的战友们发声，风风火火，不舍昼夜，为课改鼓与呼，啼血传播正能量！书中的20位课改人物，有的是我的同伴、朋友，过往的岁月里，多有交流对话与分享；有的虽未曾谋面，但声名远播，文交已久，仰慕敬重！他们是我国基础教育课程改革涌现出的杰出代表，多年来，一直用理念、思想、智慧和业绩，领跑课改，功勋卓著，史册永铭！有幸集合在《立场》中，思想境界，精神气象，睿识洞见，让人倍感亲切！

感动：值此教育改革攻坚克难的关键时刻，书中每一位开拓创新者，坚持正确方向，怀着信仰梦想，以科学的精神、求实的态度，大胆探索，构建新模式，创新方式方法，给人们示范和榜样。特别是实验学校的突破和区域推进过程中所贡献的改革智慧与策略，不仅让大家认清方向、凝聚共识，更学到了改革创新的本事、机智、能力和胆识，触摸到了教育的本真！

憧憬：翻阅全书，它记录的虽是过去时日的探索、足迹、欢欣、苦衷，但引领着的前方却是一片光明！尽管在路上，沟沟坎坎会更多，但能量满满！信心满满！《立场》让人更坚定！

（孟凡杰　中国陶行知研究会副会长、黑龙江省教育厅原副厅长）

一切向分数看齐的时代已经OUT了！改革，才是这时代的主题。教育改革迫在眉睫，教育是让每一个不同的孩子变得更不同，是让梨树结出梨子，苹果树结出苹果，而不是让每一颗苹果树都结出时下有市场销路的何首乌。

我对应试教育深恶痛绝，应试教育在结果上只能是"毁人不倦"。无论多长时间的灌输和题海战术，在我看来都是误人子弟，这样的教育也是充满罪恶的。

我不相信，应试教育一直会成为当今社会的不倒翁；我不相信，为了达到更高的升学指标而对生源巧取豪夺的学校依然能大行其道；我不相信，课改的学校没有未来！

我力主课改，就是想为摆脱应试教育做出努力。虽然，推行了近三年的教学改革因故搁浅，但我从不认为它是失败的。我坚信，那些真正用心践行课改的教师非常清楚到底什么样的教育才是好教育，我也坚信，课改理念在那些课改学校已经深入人心。更何况，在我看来，改革从来不存在失败，因为失败本是成功的一部分。只要行动，就会有收获；只要改革，就会有成果。

我很高兴能够看到《立场》这本书，它是专门写给课改人的，我希望更多的人能够看到这本书，让改革者不再孤单，让行动者更有力量！

（郝金伦　河北省涿鹿县科教局原局长）

清源又要出版新作了，由衷地向他表示祝贺。

这是一本写给课改人的书，在这本书里有许多熟悉的名字：张卓玉、田保华、冯恩洪、崔其升、王天民……他们都是课改的见证者和推动者，也都是中国教师报的老朋友。

清源是一位优秀的记者，多年来，他的采访始终围绕一个主线——课改。他数年如一日关注同一主题，这种精神难能可贵。在这本书里他试图通过20位课改人物表达一个重要论断——教育人需要坚守一种立场，那就是改革的立场，因为无论哪个时代，改革始终是教育永恒的主题；而改革者同样需要坚守一种立场，这个立场就是儿童立场、学生立场。

认识并坚守这样的立场，不仅是课改人的使命，也是一种责任。希望读者通过这本书，可以更好地理解课改，读懂课改，积极地去建设课改。

（雷振海　中国教育报刊社副社长）

序言 1

用《立场》表达立场

《立场》是一本三年前就可以和读者见面的书，但我并没有急于出版，而是有意放在我随身携带的U盘里沉淀了三年。三年后再来审视其中的文字，的确又有了很多新的认识。我试图用时间的力量来淘洗我所访谈的课改人物的思想亮度！还好，他们的课改言论都是值得细细品读的有立场、有态度的文字！

我想，一本书首先是作者对自己负责，然后才是对读者负责！我一直在努力为读者呈现负责任的文字！

（一）

在这本书即将出版的时候，河北涿鹿课改局长郝金伦的辞职事件被推向了舆论的风口。作为一直致力于关注课改的媒体人，我曾经多次与郝局长有过交集。我深深懂得一位坚守课改立场的局长试图在改变什么，尽管一个人的理想在整个体制面前有时候真的有些渺小；我也由衷地向这样的改革者致敬，尽管一位局长的努力未必可以让教育变得更好。

当这一新闻事件被过度消费的时候，我想旗帜鲜明地说，无论郝金伦多么需要反躬自省，他都应该赢得鲜花和掌声。

在今天，有多少县级教育局长，可以像郝金伦那样每学期深入课堂听课一百节以上，每年阅读一百本以上的教育专业书籍；可以一个人夜访衡水中学,只为看到衡水中学最真实的一面;可以遍访全国课改名校,只为选择一个适合当地的课改样本。

这个九月,新学期一开学,河北涿鹿中小学的课堂改革又回到了原点,但有一个人回不去了,郝金伦知道他要去往哪里——心在哪里,就会走向哪里。在他眼中,那仅仅指向升学率的教育是充满罪恶的。

有人说,郝金伦是一位充满悲情的课改英雄。所以,我们姑且将其放置在失败者的位置加以考量,尽管郝金伦并不认为自己是失败者。

在通往课改的旅程中,我们不仅要感谢那些成功者,还要感谢那些失败者。郝金伦事件告诉我们,作为课改的推动者,需要有足够的智慧"搞定"上级,让上级了解课改、支持课改,还要有足够的智慧"搞定"教师和家长,让他们成为课改的认同者、践行者和支持者。因为搞不定他们,有一天就可能被他们搞定。怎么才能"搞定"呢?我想一百位课改者有一百种搞定的方法。我相信,任何一个区域或学校的课改问题都不会有可以直接参考的"标准答案",任何一种结果都是多种因素促成的,绝不能简单归因。

(二)

教育无解?这是我在重新审读《立场》这本书时产生的疑问。每个时代都有这个时代需要解决的教育难题。今天也一样。在课改的领地里,几乎每天都有新的梦想诞生,每天又都有失败的故事重演。改革就像一场没有结局的连续剧,一直上演着情节生动、一波三折的剧情,却迟迟不见谢幕的迹象,每一代人都不知疲倦地寻找答案,寻找结果,但改革本身似乎是一场没有标准答案的考试,一场永不落幕的连续剧!

课改从来不是只有一个面孔,从来都是有人干、有人看,还有人专门来捣乱。如此复杂的课改面孔都需要身处其中的行动者,用智慧去化解,在坚守"立场"中拥抱成功。

我特别钟情"立场"二字,人是需要立场的,就像人要有性格一样。课改亦然，课改本身就代表一种立场！那些缺乏立场的人，往往会以"教育正确"的面目出现，以很辩证的言论赢得掌声，但从实践层面上说，课改"坏"就坏在所谓的"辩证"上。

所以，我想用《立场》表达立场！用《立场》表达敬意——对课改人的敬意！其实，我也意在通过《立场》揭露那些伪课改者，意在提醒身处课改现场的人们，别让课改输给怀疑者和捣蛋者。

课改不易！因为在真实的课改环境里不只有保持派、顽固派，还有反动派！

真的！

（三）

我们都是生活在立场中的，谁都无法清空自己的立场去表达，去做事。

人对于新事物的判断往往取决于如下几点：一种是观念，即想不想做；一种是心态，即愿不愿做；一种是需求，即要不要做；一种是能力，即能不能做；一种是政治，即让不让做；一种是立场，即会不会做。有情怀、有责任的教育者，无论想不想做，愿不愿做，他都会选择去做。这就是立场。

也许，今天的课改实在不缺理念，不缺方法，甚至不缺少行动，但在遭遇质疑、不解和困境时，如果你依然能不离不弃，坚守初心，你就是一位信守课改立场的人。

信守一种立场，意味着"抱一"，即制心一处，不摇摆，不妥协，三年、五年，乃至十年只做一件事情，将课改进行到底！

信守一种立场，意味着"知止"，即对教育怀敬畏之心，知道在通往课改这条路上，哪些事情可以不做，哪些事情不能做。

信守一种立场，不仅仅指向课改立场，还指向学生立场，从学生出发的课改才是真正的课改。如果脱离了学生，脱离了人去谈课改，那实在是对课改的亵渎。

本书所收录的 20 位思想力人物为课改供应了丰富的建设性观点。但我想说,《立场》这本书与其说是在传播课改理念,不如说是在营销教育希望!

当课改者被负面情绪裹挟时,一位同行者的经历会让人汲取信心和力量!

(四)

基础教育一直弥漫着一种"不高兴"的情绪。这一情绪携带的毒素正在侵蚀着我们的学校教育。基础教育何以如此备受诟病?大概是因为太多的学校教育目中有"功",目中有"利",却唯独目中无"人"。这样的观点也许显得偏执,但的确反映了当下教育的问题和有问题的教育。

我们都生活在困境中。每个人都期待公平的教育、理想的教育,但每个人又似乎是这种教育怪象的制造者和帮凶,每个人都在苦苦"挣扎",但妥协者众,谋变者寡。

但我们依然坚信,每一个时代总会有一批纯粹为教育思考的人,视教育为生命的人。他们希望突出重围,擦亮那一方星空,他们的精神尺码高度一致。这样的人多了,便集聚了这个时代变革的力量。

这本书所要传递的一个重要信息就是,变革。变革,是一个不断发现问题、校正问题的过程。当越来越多的学校锁定课改,志在"破局",意在"突围"的时候,我们的学校教育面临的必然是一场革命而非改良。如果说改良只是在原有教育框架内的修修补补的话,那革命则意味着打破与重建。

学校教育的重建必然要完成两项"拆迁工程":一项对应于课堂改革,就是要砸掉讲台,让教师走下讲台,走到学生中去,还课堂于学生,还学习于学生,让教学从"二传"走向"一传";一项对应于课程改革,就是要推倒学校的围墙,站在学生的立场,站在人的立场,打开课堂、打开教室、打开校门,让教育从校园走向社会、走向生活,从课程视角重新开发并利用一切可以利用的资源,凡是有学习发生的地方都是课堂,凡是对学生成长有益的教育资源都是课程。

这本书里所记录的就是那些敢于发声、勇于自救的启蒙者、决策者、盗火者和突围者。他们中有为教育号脉的"郎中",有把教育当作信仰、把理想写进课堂、行走在民间的"当代武训",有人居庙堂之上,有人处江湖之远。很多前沿理念在他们的实践中都成为真实而生动的细节,他们不为喝彩而课改,他们都是这个时代的教育布道者,他们正在努力拉动基础教育改革的引擎。

(五)

整理这部书稿的过程中,我一直有一种冲动,想称他们中的一些人为"教育家"。

人们总是把"教育家"当作一种奢谈,就像人们总是不敢轻易奢谈信仰一样。那么,什么样的人才能称为教育家呢?相信每个人心中都有自己期待的教育家标准,而不同标准中相契合的那部分一定是关于教育家的公约性标准。

教育家一定是敢于用行动回应堪称国问的"钱学森之问"的人。

教育家一定是"野生"的,"散养"的,而非"圈养"的,奉指令办学的人。

教育家一定是双手放在历史舵轮上的人,是双手能把握好教育方向的人。

教育家一定是从课堂里走出来的人。他们敢于躬身教学田野,回到一线实践中去,是从庙堂走向课堂的人。

教育家一定是能拥有"独立之精神、自由之思想"的人。今天的教育人云亦云者众,而特立独行者寡,当学校成了官场、商场、市场的时候,教育家首先是敢于坚守教育理想和教育底线的人,是拥有自己独特教育主张的人。

教育家一定是这样的人：他们可以没有耀眼的光环，可以不居庙堂之高，可以在理想的坚守上有些偏执；他们是草根，但一定有英雄本色；他们是改革者，但一定与理想有关；他们选择的是一辈子不可能再做其他选择的职业，他们终身以教育为志业，教育是他们安身立命之本，也是他们改造社会、推动文明的途径……

我相信，本书所关注的20位课改人物中一定有符合这些标准的"教育家"。

（六）

经历了无数次的修改、补充，这本书终于要问世了。

曾经一直为某个部分的处理感到遗憾和纠结的情绪从这一刻开始可以放下了，内心的幸福感油然而生。

能把工作和兴趣连接起来，在今天的确是一件很奢侈的事情，而我就是这样的幸运者，每天可以幸福地码着自己喜欢的文字，以梦为马，奔向未知……

我想成为距离课改现场最近的媒体人，所以，五年来，每走进一所学校我总会习惯性地走进教室、走进课堂。我固执地认为，只有在那里才能看见最真实的课改。

作为教育媒体记者，我的专业成长无疑与对话这些思想力人物有关。我很庆幸，采访中认识了那么多有教育理想和情怀的人。在成长的路上，有他们的故事做伴，有他们的思想照亮，所以，我可以行走得更加从容。

我也在反思，其实，作为一名采访者，哪里是采访别人，何尝不是通过采访别人发现自己，认识自己，完善自己。所以，感恩每一位被采访者对我的精神滋养。

在这本书的前面有12位师友撰写的推荐语，他们在文字中同样表达了鲜明的立场，和对本书的褒奖，感恩他们的厚爱和支持！

立场，是一个身份认同感和情感链接很强的词。在这篇文章的最后，我想重申我的立场——为课改者立言！我向来鄙视那些找一百个理由拒绝改革的人，那些言必称升学率且喜欢拿着数字"炫富"的人。我的文字必然远离那些没有担当的人、缺少立场的人、抱怨太多的人，我的笔永远指向心怀梦想、敢于谋变的行动者！

褚清源于北京

2016 年 9 月

序言 2

十年·立场

纸媒的黄金时代已经落幕，但是作为行业报，《中国教师报》的品牌成长值得研究！作为中国教育报刊社市场化探路的桥头堡，她一诞生就给人以"小清新"的视觉冲击，就在探索"精准定位"之路，直到2011年，差异化发展的"课改报"定位正式确立。这一定位决定了《中国教师报》只做一件事，那就是——课改！这是偏执吗？也许有人是这样认为的。

但中国教师报人知道，战略就是选择做什么和不做什么。你可以理解为战略定位，当然也不妨理解为一种立场！

美国特劳特品牌思想主要集中在《定位》一书。而《中国教师报》主打"课改牌"不经意间正契合了特劳特的"定位说"。定位说里有"一词占领头脑"的说法。《中国教师报》的"一词"乃课改。有读者给订制的广告语是：《中国教师报》，课改真需要！我突然觉得，这句话与"怕上火，就喝王老吉"有异曲同工之妙！

现在想来，在课改领域，《中国教师报》为什么会有一批高于一般读者的认同者和追随者？大概是因为《中国教师报》不只将自己定位于课改的观察者和记录者，更把自己放在了参与者和建设者的位置，与坚守一线的课改人"站在了一起"！"在一起"是一种立场、一种精神，也是一种力量！

未来，这张报纸能走多远，取决于这支传媒铁军能否真正抱持课改立场，不忘初心，贴地行走，鼎力革新。

2013年2月6日,《中国教师报》推出创刊十周年特刊,主题是"立场"二字,我曾执笔写下了这样一段文字——

一张报纸的十年,不足以说明什么。

但是,当她的十年与课改紧密相关的时候,这十年则被赋予更多的意义。

十年前,课改在中国大地刚刚起步,理想与现实交织,困惑与期待交锋,《中国教师报》就诞生于这个思想与行动都在转型的课改年代。因此,在一定程度上说,《中国教师报》走过的十年,就是基础教育课改的十年。

十年,这份全国教师自己的报纸一直在"谋变"——调整定位,优化版面,变化内容,改变行走方式。变,成了这份报纸最大的特点,在不断求变的旅程中,旨在与读者一起寻求恒久不变的教育共识。

十年,从最初的"为教师说话,让教师说话,说教师的话"的办刊理念,到"让中国教育因你而改变"的宣言,再到"现代教育的倡导者、现代课堂的引领者"的树帜,《中国教师报》一路领跑,开教育媒体新风。这里已不仅是一线教师的精神家园,不仅是前沿教育思想的集散地,更是全国高效课堂改革的策源地。十年,她敢为人先且旗帜鲜明地标榜了自己的立场,提出了媒体自己的教育主张,践行媒体自身的价值观——媒体不只是满足需求,更要引领需求;不仅要敢于提出问题,更要能够躬身实践,参与建设;媒体要呈现的不只是教育思想力,还应有系统的课改方法论。

十年,我们的发行量从5万、10万、23万,再到今天的45万。一路走来,付出努力的不只是这个团队的二十多位编辑、记者,更重要的是,有45万读者的相伴相随。我们一直在努力。这种力量无疑来自读者,来自躬身践行"为了更好的教育"的一线教育实践者。

课改,是一段旅程,我们可以选择起点,却很难抵达终点。如果说有终点的话,那个终点一定是人本身,而课改的终极目的无疑就是让每一位置身其中的人，都成为一个内心有力量的人，成为一个完整的人。这是我们的立场，也是教育的立场。

因此，在本报创刊十周年之际，让我们与读者一起，以课改为线索，共同检索生长在基层的丰富的教育实践和生动的课改故事。如果你能从中读出课改的勇气、希望和信心，那么，这正是我们的目的所在。

十年，感谢有你！

让我们共同坚守"教育情怀，人本立场，行动精神，文化关怀"，与读者一起走好下一个十年。

这段文字阐释了一份教育媒体所坚守的立场，也表达了这份媒体的教育雄心。谨以此献给与《中国教师报》并肩前行的教育者，一起不改初心，问道课改，集结希望，预约未来……

褚清源于北京

2016年10月

目 录

第一辑　启蒙者

从理念到观念只是一念之间，但他们却要谨慎表达、千锤百炼。在立场之上，他们传播已知，思考未知，是从不停歇的教育思想点灯人。

4 …… 李镇西突破

17 …… 姚文俊：从儿童出发

32 …… 改革先生冯恩洪

43 …… 独立教育人郑杰

55 …… 吴忠豪：呼吁语文转身

第二辑　决策者

在行政与专业之间，他们忠诚于自己的心灵；在理想与现实之间，他们用心思考，用脚丈量。

72 …… 张卓玉：为什么说教育需要革命

92 …… 李艳丽：给生命完整的食谱

106 …… 田保华：让课堂合乎道至于德

120 …… 李南沉：一位区委书记的改革观

132 …… 李成旺：为好教育作注

第三辑 盗火者

他们是普罗米修斯式的盗火者,让教学告别野蛮,告别传统,告别灌输,也让更多的人可以向着明亮那方,向着不可预知的未来奔跑。

146…… 盗火者崔其升

161…… 杨文普的中国梦

171…… 贾利民:做课改的守夜人

182…… 李志钢的发现

197…… 非常校长陈波浪

第四辑 突围者

他们开启了一方教育的"自留地",无论地处都市还是偏居乡野,他们总能站在教育变革的最后一公里,让教育别有洞天。

210…… 盛国友:做教育的谋道者

223…… 胡志民:课改原本很简单

234…… 范庚祥:守住梦想的防线

245…… 教坛"鬼谷子"王天民

261…… 张建平的教育理想国

启蒙者 第一辑

从理念到观念只是一念之间
但他们却要谨慎表达、千锤百炼
在立场之上
他们传播已知,思考未知
是从不停歇的教育思想点灯人
他们每思考一厘米
就意味着改革前进一大步
基层实践的每一次华丽转身都是思想的胜利
因为他们,越来越多的人知道
教育不只有考试和分数,还有幸福和远方
教育在他们的表达里总是更加充满想象力

人物档案：

　　李镇西，教育哲学博士，特级教师，曾任四川省成都市武侯实验中学校长，出版有《爱心与教育》《善待杜郎口》等。

李镇西突破

语文名师、魅力班主任、博士校长、中国的苏霍姆林斯基……

这些身份和美誉"交织"在一起,构成了李镇西在基础教育领域特有的影响力。

李镇西,是一个符号。

他代表着语文教学和班主任工作的繁荣。在这两个领域,他有太多的业绩和荣誉。尽管如此,他又一次选择了改变。这次改变始于2010年,这一年,他再次从课堂出发,开创一种全新的课堂文化。一直以"讲得精彩"而著称的李镇西,曾先后多次走进杜郎口中学(以下简称杜郎口),研究杜郎口,并写下了一系列"捍卫杜郎口"的文章。在杜郎口的课堂上,他看到了小课堂可以践行大民主。于是,他与全体教师一起将民主思想植入课堂,开启了深耕民主课堂的改革之旅。为了引领全校教师投身课堂改革,李镇西亲自试水,上了一节"不讲"的课,一度成为大家热议的焦点。

且教且读且思且写。从1982年大学毕业,一路走来,李镇西一直是以这样的姿态行走在教育界的关注里,从一位普通教师成长为最具影响力的特级教师,从一位"教育浪漫主义者"到"教育现实主义者"再到"教育理想主义者",从"生活语文"到"民主课堂",伴随着一次次的突破和超越,"代表人物"李镇西一直都是一个教育标杆。

从"讲"到"不讲",李镇西完成了他教育思想中最为重要的嬗变。李镇西的民主课堂主张:课堂是教学的主阵地,核心是师生关系,而师生关系的灵魂是民主;民主的课堂就是让学生成为课堂的主人,让"以人为本"这四个字体现在每一堂课上;让学生成为课堂的主人,就必须重建师生关系,把教师"教"的过程变为学生"学"的过程,让教师的"教"服务甚至服从于学生的"学"。

李镇西的改革源于他对当下课堂教学的深刻反思。他曾在一篇文章里这样反思自己的公开课:不管我在课堂上多么"机智",最后都是想方设法把学生置于自己的思想框架之内;不管学生在课堂上多么热闹,显得多么有"主体性",其实他们或多或少或明显或隐约地都成了我表演的道具。但这也怪不得我。试想:连"知己知彼"(在教学上就是师生互相了解)这个起码的要求都达不到,教师怎么能上课?但这课又必须上,那当然就只有由教师制定一个比较完美而又巧妙(即看不出痕迹)的教学框架,包括设计一系列"问题"等等。在这样的课堂上,教师不得不提前做好"预制板",于是教师完全掌握了学生思维的主动权,"以不变应万变",当然"游刃有余"。如果要靠这样的公开课去引领教师们"学上课",李镇西认为,那中国的课堂教学就真的"没救了"。

课堂教学不能搞"一言堂",要把学生推到教学的前台。"我的理想就是通过教育实践,尝试民主生活,体验民主精神,实施民主启蒙,培养现代公民,但是,民主不仅是一种制度,更是一种生活方式、一种内在的修养。"李镇西说。

这一切必然发生在学生学习生活的主要阵地——课堂。

访 谈

为什么捍卫杜郎口

褚清源：你是教学领域的领军人物，今天回过头来学习杜郎口是否代表着你的一种胸怀？

李镇西：学习杜郎口，关键是要在杜郎口的基础上有所突破与发展。学习杜郎口客观上对我来说是一种超越，不需要标榜自己多么虚怀若谷，每一位真诚而有良知的教育者都应该勇于学习别人成功的经验。学习杜郎口一方面是因为我们学校与杜郎口有很多相同点。我们同属于乡村中学，只是我们学校的校舍很好，以至于人们已经忘记了我们是农村中学，实际上，我们和杜郎口面临的学情基本是相同的。另一方面，关键是考虑到学生的需要和发展，我想我们主要是基于需要而学习杜郎口的。

褚清源：在你看来，作为一所农村中学，杜郎口为什么能够"成功"？

李镇西：杜郎口中学成功的秘诀在于，她选择了最可能也最容易突破的因素——课堂教学方式。通常情况下，我们无法改变统编教材，无法改变考试制度，也无法短时期内改变教师的素质，更不可能改变生源状况，剩下的就只有课堂教学方式了——这是我们唯一能够改变的。杜郎口中学正是从这里入手，开始了轰轰烈烈且扎扎实实的改革！

他们改变教学方式，又不仅仅是在更加"生动""直观"之类的教师个人技巧上做文章，而是从砸掉讲台开始，限制教师多讲，鼓励学生多说，把传统课堂中的"教师中心"完全颠覆了，课堂流程由教师教的过程转化成了学生学的过程。或者说，教师由过去着眼于自己怎么讲得精彩转变为现在着眼于学生怎么学得有效。于是，教室成了"知识的超市"，学习成了"生命的狂欢"。

当然，杜郎口的成功还有很多因素：比如，领军人物崔其升校长的改革魄力与人格魅力；比如，学校的反思文化无处不在，促进了教师团队文化的形成；等等。

褚清源：你是如何认识并解读杜郎口经验的核心价值的？

李镇西：我们需要澄清对杜郎口的认识。杜郎口的经验很简单，很朴素，如果说他们对教育的贡献是有所创新的话，我想他们的创新就在于捍卫了教育的常识：让学生讲。我们知道，最好的学习就是给别人讲，这是个常识。这个常识很深刻，也很朴素。多年来我们把这个常识给遗忘了，不停地给学生讲，却不让学生讲。于是，知识在我们教师头脑里记得越来越深刻，学生却什么都没记住。杜郎口中学的老师们相信了这个常识，并利用了这个常识，让学生在课堂上不停地给别人讲，成绩当然就提升了。就这么简单。

杜郎口中学是从改变教学方式开始的，但是他们最后改变的绝不仅仅是教学方式，由此带来的是教育观念的变化、师生关系的变化以及师生素质的变化。在师生互动的教学模式中，学生综合素质全面提高，教师专业水平全面提升，师生共同成长在杜郎口中学成为现实。

褚清源：你曾撰写过多篇博文，呼吁大家善待杜郎口，保护崔其升，引起了网友的热议，你为什么要这样做？

李镇西：我是出于教育者的一种良知来为崔其升校长辩护的。他是一位朴素的纯粹的教育者，保护他就是保护更多的教育改革者。我真诚希望我们每一个理想不灭、良知犹存的教育者，要支持杜郎口，包括指出其不足以完善它，要宽容崔其升，保卫真正的改革者。崔其升做到了我们想做却不敢做或不能做的事，实现了我们想实现却无力实现的教育理想，因此，保卫崔其升，就是保卫我们自己，保卫我们追求的教育理想，以及我们心灵深处的教育良知！

当然，杜郎口中学的课堂模式是可以质疑的，但谩骂与诽谤则不应该。学者谢泳在谈到民主的时候说过大概这样的话，民主不是没有缺点，但在我们很缺乏民主的今天，不宜多说民主的缺点，而应该多说说民主的优点，这样更有助于民主理念的普及。我想，今天，研究杜郎口，完善杜郎口，超越杜郎口，才是教育人应秉持的态度。

从爱心到民主

褚清源：从爱心教育到民主教育，在认识上你经历了一个怎样的过程？

李镇西：爱心是教育的前提，但不是教育的全部，更不是教育的最高境界。即使是真诚的爱心也可能出现两个导向：专制和民主。教育是心灵的艺术。如果我们承认教育的对象是活生生的人，那么教育过程便绝不仅仅是一种技巧的施展，而应该充满人情味；教育的每一个环节都应该充满对人的理解和尊重，应该体现出民主与平等的现代意识。虽然就学科知识、专业能力、认识水平而言，教师一般来说远在学生之上，但就人格而言，师生之间是天然平等的，教师和学生不但是在人格上、感情上平等的朋友，也是在求知道路上共同探索的平等的志同道合者。

褚清源：民主教育的终极追求是什么？

李镇西：民主教育是学生的主体性和教育的民主性两者的和谐统一：它把受教育权利还给每一个学生，同时把教育过程变成一种民主的生活方式，尊重学生的主体地位，使学生得以生动活泼、自由地发展，消除一切不平等地对待学生的现象，尊重学生的人格与权利，解放学生的主体性和创造性，为提高学生的民主意识和参与能力，发挥学生的主体作用创造最好的教育条件和教育环境；更重要的是，在教育内容上渗透民主意识，在教育过程中培养学生的民主思想、民主精神。

褚清源：民主教育在学校教育教学中是如何体现的？

李镇西：民主之于学校，主要体现在三个层面：一是课堂的民主教学，主要表现为对学生学习能力的尊重与引领，通过"导学稿"和"小组合作学习"的有机结合，把教师教的过程变成学生学的过程，把学习的权利还给学生，让学生成为课堂的主人；二是班级的民主教育，主要表现为对学生精神世界的尊重与引领，把成长的主动权还给学生，指导学生在自我教育和自我管理中走向成熟，让他们成长为人格高尚、个性鲜明、精神自由、举止文明的现代公民；三是学校的民主管理，主要表现为对教师发展能力和动力的尊重与引领，通过文化建设和制度设计，尽可能给教师自我培养的空间，让教师成为自己成长和学校发展的主人。

褚清源：民主管理的要义是什么？

李镇西：关于民主管理，我有四个层面的解读。一是"以人为本"，把人放在首位。当然，在学校管理者眼里，这里的"人"首先是教师，尊重人性，满足人的合理需要，包括精神诉求和物质欲望，维护人的尊严，尽可能让每一位教师看到自己的精神发展的空间与前途。

二是"以人为善"，就是把每一个人都视为善良的人，并与之和谐相处，最大限度地相信教师，以宽广的胸襟善待每一位教师。

三是"以身作则"，管理者以自己的行动为全校师生做出表率，并树立标准。"最好的教育莫过于感染，最好的管理莫过于示范。"做善良、宽容、勤奋、智慧、廉洁的管理者。

四是"以规治校"，通过教师的参与制定出一整套互相监督、彼此制约的规范和制度，形成大家都必须遵守的规则。面对这些规则，每一个人都是平等的，严格常规管理，维护制度尊严。

褚清源：你一直主张民主管理，即便在推进课堂教学改革过程中，你也没有搞"一刀切"，而是让大家自主选择，但是，这样的过程是否付出了更多的时间成本呢？

李镇西：这一点我和崔其升校长不一样，他可以采取刚性措施全面推行一种模式，而我则还是主张让大家自愿参与改革，我不会通过行政命令去推动，主要是担心教师有抵触情绪。现在看来，这个过程虽然很漫长，但实际上是教师认识不断深化的过程，是教师达成改革共识的过程。如今，关于课堂教学改革已经不是改与不改的问题了，而是怎么改和遇到困难怎么办的问题。当然，我们的课堂教学改革包括各个方面都存在执行力不强的问题，有人曾说我"太软弱"。我觉得在某些时候某些地方，就工作推进和效果来说，校长的魄力与强力推进的"霸道"，至少是一种可以理解的策略。我这里当然不是否定我所追求的民主管理。民主制度需要土壤，在土壤没有形成之前，孤立地搞"民主"，到最后很可能什么都做不成。

褚清源：民主教育要批判和摒弃现实中的哪些被异化的教育？

李镇西：正如"民主"的对立面是"专制"一样，"民主教育"的对立面无疑是"专制教育"，专制教育是"非人教育"，是"听话教育"，是"共性教育"，是"等级教育"，是"守旧教育"。所谓"非人教育"，就是非人道的教育，在这样的教育中，不但教师不把学生当人，而且久而久之，学生的尊严感、耻辱心也被剥夺得干干净净。"听话教育"就是以"听话"为目的的教育，其教育目的或者说客观的教育后果是培养"顺民"。说穿了，听话教育是把学生当作工具，目的是培养一种只会听话的听从者、顺从者、服从者，不能独立、毫无主见的驯服工具。"共性教育"就是抹杀学生个性而用一个模式去强行规范学生的教育。这是一种模式化的教育——求全责备，求同去异，扼长补短，划一呆板，致使本来色彩缤纷的精神世界只有一种颜色，使许多完全可以从不同方向发展的人才最后"同途同归"——成了一个模子里批量生产出来的"产品"。所谓"等级教育"，就是充满等级的教育，也是潜移默化培养学生等级观念的教育。对学生而言，首先体验到的"等级"，便是师生关系。所谓"守旧教育"就是面向过去只注重经验知识传授，而非面向未来致力于学生创造能力和开拓精神培养的教育。

课堂为民主教育提供最丰富的土壤

褚清源：民主课堂的核心思想是什么？

李镇西：民主教育的核心是"尊重"，尊重学生的人格、尊重学生的情感、尊重学生的思想、尊重学生的个性、尊重学生的差异、尊重学生的人权、尊重学生的创造力……在这种以"尊重"为核心的民主生活中让学生学会尊重他人。民主课堂作为民主教育的重要组成部分，其核心同样是对学生的尊重以及培养学生对他人的尊重。用苏霍姆林斯基的话来说，就是教师把自己当成"与学生一道探求真理的志同道合者"。然而，现在一些教师在教学过程中对学生的尊重和信任度不够，总是对学生的理解不放心，对学生不信任，常常忍不住跳出来"引导"，以结论或权威人物的看法否定其他人的分析——如此缺乏平等的尊重和信任，学生的课堂民主参与是很难实现的。当然，教师是"教学共同体"中"平等中的首席"，他不是知识的灌输者，不是行为的约束者，不是思想的主宰者，但他在课堂教学中发挥着"精神指导"和"人格引领"作用。

褚清源：那么，教师在课堂上又如何发挥"精神指导"和"人格引领"作用呢？你有什么建议？

李镇西：教育的方向、目的和教师对学生成长所承担的道义上的责任，都决定了在教学过程中，教师不可能是一个放任自流的旁观者或毫无价值倾向的中立者，而理应成为教学对话过程中的价值引导者。事实上，无论是教学目标的确定还是教学活动的组织，都体现了教师的价值取向。在课堂教学中，教师的价值引导主要体现在两点：一方面，他创设和谐情境，增进学生合作学习，鼓励学生积极参与并主动创新，让学生在尊重中学会尊重，在批判中学会批判，在民主中学会民主……这本身就是教育者应该追求的教育目的；另一方面，面对争议，特别是面对一些需要引导的话题，他不是作为真理的垄断者或是非的仲裁者发表一锤定音的"最高指示"，而是充分行使自己也同样拥有的发言权，以富有真理性的真诚发言，为学生提供一些更宽阔的思路、更广阔的视野、更丰富的选择。教师的发言尽管只是"仅供参考"，但由于教师所处的首席地位，尤其是教师发言所闪烁的智慧火花思想光芒，教师的一家之言必然会打动学生的心灵，在他们追求真理的道路上产生积极的影响。

褚清源：如何有效落实课堂教学中的民主精神？

李镇西：我还是以我所教的语文学科为例来谈谈。具体到语文教学，我认为，其实新课程标准中谈到的许多基本理念，在我看来背后还是民主精神。比如"积极倡导自主、合作、探究的学习方式"，这就是对学生学习主体的尊重。让语文课堂先"民主"起来！目前语文教学中的不民主现象，最根本的一点，是教师依然着眼于自己的"教"而不是学生的"学"。要在课堂教学中真正实现民主，我以为，首先要处理好课堂教学中的多种关系：优生与优生、学困生与学困生、优生与学困生、教师与学生个体、教师与学生群体、读者与作者、教材与生活等。要实现真正的民主参与，必须理顺和处理好这些关系，让每个师生以民主平等的心态进行交流、对话与合作，在彼此尊重的基础上分辨其闪光点和需要发展的空间。

褚清源：课堂改革的主流思想是倡导还课堂于学生，让学生在课堂上过一种民主的、幸福完整的学习生活。据我了解，为了还权于学生，不少地方的课堂经验都主张教师少讲，甚至规定了教师讲授的时间，你认为这样做是否合适？

李镇西：在推行新的课堂教学模式时，为了纠偏，做出一些限制教师讲授时间的硬性规定是可以理解的。非常时期可以采取非常手段，是一种策略。新课堂倡导教师少讲，但不是不讲，该出手时教师必须出手。关于教师的讲授，我认为，主要定位于点拨。教师的讲授取决于三点：一是教师的专业素养；二是与教材内容有关，充满人文思想的内容老师可以讲，但必须是在充分尊重学生的基础上；三是与学科有关，美术、体育等学科贵在让学生动手去做。改革的核心过程就是从教师"教"的过程走向学生"学"的过程。好的课堂有两个朴素的标准：一是有趣，二是有效。有趣就是要符合学生的心理，是手段，有效是目的。至于怎么有趣，我认为不是插科打诨，而是要让知识与学生生活对接。

关注孩子当下的幸福

褚清源：你怎样描绘你所追求的理想教育？

李镇西：当下的教育因为过于急功近利，许多时候客观上就是引导教师"只要目的，不择手段"，"只管眼前，不管将来"，这样的教育，我们痛苦，孩子也痛苦。但我们往往这样对孩子说："现在痛苦，是为了将来的幸福！"

理想的教育应该让孩子当下就幸福。当然，这个"幸福"显然主要不是指单纯的物质享受，甚至也不仅仅是指成才以后谋得一份好职业以便过上好日子，而是孩子在受教育的过程中的一种"快乐"——不仅充分体验到求知的快乐、思考的快乐、创造的快乐、成功的快乐，而且还充分体验到纯真友谊的快乐，来自温暖集体的快乐，来自野外嬉戏的快乐，来自少年天性被纵情释放、青春的激情被随意挥洒的快乐……

由这多方面的"快乐"所汇成的幸福，应该是充满真正人道主义的素质教育献给孩子的一份"礼物"，也是科学质量观应有的追求。

褚清源：请具体谈谈你所理解的科学质量观。

李镇西："质量是学校的生命线！""抓质量是学校永恒的主题！"这些说法一点错都没有，我们还应该继续并永远这样强调质量。只是，这里所说的"质量"应该是"科学质量观"之"质量"——它是可持续的质量，是整体的质量，是和谐的质量，是方法、过程与结果相统一的质量，是"让孩子现在就幸福"的质量。

追求可持续的质量是指既要重视学习成绩，更要重视人格塑造、能力培养和全面素质的提高，既要为学生的升学服务，也要为学生终生服务。追求整体的质量，就是面向每一个孩子，着眼于每一个学生在原有基础上最好的发展。追求和谐的质量，就是学生的德智体美劳各方面不一定是均衡发展，但一定要协调发展。追求方法、过程与结果相统一的质量——方法科学，过程快乐，结果理想，让孩子现在就幸福。

教育最需要的不是思想，而是良知

褚清源：我们回过头来，从宏观上谈谈课改吧，你认为在实践领域课改十多年来所发生的较大变化是什么？

李镇西：首先是教师观念发生了很大变化。尽管一些教师在行动上还没有太大变化，但至少在思想上知道了什么样的课是好课，即便一些老师做的是应试教育，他们也会套用素质教育的理念来包装；即便一些老师还在满堂灌，但他们知道这样做不对，只是还没有找到改变自我的方法与路径。这就是新课改理念普及带来的变化。

伴随着观念的变化，基础教育领域涌现出了一大批课改先锋和课改英雄。这些经验正在影响着评价机制的改革，正在撼动着传统的课堂。他们的探索可能最初会引起一些争议，但随着时间的推移，会逐步从边缘走向中心，从非主流走向主流。

褚清源：推进课改的路径有很多，有从课堂教学寻求突破口的，有从课程开发追求完整教育的，你如何看待课改的未来走势？

李镇西：通往素质教育理想目标的路径有很多，在基础教育领域，有三种与"新"字有关的改革力量。一是国家层面自上而下推动的"新课程改革"，是一项以改革课程结构和内容为切入点的改革；一是朱永新老师领导的"新教育实验"，是以改变教师行走方式为切入点的改革；一是叶澜教授倡导的以构建生命化课堂为切入点的"新基础教育实验"。这曾被媒体誉为"三新鼎立",其中后两种改革被誉为民间力量推动的草根行动。

这些改革虽然路径不同,但方向是一致的,最终会殊途同归。我觉得不管哪一种改革,最终教师的专业素养必然要提升。但遗憾的是,当下,教师的专业素质是阻碍教育发展和深度课改的一大瓶颈。在浮躁、功利的社会背景下,一些教师缺乏职业追求,缺乏对教育的信仰。

褚清源:除了教育信仰的缺失,我们的教育还缺什么?

李镇西:最近我在重读《帕夫雷什中学》,感慨万千:我们已经遗忘了许多常识,远离了教育的起点,孜孜以求所谓的"创新"、所谓的"特色"、所谓的"人无我有""人有我新"之类;其实,真理是朴实的,教育是无华的。从某种意义上说,教育最需要的不是"思想",而是良知。做教育就是做人。

李镇西语录

不要做别人,做自己;不要重复自己,要创新。

用自己的眼睛看问题,决不盲从。

教育要有一点浪漫的气息。

永远记住:尊重学生,并不能取代教育本身;但剥夺了学生的尊严,就谈不上任何教育!

先生之最大的成功,是创造出值得自己崇拜的学生。

多一项爱好,就多一条同学生走在一起的道路。

最不能原谅的教育失误,便是对学生心灵的伤害。

所谓"好教育",就是"既有意义,又有意思"的教育;所谓"好课堂",就是"有趣"加"有效"。

杜郎口中学的课堂模式当然是可以质疑的,但谩骂与诽谤则不应该。

人物档案：

姚文俊，主体多元教育倡导者，中国教育学会小学教育专业委员会名誉理事长，先后当选为中共十三大、十四大代表，九届全国人大代表，出版有《校长之道》《主体多元在殷都》等专著。

姚文俊：从儿童出发

在过去的几年里，姚文俊一直奔走在北京、安阳、深圳三地之间，而这样的奔走都与"理想"有关，与"课改"有关，与"小学教育"有关。

在20世纪90年代，姚文俊和他所在的安阳市人民大道小学代表着一种方向，领跑着全国小学的教改。姚文俊在这里做了二十三年校长，在二十三年里他探索了一系列引领全国小学教育的原创性实践成果。

他编写的《少年儿童思想品德教育提纲》，使小学德育实现了内容系列化、途径网络化、评价科学化，"大道"从此走出河南，成为全国小学德育的一面旗帜。

在他的主持下，安阳市人民大道小学与北京师范大学联合组成"小学生主体性发展实验"课题组，围绕小学生主体性发展问题展开理论研究和教育实验。这项实验获得了国家教委"八五"重点科研成果一等奖并排名第一。中国教育学会把"以发展学生主体性为中心的教学模式"作为实施素质教育的六大成功模式之一向全国推广。一时间，安阳人民大道小学成了小学教育领域的一个标志性符号。

2001年，从安阳人民大道小学退休后的姚文俊应邀到深圳富源文武学校做总校长，开始了一段全新的体制外职业生涯。他深刻感受到了公办和民办两种完全不同的办学体制，在四年多的时间里，姚文俊把这所名不见经传的薄弱学校经营得风生水起。

2006年3月，回到故土安阳的姚文俊校长被殷都区区委书记李南沉"三顾茅庐"的精神感动，出任殷都区教育发展总顾问，在这里，他开始了"主体多元"教育思想区域性探索。从公办到民办，从执掌一所学校到担任一个区域教育发展的总顾问，退休之后的姚文俊始终奔走在小学教育教学改革一线，每一次转身都意味着一种责任的担当。

2009年6月，姚文俊校长工作室在殷都区正式启动，首批弟子6位。有人说，这像博士生导师带博士一样手把手指导。这不是戏称，这是对工作室价值的认同。如今，工作室成员已经发展到了71位，姚文俊校长向所有工作室成员赠送了一本他的新书《校长之道》。他在每本书上都亲笔签上了这样一行字："切记：细读、深思、活用。"在姚文俊看来，校长工作室是一个学习型组织，是为校长、准校长和愿意研究学校管理的同志搭建的一个学习交流的平台。

在他的办公桌上，记者看到堆放着厚厚的两摞笔记本，这是工作室成员平时的读书笔记，每一本姚文俊校长都要亲自批阅。

担任中国教育学会小学教育专业委员会理事长时，姚文俊一直在推动着小学教育的改革。2011年3月19日，为发扬28年前时任共青团中央书记处书记胡锦涛同志在参观河南省安阳市人民大道小学时题词——"多读书，读好书，立志做有知识的人，做对人民有用的人"的精神，鼓励小学生重视阅读，多读好书，由中国关心下一代工作委员会指导，中国新闻出版研究院、中国教育学会等单位联合主办的"小学生阅读教育"启动仪式在安阳举行。在接下来的一年里，将在全国300个地区的一万所城乡小学中开展阅读活动。姚文俊希望通过这样的活动，"让每一个班级、每一个校园都书香弥漫；让每一座城市，每一个乡村，都书香充盈，蓬勃葱茏，气象万千"。

这样一位始终为教育理想奔走的长者，更像是一本耐人品读的教育传记。他常说："一个人只要干一行，爱一行，专一行，创一行，行行都能体现人生价值。我最大的理想就是办好一所学校，当好一名校长。"这话从一位年逾古稀的老人口里说出，让人格外感动。

访　谈

让学生乐学

褚清源：担任殷都区教育发展总顾问以来，你一直深入课堂，进行课题引领，培养名师和名校长，使主体多元教育思想真正在殷都区生根发芽，并开花结果了。你认为殷都整个区域教育改革为什么能够顺利推动？有哪些经验值得借鉴？

姚文俊：区域教育的发展离不开"三个人"，即决策人、执行人和引领人。区域教育发展离不开政府决策者的重视和支持，决策者要敢于把教育真正放在重要的战略地位来抓，要能够起到方向性的引领作用，这需要一种责任、勇气和智慧。执行人，我想主要是指以教育局长为首的管理者，基础教育课程改革迫切需要从基层教育管理者层面寻求破局。所谓引领人，这里主要强调的是专家引领，区域教育改革的推动，需要一个集理论与实践于一体的专家智囊团来进行整体而系统的引领，也就是说，区域教育发展要善于借助外脑来引领发展。

褚清源：义务教育从过去的"人民教育人民办"到现在的"人民教育政府办"已经解决了孩子们"有学上"的问题，但要解决"上好学"的问题可能还有很长一段路要走，对此你怎么看？

姚文俊：我国义务教育已进入一个坚持科学发展观，依靠教育科研，促进内涵发展,全面提升育人质量的新阶段,并呈现出以下五种情势:一是实施素质教育已基本形成共识,但还没真正转化为广大教育工作者的教育、教学和管理的行为;二是九年制义务教育已基本普及,但教育的均衡发展问题尚未解决;三是孩子上学的问题已经基本解决,但上好学的问题并没有解决;四是教师队伍的数量已基本够用,但整体素质偏低,不能完全适应素质教育及新课改的需要;五是校长队伍已经基本稳定,但专业化、教育家型的校长为数太少。上述五种情势都跟质量有关。

褚清源:你所说的质量是教学质量吗?你倡导什么样的质量观?

姚文俊:分数、升学率是检测质量的一种手段而不是质量的本身。我们所追求的质量是学生全面和谐、主动活泼地发展,并呈现在主体性发展的开发上,即把人的主体性这种内在精神作用于智慧潜能的长项,使人人成为最佳的我!我们现在正在探索无分数评价,目的就是让考试成为激励手段,而非打击手段,让学生通过考试学会反思。

教育评价具有导向性、诊断性和激励性的功能,我们追求的教育评价是导向、诊断和激励的统一。基础教育不是选拔适合教育的学生,而是创造适合不同学生的教育。我们期待的教育是在调查了解学生、分析研究学生基础上进行的教育。多元智能理论告诉我们:面对有差异的学生,实施有差异的教育,进行有差异的评价。因此,现在的"一张试卷、一次考试、一个标准"来评价每个学生、每位教师和每所学校既不合情,没有激励性,又不合理,没有科学性,必须重新构建教育评价目标体系,确保学校教育沿着正确的方向健康发展。

从课堂上打破教育沉疴

褚清源:课改已经进入第二个十年,这场最初自上而下推动的课改行动如今在很多地方已经成为自下而上的自觉行为,一线教育者的改革意识被唤醒了，表现在教学层面，出现了种类繁多的教学模式，你如何看待当下各地如火如荼的教学改革？

姚文俊： 课改十年了，已经从最初的探索阶段进入深化阶段，这一过程中有一大批一线教师、校长的专业成长意识被唤醒，他们已经成为课改的主力军。

关于教学，我想不在于你提出了什么模式，而在于你的模式或流程承载了什么样的理念，是否回归了教育的本质，是否遵循了教育的规律。新课改理念下的课堂，不管提出什么样的模式或概念，有三点必须体现，那就是"先学后教、少教多学、以学定教"。殷都区在实践中研发了一个主体多元高效课堂"双向五环"教学基本模式，并逐步由点到线再到面地在全区铺开，取得了显著成果。

关于改革，我想补充一点，要处理好改革创新与继承借鉴的关系。今天我们校长、教师中有不少人不能用发展的眼光看问题，而是割断历史、全盘否定、推倒重来。改革不能是另起炉灶，"否定过去就意味着背叛"，全盘否定最终可能走向自我否定。

褚清源： 你认为传统课堂问题的根源在哪里？

姚文俊： 在我国传统教育中成长起来的许多学生呈现四个"病症"：创新能力差、动手能力差、社会责任感差、人性道德缺失。追根溯源，"病灶"有两个：一是"教为本"，老师霸占课堂；二是"分为主""分，分，学生的命根儿"。

褚清源： 如何从课堂上消除这种"病灶"呢？

姚文俊： 课堂的本质是育人。我把现实中的课堂大致分为这样几类：负效课堂是摧残害人，无效课堂是目中无人，低效课堂是知识本位，有效课堂则是学生本位。我们要追求的是主体性和多元性相融合的高效课堂，要把激活学生的自主性、主动性和创造性作用于学生多元智能的开发上，这样的课堂应该是以学生发展为中心，围绕知识和能力、过程与方法、情感态度价值观三维目标,坚持学案主导、学生主动、问题主线、活动主轴等原则,把学生预习与教师导学、学生合作与教师参与、学生展示与教师激励、学生探究与教师引导、学生达标与教师检测融为一体。

课改,从研究学生开始

褚清源:当下依然有不少地方以分数论英雄,以升学率为考核指标,我们姑且将其称为"应试教育",你怎么看当下的应试教育?

姚文俊:应试教育是对传统教育和现实教育存在弊端的概括。它是一种面向少数人实施的不完备的选拔性教育,培养出来的是片面而又被动发展的人。

在应试教育中,老师两只眼睛常常盯着学生的缺点和毛病,把批评、训斥和惩罚作为常用的教育手段,致使学生的独立人格得不到尊重,自主权利得不到保证,个性差异得不到承认,兴趣爱好得不到发展,结果培养出来的学生缺乏人格精神、创新意识和实践能力。

应试教育培养出来的学生,在独立性和自主性上常常处于被人规定、被人指派、被人掌握的境地,不能根据需要主动选择适合自身的教育;在主动性和能动性上,常常表现为没有明确奋斗目标,缺乏进取精神,回避矛盾,缺乏主动参与、大胆竞争的意识和能力;在创造性和批判性上,常常表现为不善于独立思考,盲目随从别人,循规蹈矩,缺乏分析问题和解决问题的能力。

褚清源:如何走出应试教育的困境呢?

姚文俊:我们的教育在过去一个相当长的时期内,不太注重研究教育对象,也未能充分重视人的个性独立、自由和谐发展,强调人对社会的服从而不是创造。教育要促使人的社会化,被片面地理解为对社会的顺从,忽视了学生的主体地位和主体性发展,在教育内容上"自上而下的多，自下而上的少"，严重脱离了学生的实际。《中庸》说："博学之，审问之，慎思之，明辨之，笃行之。"我认为，"博学"和"审问"属于"学"的过程，"慎思"和"明辨"属于"思"的过程，"笃行"则属于"习"和"行"的过程，这五步学习法是尊重学生主体地位和注重发展学生主体性的。好的教学是在调查了解学生、分析研究学生的基础上，面对有差异的学生实施有差异的教学，通过有差异的评价，激励学生有差异地发展。因此要走出应试教育困境，首先要从研究我们的学生开始，只有我们的教育"目中有人"了，我们的"教"真正开始服务于学生的"学"了，我们才回到了教育的本质。

小学学什么

褚清源：与初中和高中相比，小学距离高考这一出口最远，改革的空间最大，成果也最多。作为中国教育学会小学教育专业委员会的理事长，你近年来一直通过这一平台引领着小学教育改革的走向，在你看来，小学的课改需要注意哪些问题，小学教育要给孩子提供什么？

姚文俊：小学教育是"人之初"的启蒙教育，是孩子"学做真人"的养成教育，也是激活求知欲、培养学习能力的基础教育。小学学什么？顾名思义：学小不学大，学近不学远，学实不学虚，让孩子接受启蒙教育、养成教育和基础性教育。

但现实的小学教育存在一些"冲突"：既要孩子接受"人之初"的启蒙教育，又要孩子"时刻准备着，为共产主义而奋斗"；既要孩子接受严肃严格的基础知识、基本技能的训练，又要孩子参加奥数竞赛、作文考级、英语培训等各种"拔苗助长"的提高班；既要孩子接受行为习惯的养成教育，又要卷面测试小孩子死记硬背道德知识和超越孩子实际的荣辱是非、美丑善恶的道德鉴别能力。这样的教育是对孩子心灵的一种伤害。

褚清源： 这些冲突有时候常常会表现为一种两难的尴尬，这是否意味着教育者理念和方向的迷失？

姚文俊： 过于功利就可能导致迷失。我想，教育者始终要思考一些终极性的问题，比如，我们培养的人是否具有自尊自信、自我调控、独立判断、自觉自理的自主性，是否具有强烈的竞争意识、广泛的兴趣爱好和较强的社会适应能力的主动性，是否具备创新意识、创造性思维能力和动手实践能力的创造性？厘清了这些问题，就会发现我们的教育既要诚心诚意地让学生做主人，又要严肃严格地进行基本训练。所谓"诚心诚意让学生做主人"，旨在激活学生的主体性，使孩子产生强烈的求知欲，再通过形式多样、丰富多彩的自主性活动，培养学生浓厚的学习兴趣；所谓"严肃严格进行基本训练"，旨在把激活的主体性这种内在精神作用于孩子的智慧潜能，形成一种内动力、内驱力，使"要我学"变为"我要学"，进而"夯实双基，提高能力"。这种教育是面对有差异的学生实施有差异的教育，促进有差异的发展，是"人人成为最佳的我"的教育，是一种适合每个学生主体性发展和多元智能开发的教育。

德育重在学生自治

褚清源： 早年你是以搞德育著称的，你对当下中小学的德育工作持什么看法？

姚文俊： 智育重自学，体育重自强，德育重自治。没有自我教育的教育不是真正的教育。空话、大话、假话、套话充斥课堂的德育应该摒弃，德育是一种做人的教育，应该教育学生做什么样的人和怎样做这样的人；德育不是教人真、善、美，而是教人求真、求善、求美。

今天的学生，其道德观、价值观发生了很大变化。一是金钱意识增多了，想有钱，会弄钱，敢花钱。二是攀比意识增多了，比吃穿，比富有，比家长官位高低权力大小。三是竞争意识增多了，在学习活动、荣誉面前勇于竞争，但竞争过程中自私心理增多了，集体意识淡漠了。四是崇拜对象发生了变化，过去崇拜领袖、英雄、解放军，现在转向崇拜有钱的、有势的、有名的。五是职业选择也有变化，有的想当官，有的想成名成家，有的想挣大钱，很少选择平凡岗位的职业。六是交往意识增强了，喜欢社交，爱交朋友，同学间互相庆祝生日，送礼品，甚至拜把子结团伙。七是自主意识增强了，有的敢说敢做，不愿受约束，只想找机会表现自己。

褚清源：20世纪90年代，你曾较早将"口头"的德育变为实实在在可操作的德育，请简单介绍一下当年探索的德育成果。

姚文俊：1993年，我构建了以"五爱"为基础内容的思想教育、以文明礼仪为重点的养成教育和以健全人格为重点的品德心理教育组成的德育内容新体系，形成了一个以"五爱情感""五好习惯""五自能力"为重点的《三五教育大纲》。其中的"五爱情感"是指爱惜生命、孝敬父母、关心他人、热爱集体、报效祖国；"五好习惯"是指勤学好问、勤劳节俭、文明礼貌、遵纪守法、整洁健身；"五自能力"是指独立自主、自觉自理、自我表现、自我调控、自我评价。后来还组织编写了由"四字书""名言录""故事集"所组成的《三五读本》，并由点到线再到面地进行了实验研究。当时，国家教育部专家组对《三五读本》给予了高度评价，时任国务院副总理李岚清对这一教育实践给予了充分肯定。

教师不能只放电不充电

褚清源：你一直主张学校要真正成为一个学习型组织，教师首先应该是一个学习者，你为什么如此看重教师的学习？

姚文俊：信息化时代背景下，新思想、新理论、新知识不断涌现，整个社会是一个学习型社会，组成社会的各部门、各单位也必然是一个学习型组织，所有组织成员都应该是一个学习者。同样，这个社会是一个高扬人的主体性的社会，注重发展人的自主性、主动性、创造性，也是一个开发人的智慧潜能的社会，着力开发人的语言智能、逻辑数学智能、空间智能、肢体运作智能、音乐智能、人际智能、内省智能和自然探索智能等，进行的是一场智慧革命。因此，一个教育工作者首先应该是一个学习者，学校应该是一个学习型组织。

褚清源：教师成长大致要经历什么样的阶段？

姚文俊：教师的专业成长具有周期性，我把它大致分为四个阶段：成长期、成熟期、成名期、成家期。第一个阶段为成长期，主要任务是过好教育关、教学关、师德关，途径是寻找榜样，拜师结对，重点突破的是教学技术，通过2—5年的时间成为一名合格的教师；第二个阶段是成熟期，途径是通过同伴互助，形成比较丰富的经验，在5—10年的时间里力争成为一名骨干教师；第三个阶段是成名期，课题研究是专业成长的二次突破，10—20年成为名师；第四个阶段是成家期，突破点是导师引领和专业反思，通过理论研读形成自己的教育方法论和哲学观。

褚清源：请给一线教师的专业发展提一些具体的建议。

姚文俊：工作在一线的教师要树立四种教育观念：一是相信每个学生都有特殊的个性，需要尊重和关怀，中心点在于理解学生；二是教育应促进学生主动发展，给每个学生提供思考、创造、表现及成功的机会，中心点是促进发展；三是相信所有学生都会学习，不存在绝对意义上的差生，需要耐心指导，中心点是区别对待；四是实施有特色的教育，使每个学生都能主动发展自我，中心点是特色教育。

褚清源：读书是教师专业发展的重要途径，教师阅读方面你有什么建议？

姚文俊：我认为，一线教师一要学哲学，二要学教育学，三要学教学论。哲学看起来离我们现实生活较远，但实际上它就在每个人的实际生活中。我们每天在处理教育活动中的各种问题时都离不开世界观和方法论。强调学习哲学的意义还在于能够帮助一线教育者客观地审视和看待一些教育经验和现象。

现实中常常会有非此即彼的思想方法作祟，把本来两个相辅相成或相反相成的东西看成是完全对立的东西，强调一个就得排斥另一个。如：强调学生主体，就要贬低教师主导；强调学生的学，就忽视教师的教；强调发展能力，就忽视知识的学习；强调诚心诚意让学生做主人，就忽视严肃严格进行基本训练；提倡激发鼓励，就否定批评与必要的惩戒；强调现代信息技术进课堂，就忽视传统媒体在教学过程中的作用；等等。这是值得警惕的。

褚清源：如何学习教育学，请你支招。

姚文俊：人们对教育的认识是随着生产的发展和社会的进步而不断深化的。农业经济社会的主要标志是土地，进行的是一场土地革命，人们对教育本质的认识是传授，即传授知识和技能。工业经济社会的主要标志是技术，进行的是一场技术革命，人们对教育本质的认识是服务，即为经济发展服务。今天，社会进入知识经济，主要标志是创新，进行的是一场智慧革命，人们对教育本质的认识是育人，即发展人的主体性和开发人的智慧潜能。学习教育学，首先要转变教育思想，更新教育观念，创新教育理论，确立以育人为核心的教育观、教学观、课程观、质量观、教师观和学生观。

教育家从教学田野里走出来

褚清源：人们一直在呼吁教育家办学，但教育家似乎有一个可望不可即的标准，如果让你来确立教育家的标准，你心目中教育家的标准是什么？

姚文俊：我在中小学教师和校长岗位上度过了无数个春秋。温家宝同志曾多次提出教育家办学，我一直在思考什么是教育家，我距离教育家还有多远？教育家是融教育思想与教育实践为一体的，是既进行教育理论创造，又进行教育实践探索的教育工作者。像陶行知等就是这样既搞理论研究，又积极进行实践探索，融教育思想与教育实践为一体的大家。但是，当今中国被称为教育家的人数并不多，我想有两个原因：一个是理论脱离实践，或者是实践脱离理论，也就是说有丰富实践的人缺乏理论，有理论研究的人又缺乏实践；第二个原因，就是把教育家神秘化了。在人们的心目中，好像教育家是高不可攀的，认为教育家都是高端专家、教授，"小学里怎能出教育家呢？"其实，我认为教育家就在我们身边，教育家应该是从课堂里走出来的。一个人只要干一行，爱一行，专一行，创一行，行行都能出状元！一个人只要勤学、博采、善思、创新，敢为天下先，小学教师也能干大事！一个人只要以生为本，调查了解学生，分析研究学生，面对有差异的学生实施有差异的教育，创造一种适合每个孩子的教育，使人人成为最佳的"我"，就是成长中的教育家。

褚清源：在通往教育家的路上，一线教师要重点关注什么，提升什么？

姚文俊：要想成为教育家，首先就要弄明白什么是教育。如果连教育的本质都不能深刻理解，那怎么能成为教育家？未来的社会是开发人的智慧潜能的社会，因此要成为教育家，就应该以人为本，把主要的精力和智慧用在调查了解学生，分析研究学生，从每一个学生的主体性的水平和智慧潜能的实际，面对有差异的学生实施有差异的教育。我认为教育家应该敢于直面并回答这一命题。

要努力成为教育家，我想还至少需要提升以下三个方面的素养。一是要有积极的价值取向，教育家既要热爱教育和终身从事教育，又要有丰厚的文化底蕴和国际教育视野。二是要具有勤学、博采、善思、创新的意识和能力，有敢为天下先的精神。我常说，有胆无识只会盲干，有识无胆则畏缩不前，有胆有识方能成功，而胆识过人则可能成就大业。三是学会自我创造环境，学会借助外脑，在精英团队中成长。过去我们常说英雄创造历史，现在则是团队创造辉煌。一个人的成长、成熟、成名、成家需要机遇，需要导师引领，更需要一个良好的发展环境。

褚清源：你曾说，你最大的理想是做一位好校长，办一所好学校。那么，在你看来，做一位好校长需要具备什么样的品质与能力？

姚文俊：校长最大的政治责任是把握好办学方向。方向偏了，走得越快，离目标越远。校长要有爱才之心、识才之眼、求才之渴、用才之能、容才之量、护才之魄、举才之德。

校长要善管理，而管理必须要由管物向管人转变，管人要由管事向管心转变，由管别人向首先管自己转变；管理还要由约束向激励转变，评价要由重结果向重过程转变。

学校与企业不同，企业一切人员所从事的一切活动都是为了产品质量，核心是物；学校的一切人员所从事的一切活动都是为了学生的发展，核心是人。但校长育人与教师育人不同，用公式来概括的话，教师育人是"人—人"，校长育人则是"人—人—人"，中间这个人就是教职工和家长。因此，校长要把主要精力花费在了解人、研究人、知人善任上，通过建设以校长为核心的管理育人队伍，建设以教师为主体的教书育人队伍，以职工为主力的服务育人队伍，以及以家长为代表的环境育人队伍，来共同实现育人的目标。

姚文俊语录

教师不能两只眼睛老盯着学生的毛病,要用欣赏的眼光,宽容、善待、理解的心态对待学生。

我们的课堂上,学生的独立人格得不到承认,自主权利得不到保证,个性差异得不到承认,兴趣爱好得不到发挥。

我们的教育没有真正把学生当成学习的主体,当成学习的主人,我们要善待孩子,宽容孩子,解放孩子。

要站在教育之上看教育,站在教育之外看教育。

一个人只要干一行、爱一行,专一行、创一行,行行都能实现自我人生价值。

一个人的胆识与是否注重反思有着直接联系,有胆无识就会盲干,有识无胆就会徘徊,有胆有识则会成功,胆识过人就会成名。

看不准不干,看准了才干,干就要干出个样子。

光环戴在你的头上,已经是让你风光了,如果你连物质奖励都占为己有,那就是太贪了。

人物档案：

冯恩洪，上海建平（集团）学校原总校长，享受国务院特殊津贴专家，兼任中国关心下一代教育研究院副院长、中国关工委全国教育专家指导中心副主任，曾荣获全国劳动模范称号，出版有《创造适合学生的教育》。

改革先生冯恩洪

　　我称冯恩洪为先生，因为在我眼中，他的确有十足的先生范儿，更确切地说，应该是一种气质吧。冯先生总是笑容可掬，这让他有一种天然的亲和力。我敬仰他，是因为他是一位力挺改革的人。做校长时，他被称为"艺高人胆大"的教育实践家，退休后他依然为改革而奔走，比如，近年来，他在很多场合都力挺杜郎口。在他看来，杜郎口意味着一场哥白尼式的革命！也许有人认为，这似乎有些夸大了！但我分明读出了这位老人的改革立场！他曾说，"我越来越清晰地认识到：中国的教育问题要从课堂找抓手，包括教师的职业倦怠，也可以在这里寻求解决的方案。"

　　此言不虚。

　　当学生的潜能在课堂上释放出来，老师的人生就因三尺讲台而精彩。这个时候老师就不会埋怨讲台，而是享受讲台，他就不会埋怨教育，而是享受教育。冯先生自称是杜郎口课改的吹鼓手，是杜郎口模式推广的志愿者。他曾先后6次到杜郎口考察，有一个细节会让你心生敬意，杜郎口中学教室里的"展示歌"，冯先生看过几遍竟然记住了。每每讲座时他都因熟记成诵而掌声四起。

　　认识冯恩洪先生大约是2010年5月份的时候。那是在江苏昆山举行的一场论坛上，冯恩洪先生作了一个主题演讲。冯先生可谓是极具表达力的思想者，他在演讲方面的天赋常常让人啧啧称赞，他好像天生就是一位演说家，整场演讲堪称精彩绝伦，无论是理念还是故事他总能精准且唯美地表达得淋漓尽致。中午一起用餐，席间把酒言欢中更是见证了这位智慧老人竟然还有如此豪爽的一面。

在教育界一直有"南冯北魏"的说法，即南有冯恩洪，北有魏书生。这代表着一种高度，也代表"那一代"改革者的荣誉。

当年他创造的"建平经验"，在教育界可谓是家喻户晓。他主张，发展学生的强势智慧，打破课程与时间僵化的组合，减少"圈养"学生的时间，增加"放养"学生的时间。在他看来，学校教育应以"圈养"为主、"放养"为辅，因为"圈养"出规范，"放养"出个性。于是，他开启了走班制，开发了一百多门课程供学生选择，他还带领建平教育集团探索优质教育资源的共享以及领先时代的教育思想和现代企业制度相结合的机制。总之，他是一位名副其实的敢为人先者。

尽管他已经离开建平中学十多年了，但建平中学至今仍然在沿用当年他的教育思想和管理体系，创造了一个"人走茶不凉""人退政不息"的成功案例。

也正因为如此，他成了媒体关注的热点人物。1996年，中央电视台《东方之子》播出了对他的专访。与此同时，中央电视台还将他的教育改革事迹以23集电视连续剧形式搬上了荧屏。紧接着，《人民日报》《人民教育》等媒体都先后推出了关于冯恩洪和建平中学的重磅报道。直到今天，在教育界，能有如此高关注度的人物并不多。

访 谈

值得铭记的关键事件

褚清源：每个人的成长都有自己的关键事件，在你的职业生涯中，有哪些关键的节点？

冯恩洪：我的教育人生大概分为三个阶段：第一个阶段是1985年以前，我做了二十年的教师，做了二十年的班主任；第二个阶段起源于1985年，作为全国教育系统的三位基层代表之一，我受邀在教育部召开的北京香山会议上发言，从此改写了我的人生，后来我被任命为上海市建平中学的校长，继而担任建平教育集团总校长；第三个阶段，是从2003年我请辞建平中学校长、建平教育集团总校长至今。

在这三个阶段中，有两件事情对我触动很大。第一件事，是发生在1993年，当时的建平中学声誉渐起。在那个年代，招生很严苛。有个孩子差了3分，不能进这所学校。他的家长来找我，我跟他谈了两个小时，最后谁也说服不了谁。中途，我要去洗手间，他让我等一等。他先去洗手间看了看，确定没有第二扇门才让我去，然后，还在门口把着，生怕我溜掉。说实话，那天我很恼火，回家带着情绪跟我爱人说了这件事。我爱人很平静地告诉我，如果她是这个孩子的家长，她也会这样做。这句话，对当时的我触动很大，对我的教育人生影响也很大。

第二件事发生在两年前，我受重庆市教委委托，担任了60所农村小学软件、硬件同步提升的"领燕工程"的首席专家。一次，我到重庆市南川区一所镇上的农村中学听课。那一天的语文课是《幸福在哪里》，老师教得很好，最后5分钟，老师引导学生们寻找身边的幸福，当时一位女学生的发言让我热泪盈眶、百感交集、记忆犹新。她说:"我1岁时妈妈离家出走,7岁时父亲惨死在车轮之下,我和爷爷相依为命到13岁。当我接到初中入学通知书的那天,爷爷撒手人寰,我成为南川地地道道无依无靠的孤儿。但是,我从来没感到过孤单,因为在学校里、在课堂上是如此的快乐,我每天生活在快乐中,幸福就在我身边。"

我以前不太清楚我在寻找什么,但是,这两件事情让我渐渐清晰,让我下定决心继续追求"优质教育进入寻常百姓家",希望我们的教育也能给那些孤儿带来幸福和快乐。

中国的教育缺标准

褚清源:教育的问题似乎一直积重难返。你最关注哪些教育问题呢?在你看来,解决这些问题最需要做的是什么?

冯恩洪:三十年前中国教育缺投入,三十年后的今天,中国教育缺标准。我认为,今天的教育已经不是解决投入的问题了,更需要重视标准的建设问题,比如,课堂的标准、评价的标准等等。毕竟一流的单位出标准,二流的单位出人才,三流的单位出产品,四流的单位出劳务。这是我认为最需要重视的问题。有人说,中国人今天其实不缺教育,缺的是"教养"。这其实提出了一个有趣的话题,为什么有教育没"教养"?为什么今天的教育解决不了"教养"的问题?当我们提出这些问题的时候,能够解决这些问题的其实还是我们教育工作者。我们不能靠神仙,也从来没有救世主。中国教育偏离中国发展方向的问题,是中国内部深层次的反映,也必然要靠内部来自行解决。我还要提一个问题,就是关于教育投入要占到GDP总量的4%的问题。这固然是一个利好消息,但是占GDP总量的4%不能解决教育需要的问题,教育是投入多少也永远不嫌多的事业。我们不能否认这其中表示了政府的决心,但是难道政府的决心就可以解决全部的教育问题吗？这显然是不可能的。我们注意到世界上经济最强的美国，也不能解决教育的全部问题，当它还要鼓励民间投入、社会投入、有识之士投入的时候，我们显然能够意识到，中国教育没有政府力量是不行的，但仅有政府力量也是要吃苦头的。

褚清源：回到教育改革上来，你认为，学校教育改革首先要从哪里突破？

冯恩洪：教育改革必须由会场走向课堂。教育改革已经不需要再务虚，即使务虚也要和务实相结合，务虚是手段，务实是目的。我很欣赏以山东杜郎口中学为代表的改革力量，中国的教育太需要这样务实的改革者了。

褚清源：近年来，你一直关注课堂教学改革，在你看来，我们的课堂教学存在哪些问题？

冯恩洪：我们的教育需要深刻反思两对关系。课堂是由"教材、教师、学生"三个要素组成的，而现在的课堂普遍存在两大矛盾：第一是教材相同和学生不同的矛盾，目前大多数学校，教学目标是相同的，教学内容是相同的，教学过程是相同的，教学进度是相同的，甚至连教学测评也是相同的，这样如何解决教材与学生之间的矛盾？第二是教师和学生之间的矛盾，说到底就是教师怎么教，学生怎么学。大多数课堂仍然是教师讲、学生听为主，这样的学习无疑是被动的、低效的。我想引用《教育社会学》这本书里的一句话："全世界无论是西方还是东方，要提高课堂教学的效率，只有一条——减少讲授，走进合作。"所以，只有调整好了课堂里的这两对关系，学生的学和教师的教才有可能是高效而快乐的。

杜郎口中学的价值与空间

褚清源：课堂是教育的主阵地，也必然是课改绕不过去的一部分。

你在很多场合都力挺杜郎口中学的课堂改革经验,为什么如此看重杜郎口中学呢?

冯恩洪:谈到课堂改革,我总乐意以山东杜郎口中学的改革为例。我对杜郎口中学的课改是高度兴奋的。懂行的专家在这里看到了中国教育的希望;不懂行的人则可能怀疑杜郎口中学的价值。

杜郎口中学通过微观实践影响了中国基础教育改革的宏观进程。它其实提供了一个提高教育质量、办人民满意的教育的全新思路。我们一直认为,要提高教育质量首先要提高教师的质量,这是对的,一百年以后也会这样认为。但现实是,教师的质量永远是农村比不了城市,自然,教育质量也永远是城市高于农村。今天的农村地区太需要优质教育了,怎么解决这一问题呢?我觉得杜郎口中学通过课堂改革抓学生潜能的释放,相信学生能够释放潜在的能量,在这点上是充分体现了学生发展为本。人的潜能释放了,他就快乐了,他就愿意学习了。杜郎口中学充分相信学生,研究学生,释放学生的潜能,最后实现教育的目的。在这一点上,杜郎口中学提供了一个成功的可以借鉴的经验。

褚清源:你觉得杜郎口中学未来还需要怎样的优化与发展?

冯恩洪:包括杜郎口中学在内,我们应该始终问自己这样一些问题:学生的潜能是不是真的被激发了?学生还有没有想学的东西?还有没有学生关心的领域我们却没有涉及?教育为什么不渗透进学生想学的领域呢?今天已有的课堂改革经验已经解决了哪些问题,还有哪些问题需要新的经验出现?我觉得杜郎口中学在回答这些问题方面还可以再做新的探索。

课堂变革能释放学生的生命潜能,但究竟能释放多少呢?这个问题我曾问过崔其升校长,他迟疑了一下回答我说,大概释放了学生潜能的50%。如何继续释放学生的生命潜能,如何进一步关注学生的差异,在多维课程的开发中,实现学生的完整成长,我想是包括杜郎口中学在内的很多学校都面临的问题。

区域课改的推进策略

褚清源：从一所学校的课改到一个区域的课改，课改正在呈现一种集体繁荣的态势，尤其是一批区域课改典型经验先后涌现。你如何看待区域课改的整体推进？

冯恩洪：对于大多数人来说，观念是受区域经济和地域文化影响的，因此，当区域课改整体推进的时候，首先应符合本地区经济和文化实际，同时又要适度高出本地区经济和文化对人的制约。我们常说，一个群体的水平就是领头人的水平。教育改革的经验，从学校角度说，其实考量的就是校长，从区域角度来说，考量的是一方政府的水平，考量的是当地父母官的水平。也正是在这个意义上，有人呼吁区域整体推进课改，号召"为官一任，造福一方"。这是有积极意义的，我表示赞成。

褚清源：在区域课改推进过程中，有哪些值得注意的问题？

冯恩洪：区域课改一是要靠权力支撑，二是要靠学术支撑，两者缺一不可。

区域教育管理者要逐步实现从行政管理到专业引领的转变。如果管理者对三尺讲台缺乏话语权，他就缺乏领导力，没有领导力，领导的魅力就无从谈起。区域课改要重视总目标的设定。没有目标的引领，就不能引导课改队伍走向"对岸"。而且，区域课改总目标的设定要相对较高，第一阶段的目标则要具体，切实可行。因为"一鼓作气，再而衰，三而竭"，第一阶段的目标要充分结合本地区实际，扬本地区之长。区域改革的起点可以是多元的，但最终殊途同归。同时，区域课改是牵一发而动全身的，因此，走一步要想两步，因为它势必会拉动一个地区教育的整体变革。

让教师的"脑袋"也富裕起来

褚清源：你一直主张教师要学会使用一种课堂模式，这是否是对教师专业自主权的限制呢？

冯恩洪：我们要敢于把教育思想转变为操作流程，严密、科学的操作流程才能保证质量。我发现国内教学比赛中获奖的教师大致可分为两类：第一类展示的是一种课堂模型；第二类展示的是他的个人特质。我想说，模型是可以推广的，而个人特质却是不可替代、不可复制的。所以，在这个问题上，我的看法是：教育理想、道德良知、实验精神，要比个性更重要。《中国教师报》曾发布了高效课堂九大教学范式，这九大范式都有一个特点，那就是少讲，学生能讲的让给学生去讲，同学之间能互相启发的就合作交流，学生实在不能解决的，教师才站出来画龙点睛。所以，认识一种模式、实践一种模式是有必要的，是有利于教师专业提升的。

褚清源：课改是一项系统工程，不能永远停留在局部改革层面。教师既要关注课堂，也要关注课程，只有在这样的协同发展中，学校教育才可能系统建构。

冯恩洪：课堂是课程的一个核心部分，但不是课程的全部。课改要关注教法的改革，还应该关注教材的建设。没有校本课程，哪有学生个性和特长的培养？目前在校本课程开发和课程文化建设上，中国的"贫富差距"是很大的。

要开发校本课程，必然要求更多的教师成为复合型人才。而教师发展的核心就是要努力成为复合型人才。要成为复合型人才，教师就要拿起书。教书的人不买书，教书的人不看书，是今天不需要再遮遮掩掩的教育现象，教师不看书、不买书、不发展自己，岂能发展学生、发展学习？教师要拿起书来，来源于目标的确立，这就需要建设一支有追求、有精神需求的教师队伍。

褚清源：教师强，则教育兴。教育变革最终要由教师去实施、去推进，教育的品质最终取决于教师的专业素养。那么，关于教师的专业发展，请你支招。

冯恩洪：教师的专业发展是不可能在培训的会场里完成的，而应该在教育变革的实践中逐渐提升。我觉得很重要的一点是，现在绩效工资的实施并没有拉动教师对教育变革的积极性。如果教师仅仅满足于生存需求，无疑就辜负了政府、社会对教育的信任和期待。

同样站在讲台上，我们是埋怨讲台还是享受讲台？我们应该承认，埋怨讲台的多，享受讲台的少，而关键就是教师能不能提高需求的层次，教师有没有"国忧肩上挑，旁观非英豪"的气魄和胆识。如果有这样的气魄和胆识，他就会躬下身子研究，一研究就会产生兴趣和热情。如此的教育生活才是有意义的。

褚清源：就农村教育的现状而言，你认为，如何关注一线教师的专业成长？

冯恩洪：教书匠每天重复着同样的工作，必然会产生职业倦怠。作为教师，如果每天都在思考，都在研究，就会发现每天都是新的。一位好老师不应该只燃烧自己照亮别人，燃烧自己照亮别人是奉献，是一种悲壮的美。一位好教师应该照亮别人的同时也发展好自己。

我国幅员辽阔，各地的教育差异很大，尤其是东西部地区的教育差距。对于大部分仍然处在生存阶段的农村中小学教师而言，教育家是阳春白雪，不是下里巴人。在这些地区，我们除了要改变区域学校的经济状况、文化现状，关注教师们的"钱袋"富裕起来以外，更重要的是要引领教师们的精神成长，让教师的"脑袋"也富裕起来。

冯恩洪语录

最高水平的管理是有权不用的管理。

最高管理原则是"四恰当原则":在最恰当的时间,最恰当的地点,通过最恰当的人做最恰当的工作。

名师是干出来的,不是捧出来的。

教育的差异实际就是阅读的差异。

改革者是从来不可能去苛求环境的。

建设现代课堂的出路很简单,那就是由讲授走向合作。

要敢于把教育思想转变为操作流程,严密、科学的操作流程才能保证质量。

教育内部的变化远远赶不上教育外部的变化。

天生其人必有才,天生其材必有用,教育者应该看学生哪壶先开提哪壶,充分发展他的强势智慧并使之达到特长水平。

人物档案：

郑杰，自由职业者，曾任上海北郊学校校长，荣获"上海市十大杰出青年""上海市十大读书成才标兵"等荣誉称号，出版有《给教师的一百条新建议》《学校何以难办》等。

独立教育人郑杰

据说，书、烟、酒是郑杰的三宝。

他喜欢戴礼帽、吸大烟斗，这好像是特有的郑杰式的装束了。他拿着烟斗抽烟的姿态特别有范儿，像某个电影画面中的某个人物形象，但好像又无法确定。那种抽烟的感觉似乎是一种幸福的感觉，让人神往。

认识郑杰校长是从约稿开始的。那个时候我还在河南工作，曾经为他开过一个专栏"郑杰看教育"。至今想来，个人对教育认识的提升很大程度上与编发郑杰校长的文章有关。

郑杰校长一直被称为"另类校长"。不知道这个称号是否是一种美誉。总之，认识他这么多年，我倒没觉得他有多么另类，不过，台上的激情与台下的沉默倒是让我记忆深刻。生活中郑杰是一位喜欢沉默的人，在社交场合他总是保持特别的低调；而一旦到了讲台上他总是口若悬河，妙语连珠，他的表达极富解释力，会让你对问题的认识清清楚楚，明明白白。

不是每一个人都天生善于表达的，而郑杰在文字表达和语言表达两方面都有超出常人的能力。郑杰当属于典型的思想力人物，吞云吐雾间似乎都伴随着思想的生产。

他是为写作而生的。他已经出版有十多本书了。但他自称读书是他私人的幸福，我倒觉得写作才是他的幸福所在。黑夜属于他的世界，因为这个时候，他的思考可以无边界地在笔端流淌。他的思维总是与众不同，他的文字里总是流露着某种特别的情绪，总之读他的文字会让你时不时设想作者到底是什么样的。

如今的郑杰在做着自己喜欢做的事情，从一座城市到另一座城市，他用脚步丈量着不同精神尺码的教育故事，以独立教育人的姿态过着一种自由的生活……

访 谈

我是一位知识传播者

褚清源：人，常常是在职业的选择与被选择中完成角色转变的。你称自己是曾经被选择为校长，而今自我选择自由行走的教育生活。这种自由行走是你追求的理想的生活方式吗？你的教育理想又是什么？

郑杰：在我回答类似问题时，几乎所有人都带着羡慕的眼光看着我，因为做自己喜欢的事，过自己喜欢的生活，是每个人的梦想，而在大多数人看来，这又是一个很难实现的梦想，所以人们羡慕我。可能更令人羡慕的是，我目前的工作方式与我的生活方式高度地统一在一起，我喜欢表达，喜欢写出更多的文字来让人读到，而且我也很喜欢旅行，结交不同地域文化里的人，我觉得这样的生活方式是最适合我的。

我没有什么所谓的理想，我只是在从事某种职业，这个职业是为"知识传播"而存在的，我是一个知识的传播者。关于知识，有这样一个链条，有人负责知识生产，有人去消费知识，可是也要有人来传播知识，我发现很少有人做传播的事，或者有人想去做却做不好，比如那些大学教授，他们能生产知识，却不太善于将知识表达出来，所以我就去做了。之所以我很热心去做，实在是因为知识传播这项工作恰好符合我的生活方式，仅此而已。

至于我的理想，它在教育之外，那就是我们这个社会无论是制度还是文化，能让所有人都去做自己喜欢做的事，让所有人都能发挥自己的长处和潜能，那该多么美好！中国那么多人口，智商高的人以 1/4 计的话，也比美国的总人口还多，可是他们都在干什么？许多人都在做些毫无意义的事。在中国，有太多不幸的人，而最大的不幸就在于我们意识到了这一点，却毫无改变这一残酷现状的希望。所以，我可能也有理想，而我知道这不是我一个人的理想，我拯救不了任何人，我只是拯救了自己，为此我心满意足了。

褚清源：任校长时很多人称你为"另类"校长，你接受这一称谓吗？你如何解读自己的这种"另类"？

郑杰：我接受，很接受。因为那是别人对我的称谓，这个称谓客观描述了我与其他中小学校长的区别。在我看来，这个称谓并不是恶意的，带有一些尊敬在里面。但是，我不会自称自己"另类"的，因为当我显示出与其他校长的不同点的时候，都不是刻意的。我不是为了反对什么而反对什么，也不是为了标新立异而去做什么，我反对什么和去做什么几乎都是出自理性，我非常欣赏和悦纳自己的理性。当一个人很理性，至少在工作和学问上很理性的话，就会拥有更大的勇气。正是勇气让我可以毫不犹豫地放弃一些别人看来很重要的东西，比如名誉、利益或者领导的认可。总体而言，我靠自我认定而获得尊严，而不是别人的评价。我的另类，其实并不在于我特别的勇气，而在于我的理性，就是所谓求真吧，这让我显得特立独行。而如果在教育界，一个求真的人被看成另类，这个行当就让人有些失望了。

褚清源：辞去公职后，你曾赋闲在家一段时间，期间读了很多在你看来不必与工作有关,也与名利无关的书,这些书丰富了你什么样的教育思考?

郑杰: 有一段时间我确实失去工作,但我读书并不是只在失去工作的时候,读书是我的生活习惯。回想起我这个习惯的养成,主要有两条经验:一是条件不允许我读书,小时候父母强烈反对我阅读课外书,所以我总是偷偷地读。有时候越是条件不允许,却越是激发了人偷偷读书的欲望;二是因为我总是只读那些自己喜欢的书,我是一个不愿意苟且的人,在读书方面,我不那么愿意与我不喜欢的书妥协,我从来不和自己的心愿宣战,这让我每次只要捧起书来就进入饥渴的状态,所以我养成了每天看书的习惯,无论赋闲在家还是忙碌在外,都一样。

我们常常把有用的书看得很重,可是什么是有用?你认为有用的别人未必认为有用,有用和无用都是相对的,比如我读《高等数学》,你不能说这本书对大学数学系的人有用,而对我这个中文系的人就无用。我读书常常是无目的的,也就是说不是为了有用而读的,这种习惯最大的用处就是让我知道敬畏,对知识的敬畏,对人类不可知的力量的敬畏,能让我在旅途劳顿中保持宁静。我很安心,那是书带给我的最有用的东西。至于书对我从事教育活动的作用,那太大了,读书让我作为知识的传播者,更显得游刃有余。

读书无疑也加深了我对教育的理解,那就是,教育是复杂的,是不可以乱来的,这是我想要传递给我的读者的一个重要的思想。

褚清源: 后来你专攻教育咨询,甚至以"教育咨询师"自居,你如何定位教育咨询师这一身份?

郑杰: 咨询师其实是知识传播者的一个身份,它还有别的身份,比如科普作家、培训师之类。咨询师的工作难度相对于其他传播工作要大一些,比如科普和培训之类都是"假定"读者和听众有问题,所以你只要备好课,就可以洋洋洒洒地写、滔滔不绝地说,可是咨询却不行,咨询是要现场回答问题，回答读者和听众的真实问题，作为咨询师要即兴回答，因此这份工作很有挑战性。比如你的反应速度要快，你的知识储备要足够丰富，体能要好，最重要的是，要有很强的对环境的感知能力，因为几乎所有教育和管理的问题都有丰富的情境性，只有理解了现场的问题情境，才能准确而得体地做出回答。所以，这又是一个很过瘾的工作。

目前在教育界从事专门咨询工作的人不多，气候条件还不成熟，但我相信将来越来越多的人会意识到咨询比培训更有价值，我愿意等待那一天的到来。

学校里只有做法，没有文化

褚清源：你在公办学校做过校长，也曾在民办学校有过任职经历，在你看来，公办学校和民办学校之间存在哪些差异，他们之间应该形成一种什么样的关系？

郑杰：公办学校和民办学校的差异主要在于"老板"不同，公办学校的老板是教育局，民办学校的老板是企业家。对一个校长来说，无论在公办还是在民办，都是"代理人"的角色。在当公办学校校长的时候，我曾经错误地以为，民办学校比公办学校更自由，公办学校管得太多太死，而民办学校拥有完整的招生权、聘任权，就可以按自己的意愿去办学了。可是，我错了，而且我为自己的错误付出了代价。

一个校长，在公办的体制内，很少有办学自主权，在民办体制内未必就有办学自主权。那是因为，公办学校的"老板"看重政绩，民办学校的老板看重收益，而无论政绩还是收益，都是以牺牲教育的价值为代价的。而事实上，无论公办的老板还是民办的老板，都十分看重考试成绩，那是因为对公办体制而言考试成绩就是政绩，对民办体制而言考试成绩代表着收益。因此，无论在公办还是在民办，有教育理想的校长都是痛苦的。

不过，相对而言，公办学校校长的痛苦相对更重些，因为并不是学校的考试成绩提高了，你就能获得更大的自由办学权，恰恰相反，你办得越好，上面给你添的麻烦可能越多，比如"条子生"的问题，学校升学率越高，条子就会越多，你不能照单全收啊，所以就可能得罪领导了。那些大大小小的领导都把热门学校当成自己的私产来看待，不仅把你不愿意收的学生塞进来，还把你不想要的教师塞进来，实在苦不堪言。公办学校得迎接各方"神圣"没完没了的检查评比考核，这些捆住你的手脚，让你不可能有自由发挥的机会。

民办学校校长的痛苦相对轻些，只要你把考试成绩抓好了，生源广进就是财源广进，老板的目的达到了，也就不来管你的事，校长可以有一些自由发挥的余地。我当时在民办学校当校长，与老板最大的分歧就是战略问题，我认为应该先抓考试成绩，再赚钱，而老板等不及，一个劲地招生，把学校塞满再说，结果学校差不多成了"工读学校"，所以很快就倒了。

所以，要是在公办学校当校长，差不多到中国的哪个角落里当都一样；而民办学校却不同，运气好的话碰到一个好老板，痛苦相对可以小些，这种可能性还是存在的。

褚清源：民办教育一直是在夹缝中生存，尤其是当前的民办教育，有人认为正在遭遇寒冬。你是否认同这一观点，是否看好民办教育未来的发展？

郑杰：我对中国教育，无论公办还是民办都不抱什么希望。不是校长和教师不努力，我们有世界上最能吃苦的最努力的教师，他们充满焦虑，职业满足感很低，职业倦怠明显，可是他们中的大多数毕竟还在继续努力工作。如果说中国教育有问题，主要问题是出在学校外部的，你说的民办教育的生存状态不佳，其中大部分的苦痛与公办学校是一样的。

如果说民办学校有比公办学校格外的痛，主要是因为民办学校没有真正获得与公办学校"同等国民待遇"造成的，尤其是一些地方公办学校教师的待遇提高了之后，对民办学校的教师队伍的稳定性提出了挑战，这对义务教育阶段的民办教育来说尤为严重。义务教育本身是政府的责任，民办教育在为政府分担教育的责任，而政府却把民办教育当成减轻本地财政负担的好办法，这是错误的。而在高中阶段，政府不惜一切代价扶持优质公办高中，使民办高中得不到好的生源，所以鲜见成功的民办高中。至于大学，由于众所周知的原因，我国民办大学居然想跻身名牌之列，简直是"痴心梦想"。

民办教育的生存状态不佳，这可能不会是短期的现象，在普遍的"国进民退"的大背景下，民办教育正在过冬，而何时是个尽头？我不知道，我是个悲观论者。

褚清源：我们再来聊聊公办学校的话题，公办学校校长的频繁调换，对学校文化的传承无疑是一种伤害，现有管理体制下，公办学校如何规避这一问题？

郑杰：总体来看，我主张公办学校校长的频繁调换，因为校长一旦在一所学校做久了做顺了，就会走向独断专行，我所见过的所谓名校长，基本上都是学校里的"土皇帝"和"专制主义者"，他们将个人的教育观念以强制力量强加到教师头上，在学校里只能有一个声音一种思想。

你认为当下的中小学校有文化吗？即使那些百年老校也没什么文化。如果连文化都不曾有，还谈什么文化传承。在密不透风的管制之下，学校是没有文化的，有的只是"做法"，即不同的校长有不同的做法，换一个校长就有另外一种做法，频繁地换校长就会频繁地换做法，但这也总比某个校长做几十年而只有一个做法强些。

公办学校就是要让校长流动起来，这会让人们逐渐开始意识到制度和文化的重要性，意识到校长并不是成就一所好学校的唯一重要因素。

只是校长的流动要有个法则，无论是长期任职还是短期任职，总要告诉校长们任职期限，否则即使能够证明长期任职对学校更为有利，也不能给校长和学校一种稳定的心理预期。

有时候，教育主管部门恰恰不愿意宣布任期，是因为这样就能更好地控制校长，而这样的控制本身是不道德的。

统一思想的结果就是取消思想

褚清源：经你这么一解读，的确让人有点悲观了，当教育主管部门和校长都不从道德和思想出发去做事情的时候，教育就变得无计可施了。我们聊聊"教育家"这个概念吧。人们对"教育家"这一称谓始终是心存敬畏的，"呼唤教育家办学"是社会和我们教育人的一种集体愿望。在你心中，教育家的标准是什么？

郑杰：按我的标准来看，我们根本没有什么教育家，而且今后也不会有什么教育家。我的教育家标准就是，教育家必须是个思想家。你看，历来能被称为教育家的人，无论是孔夫子、朱熹、陶行知还是苏霍姆林斯基、杜威，他们都首先是思想家。可是，我们有思想家吗？没有，我们连思想都没有。为什么没有？那是因为有思想常常是危险的。对管制者来说，一个有思想的人就是一个隐患，所以我们总是强调统一思想，统一思想的结果就是取消思想。

不过，即使现在能允许人们独立思想，可是很遗憾，人类的教育思想已经死了，因为你现在能够想到的，前人都已经想到过了，你说要以人为本，这算不算新思想，是的，这是新思想，可是五百年前，甚至在更久远的古代，哲人们早就说过了，比你说得还好。我们今天所说的"新教育""新基础教育"或者"新学校"等等之类的东西，表面上看似乎确实很新，可其实只要稍读过教育思想史的都会知道，那些新思想只是对前人思想的重新表述而已。我这里并不是贬低这些新思想的意思，我只是说人类的教育思想已经终结。

此外，我还想为不再有教育家而庆幸，因为一个领域还主要依靠信仰、思想、信念、观念，那是这个领域落后的表现。就比如说医疗，最初也是依靠信仰、思想之类的东西，而现在去看病，不去医院却去找巫师、神父、和尚、思想家，那不是愚昧是什么？所以，教育的发展将不再需要思想的进步，而是需要依靠科学和技术的进步，我们这个行当越来越需要心理学、脑科学的成就来滋养，我们需要学会说"研究表明"，而不是说"我认为"。

哪个行当里流派众多，就说明哪个行当还不科学，当活跃着的"教育家"们一个个口口声声地宣扬自己的思想，还搞出许多流派来故步自封，那实在不是个好兆头。

褚清源：这说明，我们今天的教育存在一种严重的改革浮躁症。作为改革者和助力改革的人，你认为教育人需要坚守一种什么样的改革立场和心态？

郑杰：烦躁是一种通病，不仅存在于教育界，现在是全民皆烦躁。究其原因，主要是因为缺乏"安全感"造成的，人们总是害怕落伍，害怕被淘汰，害怕寂寞，害怕不被重视。缺乏安全感是外部环境造成的，外部环境的不确定性加剧了人们的恐慌，无论穷人还是富人，都在恐慌之中；缺乏安全感还与不够自信有关，自信力不足，心中的能量不够，便会恐慌。

其实，有些恐慌是不必要的，回到你开头的问题上，好些朋友羡慕我的生活方式，可是真要他们也这么做却不那么愿意了，那是因为他们需要记取两句话，可能对他们获得灵魂的尊严和心灵的安宁有用，一句话是"艺高人胆大"，还有一句话是"无欲则刚"。当一个人每天都在成长，而逐渐开始忘我的时候，幸福之路已经铺就。

褚清源：你是从实践走向理论思考，又从理论思考走向实践，始终坚持独立思考和民间立场的教育行者，你说你是在"流浪途中的"，我觉得正是在这种实践中积累的思考，才是有根的思考，这也恰恰是当下教育人最缺失的。你认为，一线教育者如何走出"思想的迷失"，教育理论与一线实践又如何实现零度对接？

郑杰：什么是好的理论，好的理论是富有解释力的理论，即好的理论可以对现象做出合理的解释，也才能指导人们实践。我是个草根型的实践者和理论家，当初我做校长的时候，为探索有效的实践，不惜冒犯错误的危险来做各种各样的实验，当初的那些实践让我从错误中学会什么是正确的；而后我在做一些研究，我的研究只有一个追求，就是能把那些复杂的事情解释清楚，我渴望获得足够简约的解释，而不是相反。人们之所以不喜欢现在的一些理论，总觉得一些理论很高深很复杂，是因为这些理论为了像理论的样子而特意搞出来参加论文评审，或者为了评职称的，压根没有想过要让一线的教师读。

我觉得无论是理论还是实践，都要回归常识，没有比常识更重要的了，只要教师能学会理性，用自己的头脑思考，便能够回到常识里，而不会被弄到"迷失"的境地里去。

郑杰语录

真正热爱、关心教育的长官们，只要给教育拨钱就够了。

价值观就是一个人在乎什么、看重什么。有价值观的人遇事就不会纠结、困惑。

幸福的第一层楼是物质生活有保障，第二层楼是艺术地生活，第三层楼是有独立思想。

学会敬畏的人格外谦逊、格外知足，敬畏写在"敬畏者"的脸上。在不知敬畏的人的脸上，只能读到放肆、邪恶、虚伪和鲁莽。

校长队伍发展趋向三个层次：第一层次是高端校长，属于思辨型校长，是可爱的校长；第二层次是中端校长，属于实践型校长，是可敬的校长；第三层次是低端校长，属于蛮干型校长，是可恨的校长。

教师从新手型到熟练型，一般运用工匠模式，派一个导师给他，是最有利的。从熟练型到风格型是科学应用模式，给他讲教育原理，让他在实践中去运用。从风格型到专家型则主要运用研究模式，引导他做研究、做课题。

人物档案：

吴忠豪，教授，硕士生导师，上海师范大学小学语文教学研究中心副主任、上海市小学语文教学研究会副理事长，上海市二期课改小学语文（实验本）教材（1—10册）主编。

写作和语言知识学习。

我曾经做过两次语文课教学效率的调查,一次是调查教师教课文后学生对课文理解究竟有多少提高,结果三年级学生提高幅度是10%左右,五年级学生提高幅度仅1.5%,几乎可以说教和不教差不多。还有一次是采用学生自学和教师教课文两种方式教学同一篇课文,结果三年级和五年级学生自学效果都略高于教师教学效果。这两次调查样本很小,测试的题目也没有经过严格的科学检验,但是至少可以说明教师"讲课文"这种课程形态效率确实很低。语文课程是学习母语的课程,是以提高语言运用能力为主要目标的课程,适合文本内容学习的"讲课文"课程形态显然不适合语文课教学。

二是我国语文课程的重点取向失当。语文作为一种社会交际工具,其核心功能在于能够熟练运用口头和书面语言参与社会交际。日本"坚持从言语教育的立场出发的国语教育",非常明确地认定"国语教育首先是言语教育,其首要任务是培养学生的表达能力"。美、英、法等国家在其母语课程标准一类的文件中也非常明显地体现出了以言语表达为重的倾向。而我国的语文课程却坚持阅读为重点的课程取向,语文课用于阅读的时间占了四分之三,而运用表达教学时间不足四分之一,造成语文课程"阅读"和"表达"教学时间的结构性失调。现在社会各界对语文课的意见主要集中在学生表达能力不过关,而语文课却将大量时间花费在效率很低的"文本讲读"上,始终没有将提高学生表达能力作为语文课程的重点。语文课程必须调整课时结构,"均衡读写",建构"理解"和"表达"并重,并且适当朝向"运用"的课程结构。

三是我国的语文课缺少学生的语文实践活动。许多国家语文教学很重视学生在课堂中的实践活动,无论是写作课、语言知识课,还是阅读课,课堂教学都偏重于学生实践活动的组织和指导。我分析过不少国外语文教师的授课计划,发现他们的教学计划似乎很简单,有时十几个课时的教学计划只有薄薄的一页纸。国外教师授课计划尽管简单，但所设计的主要是学生在课堂内的学习活动，比如，"连续几天读这本书的前两章""鼓励孩子们把已经阅读过的东西改编成剧本，在小组里分角色表演""给低年级的孩子阅读'节选材料'"等等。也就是说，教师设计的教学计划，目光聚焦在"学"的活动上，思考学生"学"什么，用怎样的方式来"学"，其设计的出发点始终是学生的"学"。学生在课堂内所要开展的学习活动是具体的，目标是清晰的，操作性和可检测性都很强。

语文课的三重标准

褚清源：确实，语文教育问题不仅集中在课程和教材上，语文教学的教法也存在问题，比较落后。比如：预设太多，生成太少；说教太多，启发太少；还有一些教师自我表现欲望太强，把上课当成个人秀。你怎么看这样的现象？

吴忠豪：20世纪五六十年代语文课就提倡要"精讲多练"，八九十年代又提出语文课要加强语言文字训练，新世纪出台的两版语文课程标准都明确提出"语文课程是实践性很强的课程，学生的语文实践能力只有在语文实践中才能获得"，说明语文教学工作者都清晰地认识到教师过度讲解对学生语文能力形成并不有利。然而，在实际的课堂教学中，教师讲得多、学生学的活动偏少的局面始终难以扭转。这中间自然有教师的主观因素，但更多的可能应该从语文课程层面挖掘产生问题的根源。

从课程目标层面看，语文课程在核心价值观上长期摇摆不定，特别是2001年语文课程标准特别强调语文课程的人文功能，导致教师将文本背后思想情感的深层感悟和人文精神的审美体验当作语文教学的刚性任务，挤压了课堂内学生语文实践活动的时间。从教材层面看，我国语文教材篇目较多，少的一册25篇、30篇，多的有40篇，因此教学一篇课文的时间一般是两课时，少的只有一课时。而有些国家或地区一册教材只有12—16篇，一篇课文动辄上六课时、八课时，因此语文课上有充分时间保证学生语文实践活动。而我国语文课程虽然也强调学生的语文实践，但教师要完成这么多数量的课文教学，客观上很难保证学生实践活动的时间。最后要关注的是语文课的教学流程，当下语文课教学流程主要是"文本解读型"的，具体表现为："初读课文——分段讲读——总结练习"。这样的教学流程教师习以为常，其实这种教学流程适合教师"讲课文"，很难保证学生学习语文实践活动的时间，其结果必然是降低语文教学的效率。

褚清源：现在有不少名师的公开课将自身精彩的讲解作为亮点无限放大，将教材挖得很深，以教师讲的精彩代替了学生学的精彩。这对一线教师来说是否是一种误导？

吴忠豪：当下各种语文教学研讨活动空前活跃，形形色色的公开教学层出不穷。尽管公开课作为一种教学研究形式，对推进语文教学改革有一定的作用，但有些公开课为了追求课堂的亮丽和观课的效果，过多地关注理念的前卫，设计的奇妙，文本解读的创意，课堂组织的奇巧，课件制作的华丽……却忽略了学生的需求、学生的参与和学习活动的有效性，将课堂变成了展示教师功底和教学技艺的舞台，异化了课堂教学的核心价值。特别应该指出的是，有些执教公开课的教师具有相当的影响力，其课堂教学通常被作为"示范课"为广大观课教师竞相追捧并效仿，因此这样的"示范课"，其负面效应着实不可小觑。

被称为"现代课程论之父"的美国教学论专家泰勒早就指出，"学习是通过学生的主动行为而发生的，取决于学习者做了些什么，而不是教师做了些什么。"评价一堂语文课是否有效，其核心指标主要不是看教师"教"得怎样，而是应该看学生学得如何。

语文课的教学效率主要可以从以下几个方面评价：

第一是看这堂课学生究竟学会了什么，有哪些实实在在的长进，其学习行为究竟发生了哪些变化。如果一堂课下来学生说不出个究竟，仅仅是对课文思想内容"加深"了理解，那么这堂语文课的性质就发生了异化。

第二是观察这堂课安排的学生学习活动有效性如何，活动时间是否充分。语文课教学的主要方式应是学生的"语文学习活动"，而不是听教师解读课文。语文课的主要时间应该用于学生听听、读读、背背、说说、写写等多种形式的语言实践活动。

第三看学生课堂参与面，是个别学生参与还是全体学生参与。如果课堂上仅仅是个别优等生的活跃和精彩，多数学生只是作为"旁听生"的身份参与，那么这堂课所反映的教师教学思想肯定是有问题的。

无论是上课还是听课，无论是公开课还是常态课，教师都应该牢固树立"以学生的发展为本"的教学理念。课堂是否热闹，教师语言是否精彩，文本解读是否有新意，教学手段是否先进等，这些对课堂教学而言都是表面的形式上的东西，不能成为评价一堂课的主要指标；只有把"学"的有效作为课堂评价的主要指标，语文课堂才能真正摆脱虚胖、浮肿、高碳、低效等不正常现象。

荒唐的"语文味"

褚清源：有人说，语文教学首先要突出语文味。那么，什么是语文味，怎样的语文课才有语文味？

吴忠豪：从来没有听说过"数学课没有数学味""英语课没有英语味""美术课没有美术味"，但是我们却经常听到"语文课没有语文味"这样的说法。浙江师范大学王尚文教授前不久在一篇文章中指出："有论者郑重提出语文课要有'语文味'。听此言着实让我吃惊不小：这不等于说盐要有咸味、糖要有甜味吗？荒唐！思之，余以为问题的根子或许出在我们没有真正弄清我们为何要在中小学开设语文课的问题上了。"这番话点中了语文课为何没有语文味的命脉。

当下相当一部分语文教师，特别是一些刚入职新手教师，由于对语文"课程内容"认识肤浅，误将"教材内容"当成"课程内容"，课堂教学中把大量时间花费在了文本内容的梳理和思想情感的感悟上了，如：教学《月光曲》就在讨论《月光曲》是怎么谱成的；上《鸟的天堂》就讨论小鸟天堂有什么特点，为什么被称为小鸟天堂；上《蝙蝠和雷达》就讨论科学家是怎么发现蝙蝠探路的秘密，蝙蝠和雷达有什么关系；等等。把语文课上成了历史课、思品课、科学课，这样的语文课语文"含量"怎么会高呢？换句话说，怎么会有"语文味"呢？

褚清源：你曾做过一个形象比喻，语文教师不应是驾驶座上的"司机"——任何场景都由教师开车来带学生，这样做即使学生熟悉了道路，却还是不会开车；语文教师应该是副驾驶座上的"陪驾"，不仅让学生熟悉道路，还要让他们自己会开——这才是语文教学之本。这是不是在强调教师要少讲，不要包办替代学生的品读和体悟？

吴忠豪：这个比喻还原了当下语文课堂教学中存在的比较普遍的现象。按照建构主义的理论，学习是学生自我构建的活动，任何人无法包办代替。叶圣陶说过：语文学习"就理解方面说，是要得到一种知识；就运用方面说，是养成一种习惯"，"为养成阅读习惯，非多读不可"，"为养成写作习惯，非多写不可"。要培养学生熟练的语文能力，关键不在于教师的教，而在于学生自己的"读""写"实践，学生只有在主动参与的语文实践活动中才能习得语文能力。所以课程标准指出，"语文课程是实践性课程，应着重培养学生的语文实践能力，而培养这种能力的主要途径也应是语文实践。"

这些关于学习的原理其实语文教师是高度认同的。问题是，教师既然明白为何不能转化为自己的教学行为？为何在实际的语文课堂教学中，教师讲得多、学生学的活动少的局面始终难以扭转？这中间自然有教师语文教育观的问题，但我认为主要问题出在语文课程形态设计的不合理。

当下全国语文教师都在关注一个热点问题——如何从"教课文"到"教语文"。不可否认，"教课文"仍然是当下语文课堂中的一种常态。台湾的赵镜中老师和大陆的一位老师曾经共同在内地执教《太阳》这篇课文。大陆教师的教学目标主要是研究太阳远、大、热的特点，以及太阳与人类的密切关系；而赵老师的教学目标是让学生认识说明文的阅读方法。赵老师事后不无感慨地说：语文课不应该教课文，而应该用课文来教学生学习的方法；但是大陆的语文课主要是在教课文。

这番话不仅指出了大陆和台湾教师语文教育观方面的差异，其实也道破了大陆语文课为何始终难以改变教师讲得多，学生学得少的深层原因——我们的语文课教师主要是在"教课文"。当下语文教师面对的是一篇篇学生读得懂的课文，为了让教有价值，学有收获，于是教师就千方百计解读文本，试图从文本中挖掘学生"读不懂"的地方，包括学生读不出来的人文情感方面的深层含义，以及文本表达形式方面的奥秘所在，然后根据自己解读文本的感悟组织成课堂教学内容，写成教学设计。按照这样的思路上语文课，课堂上必然会将大量时间用于讨论教师对文本的深层感悟。其实文本解读是多元的、个性化的行为，同一个文本，每个人的阅读感悟并不相同。著名作家赵丽宏听一位语文教师讲授自己的作品，说这位教师对自己作品的解读很有创意，自己写作时也不曾想到。但是他对小学生是否如此解读文本提出了质疑。其实语文教师对文本的解读感悟是成人的感悟，与教师个人的生活经验、语文素养和专业能力密切有关，让年幼的小学生读出成熟教师的"感悟"，不仅是拔苗助长的行为，而且会戕害学生的阅读兴趣。传统教育阅读经典只要求"初知大义"，不提倡"博综精研"深层含义，这符合儿童认知特点，因为儿童

"悟性未开";现代白话文教育因为"初知大义"不难,因此将"博综精研"文本微言大义作为阅读教学的重点,其实不符合儿童年龄特点和认知规律。

语文课必须改变将文本思想内容感悟和表达形式理解作为教学主要目标,围绕教师解读文本的感悟展开教学的低效教法,否则,语文课上教师将永远坐在"驾驶位"上,学生将永远坐在"陪驾位"上听教师讲解读文本的感悟,那么语文课就永远不可能跳出教师讲解为主的窠臼。

用课文来教语文

褚清源:你曾指出,语文教学要从"教课文"转变为"教语文",教师如何实现这一转身?

吴忠豪:在现行语文课程形态和使用文选型语文教材的背景下,语文教师如何"用课文来教语文"?我们以特级教师薛法根所教《哪吒闹海》这篇课文为例,具体讨论这个问题。

很多教师都上过这篇课文。通常做法就是引导学生围绕课文逐段解读:读读第一自然段,说说哪吒闹海的原因,从哪吒"决心治一治"中你读懂了什么;然后读读第二至四自然段经过部分,讨论哪吒是怎么为老百姓出气,他是怎么打死夜叉的和三太子的;哪吒的机灵表现在哪里;最后总结小哪吒敢于同恶势力斗争的精神。这样教学课文其实是以学生读不懂课文内容为教学起点的,因此需要教师带着学生一段一段讨论课文内容。当然其间教师还会穿插一些朗读、说话等语文练习,但学生学完课文后留下的痕迹还是"哪吒为民着想、不畏强暴、敢斗邪恶的精神"。

薛老师教学这篇课文,开头也安排通读课文的环节,读准生字字音,理解难理解的词语,指导学生把课文读正确、读流利。但接下去的教学不是逐段分析课文内容，而是设计了三个教学环节：一是学习概述课文主要内容，二是学习讲述课文故事，三是学习转述课文内容。整个教学过程围绕着这三项目标展开。

第一个环节概括故事主要内容。这对小学生而言难度很高，因此老师告诉学生"不管多么复杂的一件事，都可以用三句话概述：哪吒为何闹海？哪吒如何闹海？闹了又如何？"然后请学生根据这三个问题概述这个故事。通过这样指导，学生不仅理解了课文主要内容，更重要的是学习了概括主要内容的方法。

第二个环节讲述哪吒闹海这个故事。要求把课文中的故事讲得更加精彩。老师教给学生"一个法宝"，就是"把一句话变成三句话"，然后引导学生进行操练。学生通过实践操练，切身体验了如何把一个故事讲得栩栩如生。

最后一个环节是学习转述。老师巧妙地创设了一个具体情境，龙王向哪吒的父亲告状，哪吒在父亲面前辩解，同样一件事，"因为说话人的目的不一样，所以说法也不一样"。这是一种口语交际练习，通过表达实践，学生不仅学习了怎样根据不同的目的转述一件事的方法，而且也明白了"兼听则明，偏听则暗"的道理。

由于每个环节集中围绕一个目标开展教学，教师不仅重视学习方法的指导，而且组织学生训练，因此目标达成度很明显。学完课文后，学生留下的痕迹不仅仅是"哪吒为民着想、不畏强暴、敢斗邪恶的精神"，还有"怎样概述故事的主要内容""怎样把故事讲得栩栩如生""怎样根据不同的目的说话"等语文方法。

从上述课例我们大致可以总结出如何"用课文来教语文"的几点建议。

首先要依据课文合理选择课程内容，明确这篇课文究竟要教什么。语文课程目标的选择，要瞄准语言知识、语文方法的教学和语文能力的培养，这样才能体现语文课程特点。

其次要围绕目标设计教学流程，教师追求的不是"教过"，而是让学生"学会"。这就要按照语文知识或方法的学习规律设计教学流程，按照"领会知识（方法）—实践运用"的步骤组织教学。这才是"学语文"的教学流程。

再次是要合理设计表达练习，提高语言积累的质量。理解课文语言只是学习语言的第一步，能理解但不会运用，学生积累的只是消极语言；引导学生尝试运用，才能有效地使学生将消极语言转化为能运用的积极语言。这样学生语言积累的质量就能大大提高。

当然，要实现从"教课文"到"学语文"的美丽转身，不仅仅是转变语文教学观念，更重要的是将这种教学观念转化为教师的教学行为。观念转变很不容易，教学行为的变化更加艰难，需要长期的艰苦探索才能完成。

吴忠豪语录

如果每节语文课都像名师公开课那样上，那要把我们语文教师累死。

让学生自由自主地阅读，放弃不喜欢读的书，让学生读自己喜欢的书，放弃读不懂的书，读自己能读懂的书。

我们误以为，对于语文教学而言，方法和规律指导是第一位的。实际上，对儿童来说，阅读实践比规律指导更重要。

大道至易、至简，小道至密、至繁，邪道至玄、至晦。

语文教师为学生做四件事：1. 为学生提供图书，读书兴趣是读出来的；2. 提供交流的平台，形成读书氛围；3. 引导学生读自己喜欢读的书；4. 指导学生读书的方法。

决策者 第二辑

没有官话,总敢言实话

人在高处,却行在深处

于是,他们更容易触摸到教育的痛点

在行政与专业之间

他们忠诚于自己的心灵

在理想与现实之间

他们用心思考,用脚丈量

一直为改革发声

为基层探路预留空间

他们受到尊敬与职位无关

与魅力有关

人物档案：

　　张卓玉，山西省教育厅党组成员、正厅长级督学，出版有《第二次教育革命是否可能》《构建教育新模式》。

张卓玉：为什么说教育需要革命

在全国的教育厅长里有"二张",一直备受媒体的关注。一位是山东省教育厅副厅长张志勇,一位是山西省教育厅副厅长张卓玉(后晋升为正厅长级督学)。

采访张卓玉是一次很偶然的机缘,确切地说,是因为他的一本书《第二次教育革命是否可能》。这本书自2009年7月出版以来受到了学界和一线教育者的广泛关注。有论者认为,这本书以前沿的视角、深入浅出的解说系统阐释了当前教育改革中面临的一系列问题和解决方案。张卓玉怎么也没想到自己的这本薄薄的册子受关注度会如此之高。尽管这本书是一本理论专著,但在实践领域,受追捧的程度可能远远超出了预期。据我了解,有学校的校长曾专门为全校教师复印了这本书,并且开展读书会,畅谈读书心得。在我所接触的校长里,有不少人将这本书奉为"课改经",作为"枕边书"。

于是,因为这本书,中国教师报总编辑助理李炳亭先生带领我采访了在北京大兴国家教育行政学院参加会议的张卓玉。采访约在了晚上。一见面便直奔主题,所有对话围绕当时的课改热点和《第二次教育革命是否可能》中的一些观点展开。我清楚地记得,整个对话是在激动和兴奋中结束的,李炳亭主任和张卓玉厅长两人有点相见恨晚的感觉。而我作为倾听者和记录者，是这次采访的最大受益者——有很多课改的模糊性认识在这次采访中豁然明了。

近年来，张卓玉常常受邀出席一些论坛，也不时在媒体上发表文章，但他始终以理性和清醒的姿态为教育发声。比如对很多人追捧并盲目上马的信息技术，张卓玉曾呼吁：如果课堂的理念和结构不发生真正的变革，那么再先进的信息技术都将成为多余，成为累赘，成为一种烧钱工程。在他看来，国家的基础教育除了人头费、工资、基础设施建设，恐怕支出最多的是信息技术。"我们大量用信息技术干什么，支持落后的教育方式：过去老师是用嘴灌，现在是用机器灌，用最先进的方式来支持最落后的教学方法。"对于热衷于改革的教育而言，也许更需要这些理性的声音。

在《第二次教育革命是否可能》一书的封底有一段文字——"从以知识传授为起点的教育走向以问题解决为起点的教育，是一场哥白尼式的革命。这场革命力图使教育从成人为学生设定的生活回到学生的真实生活，从作为认知结果的知识体系回到认知起点的问题解决，从过去和未来回到现在。"这段文字深深打动了我。

是的，学校教育面临的不是改良，而是具有颠覆性的一场革命。这位一向温和的教育官员所倡导的教育革命，最核心的是要从以知识传授为起点的教育，走向以问题解决为起点的教育，让学生的健康成长与发展成为教育的基本任务。在《第二次教育革命是否可能》这本书中，他提出了很多新的概念，比如问题解决式教育、泥土思维、种子思维、心智生活等等，他试图围绕"人本主义"构建自己独特的话语体系和言说方式。

在山西，张卓玉每到一地就深入课堂，走近教师，走近学生，这是他惯常的一种工作方式，更是他多年来的一种教育情怀。他常说：我首先是一个教育人，然后才是一位行政官员。生活中他不断切换着这两种角色。他常常鼓励并倡导教育局长要深入课堂调研问题；在学校里，他会走进班级与老师对话，与学生对话，这样的行走方式为他的思考积淀了丰富的思想土壤，也构成了他生活中最值得细细品读的一部分。正如他在书的后记中所说，"多年来，我总生活在两个世界里：现实的体制内的世界和理想的学术性的世界。"也许正是这种两栖式的生活让他有了与众不同的思考。

访 谈

从改良走向革命

褚清源：书名中的第二次教育革命是指什么？

张卓玉：欧洲18世纪后半叶出现了由校园、课程、教材、职业教师、课堂教学、考试等主要元素组成的现代意义上的学校，称为"第一次教育革命"。现代教育发展到20世纪70年代，美国教育学家施瓦布曾提出："课程领域已步入穷途末路，按照现行的方法和原则不能继续运行，也无以推进教育的发展，现在需要的是适合于解决问题的新原则、新观点、新方法。"于是"第二次教育革命"被提上日程。"第二次教育革命"是针对现代意义上的学校而提出的。就我们当下的教育改革而言，我们需要思考的是，我们的教育距离人本主义还有多远。如果我们的教育真正做到了以人为本，那么我们的教育将开启一个全新的时代，第二次教育革命也将成为可能。

褚清源：书名《第二次教育革命是否可能》很吸引人眼球。为什么要使用"革命"二字，你意在强调什么？

张卓玉：用这个词是经过慎重思考的，并非为了哗众取宠。这一轮课程改革当中，课堂教学领域的确实现了很大突破。我在许多场合常常使用"革命"这个词来形容课堂教学取得的成果。要"革命"就不是在过去框架下的调整、完善，而是在建立一种全新的框架。我觉得今天的教育仅有改革或者改良是远远不够的。改革或者改良只是在现有的框架下的部分调整、补充，这并不能从根本上解决问题。新中国成立以来，尤其是改革开放以来，基础教育领域几乎没有停止过改革。改革的不断重复恰恰证明，仅有改革还不够，需要寻找新的机制、新的基石。改不下去是因为支撑整个教育大厦的基石出了问题。因此，使用"革命"这个词意在强调，新时期的教育变革必须建立新的教育哲学和以这种哲学为指导的新的实践模式。

褚清源：那么，以往的教育改革只能算是改良吗？

张卓玉：在原有框架下的修修补补只能是改良，因为以往的改革中，教育的基石没有变，就像一座结构出了问题的房子，改门窗和再装修，都不能从根本上解决问题。教育革命必须寻找新的教育基石，在新的教育基石之上改变框架与结构。

褚清源：是否可以这样理解，以往的教育改革发生的只是量变，还未发生真正的质变？

张卓玉：多年来，我们在如何教的问题上投入了极大的精力，却很少研究学生如何学。现在为什么是"革命"呢？是因为需要从教育的根本任务出发重新审视我们的改革实践。今天基础教育改革需要从如何"教"走向如何"学"，要重新构建学生的学习方式，也就是说，教育必须从"师本"的"地心说"走向"学本"的"日心说"，从教师的"教"走向学生的"学"。这是基于对人的尊重，首先要相信学生，相信学生能够学会，能够自主，能够自治。

褚清源：请具体阐释一下你所说的"新的基石"是指什么。

张卓玉：新的教育革命需要新的基石来支撑，而所有的基石都是基于人的发展，基于对人的尊重。我所说的这场教育革命必然是以人本主义的教育信念和追求为理论基础的。它包括：教育的使命是促进和保障学生的成长，教育的基础与前提是充分相信学生对成长的渴望和潜在的发展才智，教育必须尊重学生生活的目的和意义，保障学生应该享有的权利，问题及其解决是教育的起点和过程，探究是教育的主要方式，丰富和完善学生的体验是教育的重要任务。学校是学生自己的组织和社会，也是未来和谐社会的摇篮，教育过程既是获取的过程，也是付出的过程。学生应该走向社会，社会应该走进学校，学校的重要功能是为学生的学习活动设计、开发程序，并指导学生依据程序开展学习活动。

褚清源：你如何理解教育与教学之间的关系？

张卓玉：教育与教学许多时候被有意无意地割裂开来了。英文中的教育，本义是让人发展，给予学生阳光和水分，让其自由生长。教育即生长，即成长。我们的教育好像是在塑造，稍不留心就滑向了训练的层面，学校一不小心成了技能培训班。教育与职业训练是完全不同的，训练只能获得技能。当讲授成为教育的主导方式时，学校就只能是一个教学的场所。讲授对应的是接受。在讲授为主导的教学中，学习就意味着接受，意味着听课、做题。探究则是基于好奇、质疑、追问的积极活动。现在的教育在课堂教学上有了很大的突破，但还远远不够，现在的课程标准依然是以未来要求现在，有些知识是一辈子都用不到的东西，却要反复去学。

褚清源：我越来越觉得《第二次教育革命是否可能》这本书更像是基于当下教育问题开出的药方。可能正是因为这一点，它很受读者欢迎。

张卓玉：写这本书主要是为了建设，因为今天一味地批评或者批判是没有意义的。写这本书时并没有想到会有人关注。2008年开始精心整理这些年的思考，动笔写大概用了四个月时间，就想一吐为快。

在这场学习的变革中，被推倒的理念还有很多。比如学生在校的任务就是学习,至于服务社会,要从走上工作岗位开始。这个理念正在被一个新理念取代:一个人从享有权利之日起,就要学会担当责任。

走出知识传授性教育的困境

褚清源:如果请你来描述当下教育最突出的问题,你会选择什么问题?

张卓玉:今天的教育问题突出表现在教育的功利性,人们过于看重知识的价值。我们学校教育中的知识崇拜已经到了非治不可的地步了。从课程标准的编制到教材的编写,从课堂教学到测试评价,教育的每一个环节,都是围绕知识展开的。为了让学生获取知识,学校采取的措施往往是无休止的考试,并辅之以"将来有用"的说教。

褚清源:正是人们对知识的追求,让教育陷入了一个教师、家长和学生都无所适从的怪圈。

张卓玉:当然,对知识提出挑战是需要勇气的。知识有用,但知识只是工具,它不是学习的全部,当我们把知识从整个教育结构中抽取出来时,知识就被异化了。

知识不能脱离知识的产生过程。一旦把知识从特定过程中抽取出来,知识必然就成为死的知识。一些专家学者在充满激情地谈论知识的意义时,是熟知知识的产生过程的,而学生没有经历过这样一个过程,因此,学生眼中的知识就如同脱离身体的手指一样没有生命活力。学生在学习过程中体验不到知识的价值,就无法感受到学习的意义。

褚清源:今天的学校教育的确过于关注知识的学习,而缺少对学生精神成长的关注。按照你所倡导的人本主义思想,知识崇拜恰恰是功利主义的表现,是与人本主义背道而驰的。

张卓玉:我在书中把这种教育称为"知识传授性教育"。知识传授性教育的思维模式是，把相关的教育内容提炼为一套知识体系，据此编写一套教科书，并开设相应的课程，让学生识记和理解相关的知识，为日后走入社会做好准备。在知识传授性教育框架下，除了学习能力以外，其他能力无法进入教学视野，无法成为教育的基本任务。知识传授性教育的自上而下的权威性和整齐划一的计划性剥夺了个性培养的可能性。比如，价值情感教育写进了所有课程标准和教科书中，但是，当知识传授统摄整个教育过程时，价值情感教育永远只是一个配角。

褚清源：如何才能逐步走出知识传授性教育的困境？

张卓玉：现在学校的硬件变了，但学生的生存状态却变化不大。我们的基础教育正面临一场变革，这场变革最核心的目标是要把学生的快乐成长、健康成长作为教育的基本任务，使教育从成人为学生设定的生活回到学生自己的真实生活。

教育的起点应该立足于人的成长的基本形式——人总是在遇到问题、解决问题中成长的。如果把它引入教育，压倒一切的任务就不再是知识传授，而是引导学生学会思考问题、解决问题。走出知识传授性教育困境的出路在于实施问题解决式教育。问题解决式教育力图从学生此时此刻的真实生活入手：学生是否生活在一个和谐民主的集体中？学生在为学生群体和公民社会承担自己的责任了吗？完成这一教育任务的前提与保证就是把学校建成一个民主和谐的微型社会。

从以传授知识为起点的教育走向以解决问题为起点的教育，必然伴随一批能充分体现以人为本价值追求的新的教育关键词的出现：体验、探究、合作、展示。

褚清源：知识应该通过什么样的方式获得？知识与体验、探究的关系怎样理解？

张卓玉：我一直在寻找一些概念来描述学生的成长状态。我认为有四个核心概念可以描述：体验、探究、合作、展示。体验、探究、合作、展示的过程自然包含了知识学习的过程。知识只有让孩子经历了、体验了，才能形成"我的世界"，才能成为自己的知识。教育不能省略体验与探究这些过程，省略这些过程，仅仅通过传授来获取知识，创造力就会大打折扣，传授的知识永远是别人的知识。还是那句话，有知识未必有智慧，未必有创造力。我在书中谈道，省略体验的教育必然是直接的灌输。灌输则意味着蔑视学生的体验与判断，意味着相信权威，意味着无条件接受。

学生的权利需要成人来捍卫

褚清源：你在书中曾经谈道，我们的成人是在利用学生，这如何理解？

张卓玉：现在一个家庭大多只有一个孩子，每个家庭都不希望自己的孩子在未来的竞争中落伍，因此，教育的目的性很强。这样的思维势必把学生的学习生活当作工具。现实中有很多现象说明，我们的孩子成了家长、老师、校长等成人实现自己理想的工具。我们甚至把孩子的当下作为未来的工具，为了孩子未来的幸福不惜牺牲孩子当下的幸福，把今天作为明天的手段。孩子们在这样的环境中感受不到学习的价值和快乐，这是违背人性的。

褚清源：从你的书中我们读出了一位教育者的良知与责任。前面你也说过，批评或者批判都是基于建设，为了建设。那么，你要建设的是一种什么样的教育？

张卓玉：是的，批评不是目的，目的是建设。《国家中长期教育改革和发展规划纲要》的工作方针中说："……把促进学生健康成长作为学校一切工作的出发点和落脚点。关心每个学生，促进每个学生主动地、生动活泼地发展，尊重教育规律和学生身心发展规律，为每个学生提供适合的教育。"我们可以用这句话作为标准来评价我们的教育。首先,我认为要形成一套以人为本的新的教育思想。教育的起点是发现问题后进而解决问题。知识是在解决问题的过程中习得的,是解决问题这个过程的副产品。其次,要建立新的学习模式,或者退一步说,是建立新的教学模式。然后是建立一种能保障学生学习权利和承担责任的管理模式。我们要反思学生的哪些权利需要捍卫,要承担什么样的责任。孩子们的很多权利需要成人来捍卫。

褚清源:我们要捍卫学生哪些权利呢?

张卓玉:学生缺少捍卫自己权利的能力,学生权利缺失的后果是学生生存质量与发展水平的低下。学生的权利需要成人社会予以保障,对学生权利的保障与对学生的溺爱、恩赐是性质不同而又易于混淆的两件事。

学校是学生成长的场所,学生是学校组织的基本成员,既享有成员的权利,又承担组织成员的责任。比如:学生有了解学校重要事件、重大决策的权利,如果有可能,有参与学校决策的权利;同时,学生有分担学校困难、帮助学校发展的责任。学校要尽可能给学生提供参与学校管理的机会,如协助学校策划组织运动会、毕业典礼等活动。学生在这些活动过程中同时经历着教育与成长。

褚清源:主张相信学生,让学生真正享有权利,让学生在自主、自治中经历成长,这无疑是你对教育问题给出的人本主义回答。那么,你所倡导的人本主义的内涵是什么?

张卓玉:人本主义是一种基于人性的信仰和价值体系。人本主义的永恒主题是尊重人的本性,捍卫人的尊严,崇尚人类智慧的力量,相信人类进步的永恒性。人本主义推崇"种子思维"理论,从以讲授为主的教学到以探究为主的教育是一场革命。探究的过程就是创造力培养的过程,探究是教育发展的大趋势。展示是人性的基本需求、成长的重要形式，重视展示就是重视人性，展示可以最大可能地发展学生的个性与才智，保障学生自信和有尊严地成长，它拓展了学生合作学习和同伴学习的渠道，它是学生学习动力的重要源泉。

褚清源：言谈中关于"体验、探究、展示"等词语出现的频率很高，能具体谈谈这几个关键词吗？

张卓玉：教育即促进和保障学生的成长。成长的主要形式是，遇到问题，解决问题。解决问题的过程和形式就是体验、探究、展示，还有付出。学习的主要形式也即体验、探究、展示、付出。知识不是学习行为的对象，而是学习行为的结果之一。体验、探究、展示、付出活动的结果和收获包括知识、能力、态度等。对体验、经验的态度，是衡量文明水平的一个尺度。对体验的重视，是人类的一次解放。学习始于挑战性体验，终于审美性体验。体验包括对未来的体验。未来只能孕育，不能移植。孕育的未来是以人为本的，移植的未来是以人为工具的，是专制的。探究即创造力培养。在探究之外，不存在创造力技能训练。探究即智慧培养，探究使人热爱智慧，而非热爱知识。探究即教育，而非教学。付出是学生成长的重要形式，是学生的权利，是学生的责任。付出才能获取，付出才有尊严。在此信念基础上，需要重新理解学校与社会的关系、教师的作用、同学概念的内涵、课程概念的内涵等。

褚清源：你主张，展示是人性的基本需求，是人的基本权利，是生命成长的基本形式，也是学习的有效途径。如何理解展示对学生学习与成长产生的重要意义？

张卓玉：展示体现了生命的两种本性：一是作为个体，学生要成长、发展；一是作为群体中的一员，学生要交流，要欣赏或被欣赏，评价或被评价。可以这么说，对展示的认识水平和实施状况反映着教育理论和教育实践的文明程度。我相信，"展示"一词将成为教育的核心概念。有了思考就需要说出来，这就是展示。没有展示，就没有成就感和尊严感。

保障展示就是保障人性：我展示，故我在；我进步，故我在。我即我的标准。展示水平是学校办学水平的重要标准。展示意味着新的评价标准的形成，人就是人的标准，自己就是自己的标准。展示是学生学习动力的重要源泉。比如，展示与做作业的区别，做作业是为了完成一种任务，而展示是代表小组的，学生会为了展示自己的才华与智慧而学习，在展示时也必然有着强烈的责任感和团队意识。

褚清源：付出呢，作为在校的学生怎样付出，如何承担责任？

张卓玉：我曾经了解过，美国一所学校给小学生布置了一项作业，让学生给家庭做一个周末旅行计划，自己作为旅行团团长带着家人外出旅游。这便是一种责任的担当。

教育既要保障学生的获取，包括知识、能力、价值观等方面的习得与收获，又要保障学生的付出，即学生自觉履行自己应该履行的责任。我们不能因为他是学生，他的主要任务是学习，就自作主张地剥夺他们应该履行的责任。只讲获取，不讲付出的教育是有缺陷的教育，学生付出了方知获取的意义。教育上任何只获取不付出或先获取后付出的观念和做法都会对学生产生负面影响。

我希望更多的学校能提倡学生在假期里深入社区做义工，做志愿者。学校不去倡导学生做这些，那么社会上的培训机构就会占领学生的假期时间。

让每一位教师都成为专家是不现实的

褚清源：实现你理想的人本主义教育，需要首先在哪里寻求突破口，或者说，你所说的这场教育革命首先应该锁定什么？

张卓玉：我觉得这场革命的主阵地在课堂。当年安徽的小岗村家庭联产承包责任制，解放了农民，今天各地如火如荼进行的课堂教学改革则是对学生的解放。我们常说传统课堂上教师讲授过多，学生是被动学习，课堂沉闷，学生厌学。传统课堂解决不了学生精力流失的问题。传统课堂与现代课堂就像包办婚姻与自由恋爱，虽然包办婚姻是父母出于对孩子的一种爱，但这种爱可能对孩子来说是一种伤害；让孩子去自由恋爱，即便恋爱最终没有结果或者结果不好，但孩子投入感情了，他无怨无悔。

实际上，学习负担是一个伪命题，当孩子对知识的探究充满兴趣时，孩子还会把学习当作负担吗？因此，所谓减负不是减量，关键是提高学生的学习兴趣。我们给学生布置作业，首先要看作业是否值得做，然后要看学生是否愿意做。教育必须尊重学生的感受。学生不是因为未来有用或教师要求而被动学习，而是因为自己的感受、境况的需求而主动学习，这才是好的教育。我前面提到的体验、探究的中心词都是学习。一切体验与探究是为了服务于学生的学，提高学生的生存质量，是为了促进学生的学习质量。

褚清源：学习是学生自己的事情，是一种主体性行为，不能由其他人包办、替代。教师应该是学生学习的伙伴，是教室里的50名学生之后的第51名学生。

张卓玉：教学关注的是教的方法，学习关注的是学的规程。传统课堂上，学生的好奇心是被控制、被压抑、被扭曲的，取而代之的是强制、说教、威慑，这是违反人性的教育。我曾说，学校要发起一场学生好奇心的保卫战。学校的任务是顺应学生的好奇心和探究热情，引导学生把他们所好奇的现象转化为需要探究的问题，指导学生去解决这些问题。只要可能，学校就应该让学生去感受真实、鲜活的自然与社会，保护他们的好奇心。支撑这些观点的是一种大爱，是对生命的敬畏。

褚清源：只要教师还在一厢情愿地讲授，教师就很难得到解放，就很难实现教师的专业化发展。客观地说，我们的课堂上始终存在着一种教师决定论。

张卓玉：我们不能对教师要求过多。我们以往常说，要给学生一碗水，教师要有一桶水，甚至要有"自来水"，要成为"河流"。这些要求很美好，但不现实。在信息高度发达的今天，我们的教师有没有必要是"自来水"或"河流"？现代技术的发展使得学生获取知识的渠道大量增加，教师作为学生知识主要来源的时代已经成为历史。我们需要思考的是，教师的专业化到底是什么样的专业化。今天的课堂上，教师的职责是充当好组织者、引导者、评价者和合作者的角色。所谓组织者的角色，是强调教师组织课堂教学的能力。所谓引导，强调是引导而非替代，引导学生思考，而非直接告诉结论。看到学生回答错误就叫停，就纠正，是对学生思维的一种扼杀。所谓评价，首先是欣赏，然后是点拨。三维目标更多的是在展示和评价中完成的。我希望我们的教育者尽量少用或不用诸如"很好"等模糊性评价，这样的评价是廉价的，是缺乏情感的，使用过多可能适得其反。如果学生的回答很好，那么好在哪里，一定要点到，这才是精准的欣赏与评价。所谓合作，我很认同刚才你说的"老师是教室里的50名学生之后的第51名学生"。老师是学生学习的合作伙伴，是学长，而非高高在上的师者。

成长是学生自己的事情，教师的职责是为学生的成长提供促进与保障的条件。教师的职责一是帮助学生确定探究课题并形成探究方案，二是为学生提供可能选择的探究程序和活动程序，三是帮助学生完成探究活动。

所以今天倡导的基于学生"学"的教学模式，更多的是在引导教师转变角色，教学模式的变化首先意味着教师角色的变化。

褚清源：教学模式或流程实际上承载了基本的教育规律。遗憾的是，许多普通教师可能一直认为自己不普通。

张卓玉：我们首先要弄清楚什么是模式。模式是工作的流程，任何一项工作都需要有流程。有了流程,教学工作才能更加高效,才能让更多的教师来使用。我们一直倡导教育家办学,倡导教师成为专家型教师,但是客观地讲,让所有的教师都去做教育家,都成为教学专家是不现实的。就像开车一样,普通人开车只是为了方便生活,我们没必要让所有的开车人都像汽车设计师一样成为汽车专家。模式就是给教师找到课堂教学的基本程序。强调模式是为了保底,让所有的人都能迅速掌握最新的教学技术。模式最终是要消失的。改革就是从无序到有序,再到新的无序的过程。

褚清源:你曾说,课堂上教师可以有条件地讲授,讲授是必要的,教师如何把握自己的讲授?

张卓玉:讲授当然是必要的,但讲授必须基于学生的需要。讲授与学生的需要对接,才会产生价值。教师的讲授不仅仅是在客观地传递知识,许多情况下,教师要表达自己对知识、人物、事件的评价。

教育的发展不能过于依赖教师的专业发展。当前,社会对教师抱有过高的期望,没有哪种职业像教师职业一样要承受"蜡烛""人类灵魂工程师"等比喻所带来的负担。由于过于看重知识的重要性,过于依赖以讲授为主的教学方法,人们便自然要求教师博学多才、全知全能。只要讲授占主导地位,社会对教师的要求就会越来越高。

人本主义更愿意做这样的假想:在一所没有教师的学校里,情形会是什么样?学生会因为没有教师而缺少道德、缺少秩序、能力低下,从而沦为动物群体吗?我们可以再做这样的追问:人类的第一个教师是谁教出来的?人类进化史告诉我们:人有追求成长的本能和走向成长的潜能。关键是相信学生,敢于放手让学生自主学习、自主探究。知识与能力的提升主要来源于学生的探究与体验,来源于学生和知识的直接对话。人本主义教育必然是探究为体,讲授为用。

重新理解学校

褚清源：在你的书中，你说学校要像植物园，这是你对理想学校的描绘吗？

张卓玉：应该是吧。这是相对竞技场而言的，我不希望学校像竞技场。竞争在经济领域，在成人社会可以，在教育领域则要谨慎使用，有限使用。竞技项目是淘汰式的，而教育的目的是发展，是一个生长过程，不能有淘汰。竞争会迫使学生不得不去关心自己的成绩和名次，不得不把几乎全部的时间与精力都用在学业上，不得不把同学视为强劲的竞争对手。但现在的学校教育则是淋漓尽致地使用，血淋淋地使用，学生是在伤痕累累地成长。学校应该像一个植物园，植物园需要一种生态，不同的植物可以按照自己的方式自由生长。教师的作用就是促进与保障，呵护学生不受影响，不被破坏。

褚清源：你甚至对学校的校园文化细节都给出过一些新的创意，请举例谈谈。

张卓玉：校园里既应该有牛顿、鲁迅的画像，也应该有学生自己的绘画作品；既应该有李白、莎士比亚的名言，也应该有学生的箴言；既可以请书法家题写校名，也可以使用学生的书法作品……这样的校园也许显得稚嫩，但它属于学生自己。每所学校都应该有一个学生作品展览馆，把每一届学生中有代表性和有保留价值的成果收藏和展示其中。一所学校的历史与成就应该从这所学校的展览馆中体现出来。

褚清源：你在书中对学校这一学习场所也进行了新的界定，你所理解的学校应该是什么样的特定的场所？

张卓玉：今天的教育需要打破传统意义上的学校界线，学生的学习场所要发生根本性变化，学校只是学生学习成长的主要场所之一，有学习产生的地方就是学校。学校办教育不能在围墙里办，要打开围墙，与社会对接。与社会隔绝的学校，只会让学生在一个虚拟空间中变为学习机器，而学生需要在真实的社会里真实地成长。目前，自主、服务、责任、参与这些蕴含人本理念的教育关键词，在应试氛围下的学校教育中都很少涉及，或者说还很少落实到学生层面。学习活动是一个没有空间限制的概念，许多学习活动是在校园之外进行的。显然，一旦横亘在学校与社会之间的看不见的围墙被拆除，教育的可用资源将是无限的。而且，一旦形成了这样的教育文化，社会的任何部门或个人都会承担起帮助学生成长的教育责任。

褚清源：这应该是未来教育发展的趋势，全社会都有责任和义务为学生开放所有的资源。

张卓玉：学生不能永远在保护伞下成长，在保姆的怀抱里成长。今天的学校被人为地设计成了真空，学生生活在一个假的真空里。学生的任务就是学习，只要努力学习，其他事情全部由"我们"去做，可谓是大包大揽。这实际上把学生需要承担的责任人为地剥夺了。不承担责任，学生就不是一个真实的人。学生在学校同样需要承担责任，不同的年龄承担着不同的责任。因此，教育应尽可能缩小学校的学习过程与日后真实生活过程之间的距离，确保学生在日后面对真实的问题时不至于一脸茫然。学校与社会要尽可能保持同质状态，在允许的条件下，学校尽可能地为学生提供承担社会责任的平台和机会。

褚清源：你有一个观点，学校是由孩子组成的一个微型社会。

张卓玉：当社会走向"学习型社会"时，学校必然走向"社会型学校"。保姆型学校在人为地延长学生的童年，也在人为地维持着"一管就死、一放就乱"的保姆型社会。学习型社会是把学生的阶段性学习变成终身学习、社会型学习，把保姆型学校变成社会型学校，让学校成为一个真实的社会。学校与社会应该是处于"同质状态"的，不能让学校成为一个与现实社会相隔离的真空，必须促进和保障学生社会的建设，促进和保障学生在自治中学会自治。

不迈步就不可能有进步

褚清源：教育领域的改革常常是随着社会经济的发展不断深化的。教育的每一步改革都与不断增加的教育需求有关，在这一背景下，是否意味着你所设想的人本主义教育的实现要经历一个漫长的过程？

张卓玉：一个国家当穷人居多的时候，教育是很难健康发展的，因为他们往往只把教育当作工具，他们期望的是通过教育改变命运，而没有把教育理解成促进孩子的健康成长。我一直想写一本关于中产阶级与教育发展之间的关系的书。当经济发展了，中产阶级趋于多数，中产阶级价值观成为主流的时候，人们对教育的要求和期望就会更高，教育才可能健康发展，人本主义教育才有可能实现。同时，我们还要不断提高教师的经济待遇和社会地位，试想，如果我们的教师没有成熟的价值观，如何来培养学生。

褚清源：改革关键是行动，只有下水了才知道水到底有多深，只有上路了，才知道路有多远。

张卓玉：是的，不迈步就不可能有进步。当初，从计划经济到市场经济面临的困难与阻力同样很大，但不是走过来了嘛。我们不能因为担心改革会失败或者有难度而拒绝改革或裹足不前。

褚清源：我始终认为，更多的教育者是想改革的，但升学率这个紧箍咒又让很多教育者不敢轻易迈步。

张卓玉：首先需要厘清一种认识，只要改革的方向和实施的方法与步骤正确了，改革的结果不会不好。我们的学校教育需要用升学率来印证改革的正确性。因为社会评价学校时，首先看的是升学率。但是，大家对升学率的关注只会持续一段时间，而学生在学校的每一天都在评价着我们学校的教育，如果你每天都做对了，即便某一年考得不好了，相信家长和学生都会理解学校。我相信很多家长都是理性的。

我在省实验中学做校长时，每年都组织学生到农村去，进行一周的农村生活体验，让孩子们站在黄土高原上学习地理知识，让孩子们深入农民家里了解"三农"知识。当时的语文老师说，每次学生一回来，作文水平都大幅度提高，因为学生们都是有感而发。当然这样做是冒着安全危险的，但是不能因为怕出安全问题，而剥夺孩子们走进自然，走向社会的机会。我坚信，这样做对学生终身发展有利，学生在了解社会的过程中实现了成长。

褚清源：今天的网络文化深刻影响着我们的社会生活，在学校教育领域如何有效利用教育信息化来服务于今天的教育？

张卓玉：网络文化必然对今天的教育产生深刻的影响。对于学校教育来说，如何利用网络，利用信息技术来服务教学是一个重要命题。《国家中长期教育改革和发展规划纲要》中说，信息技术对教育发展具有革命性影响，必须予以高度重视。但是有一点值得注意，研究教育信息化关键是研究如何方便学生的学。而现在的教育信息化更多是满足于教师教的，是教师教的信息化，而不是学生学的信息化。我觉得，电脑没必要全都放在机房里，要让电脑走进教室。山西有一所学校，班级里的每个小组都有一台电脑，学生可以随时通过网络查询信息，真正实现了服务于学生的学。

褚清源：你对未来的教育抱有什么样的期待？

张卓玉：我对未来的教育充满信心。课改十多年来，基础教育领域发生了巨大变化。目前的教育教学改革"自主、合作、探究"的教育观念已经在很多地方转化为教育实践，综合实践活动课作为国家课程在中小学陆续展开，越来越多的一线教育实践者正在积极推行改革。我想，未来的教育改革必然是向着以人为本的方向继续迈进，继续深化。

张卓玉语录

信息技术扩大了人类表达知识、事件、思想、感情、主张的可能。

如果没有课堂的变革,信息技术将成为累赘,成为烧钱的东西。过去教师是用嘴灌,现在是用机器灌,用最先进的方式来支持最落后的教学方法。

超越课堂、超越教室的学习如果实现的话,学习小组的导师制将提上议程,实际上是对存在了一百多年的班级授课制的挑战。

我们的教育不仅把一个人的未成年时段当成了满足成年人某种愿望的工具,还把一批又一批学生的今天当成了他们自己明天的工具,即所谓"今天没有意义,一切为了明天"。

一种全新的教学模式正在形成。新模式最后肯定要从课堂走到课外,走到学校,甚至走到教育的方方面面,它将有三种可能:1. 重建教育结构;2. 重建教育秩序;3. 重建教育标准。

人物档案：

李艳丽，河南省洛阳市西工区教体局局长兼西下池小学校长，曾荣获"全国十佳现代校长"称号。

李艳丽：给生命完整的食谱

在古都洛阳的都市喧嚣中藏着一个美丽的童话世界。这个童话世界更像是一本书，书的封面有一个充满故事感的名字——西下池小学，而在书的扉页上写有这样几个耐人寻味的文字——爱和自由。

这本书的作者是李艳丽——西下池小学的校长和她的师生们。

十年前，李艳丽在这里开始了她校长的职业生涯。那个时候，学校也是一本书，只是这本书里没有感动，没有童话，没有完整的主题，更缺少读者，一切被消极、无序和负面事件充斥。有见证者这样描述当时的细节——上课时间，教师把学生关到教室里，然后各自去忙自己的私活，种菜、择菜、织毛衣、打扑克，甚至让学生到教师家里去打扫卫生。学校的人际关系更是糟糕透顶，教师们常常为鸡毛蒜皮的小事，当着学生的面吵架、打架。人心涣散，"糟糕极了"。

直到有一天，李艳丽来了，故事的情节开始发生转折。转折的起点是从她和教师的谈话开始的。

自我认知是她谈话的主要基调。通过谈话，李艳丽试图让教师对自我有初步的觉察和认知，进而建立对所从事工作的信心与责任心，然后让每一位教师给自己制定一个个人成长规划，这个成长规划中自然会有她推介的一个阅读书单。她说："一个教师如果不能把自己内在的秩序建设好,就很难把学生带好。"

如果说李艳丽改变学校的切入点是从谈话开始的,那么,西下池小学教师团队的变化则是从读书开始的。李艳丽相信书籍的力量,无论是领导、同事、朋友还是下属,李艳丽常常会把书当作最好的礼物送给大家。今天如果有人问:如何改变教师的状态?她依然会说,从读书开始吧,把自己交给一本书,在书中发现自我,认识自我,然后成为一个内心有力量的人。

她用这种方式,建设着一个独立的教育世界,而在旁观者眼中,她其实无意间在进行一场对抗教育异化的实践,她的探索为主流教育输入一股新鲜的力量。

在李艳丽的教育词典里有着与众不同的教育表达,比如自由与规则、觉知、认同、陪伴、活在当下、无条件地爱、成为自己、高价值感等等。这些语词构成了她独立的话语体系,也构成了"心教育"的丰富内涵。

一位哲人说过,"我想要你将每一样东西都放在正确的位置上,如果爱与逻辑之间有任何冲突,那么应该由爱来决定;如果头脑和心之间有任何冲突,必须先听心的。"李艳丽把"心教育"解释为一种生命的教育,就是让孩子拥有爱与自由的空间,让学生在活动中体验生命,在规则中享受自由,在爱的表达中完整成长。

与所有相信梦想的人一样,李艳丽期待抵达那个未知的理想世界。如今,西下池的故事里写满了爱与自由,写满了积极与感动,写满了童年与童话。这本书的作者团队日益壮大,从李艳丽一个人到西下池小学的全体教师,进而扩大到西工区的全体教育人,这本书的读者也越来越多,遍布大江南北。

如果说西下池是一本故事书,那么"心教育"则是一个理想国。尽管经营这份理想,李艳丽用了十年时间,然而这一切,于她是如此从容。

访 谈

给生命完整的食谱

褚清源：就教育改革而言，发现问题比解决问题可能更重要，我想，我们的交流可以从问题谈起。基础教育面临的问题，一直备受社会诟病，你作为小学教育的实践者，如何看待当下基础教育存在的问题？

李艳丽：反思当下的基础教育，我们陷入了一个误区，就是过多关注"术"的教育，而忽视了"道"的教育。"术"的教育就是头脑的教育，也就是关于知识、技能和品德的教育。"道"的教育就是心的教育，是关于幸福、喜悦、平和、觉知、宁静的教育。"术"的教育，属于生存教育；"道"的教育，属于生命教育。如果用一棵树形容一个人，心就是树根，而头脑则是掩藏于树枝中的花冠。现实中，教育者更多注重在孩子"头脑教育"上下功夫，但却很少在"心的教育"上做文章。头脑的食物是知识，心的食物是爱，我们要给生命完整的食谱，不能偏食。

在这个世界上有两套价值评价体系：一套是社会评价体系，以身份、地位、房子、金钱等衡量一个人是否成功；另一套是内在的生命评价体系，它关注的是一个人的内心世界是否快乐、幸福、平和、宁静。

与社会评价体系相对应的是"脑教育"，所以，人们就会在知识传授、能力培养、品德教育方面下功夫，因为丰富的知识、出众的能力、优良的品德更容易让一个人在社会上取得成功，获得更多的社会资源——功名、地位、财富。

与生命价值体系相对应的则是心的教育，它关注的是一个人是否幸福、喜悦、平和、觉知、宁静地活在当下，它指向人的精神生活领域。

心教育的根本目的，就是要建构人的精神世界。

褚清源：如你所言，你所主张的"心教育"不是创新，而是回归原点，是重拾常识。那么，"心教育"的提出还有哪些显性的背景？

李艳丽：这是一个人对人性有了基本理解之后做出的选择，不仅仅是基于儿童，很多时候是基于成人本身。在生活中，你会发现身边很多人在大多数时候是不快乐的。很多人生活在情绪之中，纠缠在关系里面，一切烦恼由此而生。很多时候我会想，接受了这么多年的教育，到底有什么用？如果教育不能让人更加幸福和快乐的话，我不知道它的意义在哪里。

同样，在学校教育里面，我看到很多孩子也会出现这样或那样的问题，如果这个孩子不幸福不快乐，那么就算孩子考100分又有什么意义？如果孩子考100分仅仅是为了将来能考上更好的大学，有更好的工作，衣食无忧，但生活不快乐又有什么意义？在这样的思考之下，也是在这样的感悟之中，我慢慢知道了应该基于人去做一种真正的教育，要回归人的本真，回归教育原点，即回归小学教育的基本常识。

给孩子无条件的爱

褚清源："心教育"一定程度上可以解释为爱的教育。但是在实践领域，爱可能被泛化或误读。"心教育"体系中关于爱的定义有何不同？

李艳丽：爱有两种：无条件的爱和有条件的爱。真爱是无条件的。无条件的爱是认同，是深深的理解与尊重，是全然的接纳与关注，是允许生命以任何一种他喜欢的方式真实地呈现。这种基于无条件的爱的教育与以往教育不同之处在于：老师爱你，就是因为你是你，不因为任何别的原因。我不因为你的故事讲得好，不因为你的考试得了100分，不因为你今天做了件好事……爱是因为你本身，因为你是世界独特的生命奇迹，生命是高贵的、至尊的，这本身就足以让我来爱你了。

但有条件的爱,则是带有"功利"性的。例如:我"爱"你,是因为你很乖;我"爱"你,是因为你真聪明;我"爱"你,所以才会对你寄托期望;我"爱"你,所以才会严格要求你;我"爱"你,所以才会为你指出对与错、好与坏、道德与不道德;我"爱"你,因为"爱之深",所以"责之切"……这些爱,有喜爱,有关爱,有自以为是的爱,但都不是"真爱"。

褚清源:西下池小学提出"让每一个孩子有一颗漂亮的心",如何理解这句话?是在什么样的背景下提出这句话的?

李艳丽:其实原话是这样的:"一个人要有一颗漂亮的心,才能拥有漂亮的一生。"我把它看成是对每一位师生的美好祝愿。

一颗漂亮的心首先指的是一颗能够爱自己的心,其次是能够爱别人的心。能够爱自己意味着有自我独立的精神疆界,能够接纳真实的自我,除了爱自己的优点,还能够拥抱自己所有的不完美;能够爱别人意味着尊重、平等、接纳地对待他人,与他人的关系是不控制、不依赖、不讨好、不拯救,是相互陪伴和支持。这样的人,自己能够有尊严、有价值地活着,也会让身边的人有尊严、有价值地活着。拥有这样的一种心态,自然就会有一个好的人生。

提出这样的一句话,是缘于我感到在很多人身上没有个体化自我,他们多处在群居性自我的状态,活得不幸福、不快乐。如果教育环境和氛围得当,个体化自我的形成一般是在儿童6岁以前完成的,6岁以后,18岁以前也有弥补、修复的机会。所以,我期望通过这样一种观念的提出与实践,能够在小学阶段为师生的成长做一些力所能及的事情。

把自己交给一本书

褚清源:"读书,读书,读书"是学校的校训,由此看出,你把读书放在了一个至高的位置。如何引领教师从繁重的工作中走出来，在读书中感悟成长？

李艳丽：读书，是我校倡导的一种最重要的师生生活方式。一个人的阅读史，就是一个人的精神发育史。教师读书了，去浮躁风，长书卷气；学生读书了，聪明早慧，受益终生。在我们周围，愉悦感官的诱惑总想从学校里拉走一些对书不虔诚的人，于是我们训示师生"读书，读书，读书"。对教师来说，三个"读书"的含义是：今天读书，明天读书，永远读书，今天读书丰富自己，明天读书发展自己，终身读书智慧自己；对于学生来说是指：小学读书，大学读书，终生读书。

就如何引领教师读书来说，其关键点在于读书要契合教师的心理需求。从职业的角度来看，教师的专业素养涵盖两个方面：一是学科专业技能，例如课堂改革、教学反思、教材分析、学法指导、阅读指导、习题指导、作业设置批改、备课技能、课堂板书等等都属于此类；二是认知儿童，即对儿童心理特点及认知规律的理解与领悟。前者是教师能否成为一名合格教育者的技术要求，后者是教师能否成为真正教育者的基本条件。这些都要从读书和实践中来，读书是头脑层面的认知，实践则是理念实体化的过程，是心灵层面的理解。所以，学校为教师读书提供思路及选择书籍基本都围绕着这两方面进行，学科技能的有《踏上阅读的快车道》《小学英语》《体育游戏》《小学美术教程》等等，认知儿童的有《完整的成长》《捕捉儿童敏感期》《接纳孩子》《童年的秘密》等等。从实际的情况来看，老师们很喜欢读这些书，几乎每一个人都在感慨，直到读这些书时自己才真正开始懂得孩子，懂得教育。

褚清源：与教师的专业成长相比，你可能更关注教师的心灵成长。

李艳丽：是的，从人性的层面来看，每一个人都有认识自我的需求，都有成为自我的渴望，都有创造自我的梦想，问题是很多人大多数时候几乎都处于一种不自知的混沌状态，不了解自己的情绪，不知道自己究竟想要的东西是什么,不清楚为什么活着,纠结于各种各样的关系中不能自拔。基于此,学校给教师提供的图书主要是自我认知类的。我们认为,只有读懂了自己的内心,才能读懂自己的人生。一些诸如《为何家会伤人》《遇见未知的自己》《对自己说是》《你所不知道的自己》《懂得爱——在亲密关系中成长》《人为什么活着》《中国文化的深层结构》《直视骄阳》《了凡四训》《修好这颗心》的书籍成了教师心灵的导航与支撑。在不断阅读的过程中,每个人的内心都越来越趋于宁静、平和与清明,人性的智慧与力量逐渐显现出来,对于自我生命的认知慢慢进入到自知、觉察、觉醒的状态,这才是一个真正的人而不仅仅是一个职业教师的状态。

让师生成为自己

褚清源:"心理学"是你所提出的"心教育"的重要理论基础。要把心理学移植到教育教学管理工作中,你有哪些建议供大家参考?

李艳丽:"心教育"指的是一种以心为本的教育。它以认同和陪伴,实现生命的自我觉察与完善;以规则与平等,帮助生命更好地社会化;通过重建生命的高价值感,让师生成为真正的自己。

这里有五个概念需要厘定:1. 认同,就是无条件地接纳和关注,尊重并允许师生的所有真实的自我表达;2. 陪伴,指的是师生间的相互支持、理解,但不消融自我的界限,从而让生命共同成长;3. 规则,是大家要共同遵守的约定和原则;4. 高价值感,是一个人对自我的高度接纳与认同;5. 成为自己,就是一个人能够为自己的人生做所有的选择,并承担其全部的责任。

从中可以看出,一个人要实现生命的自我觉察与完善,就必须历经一个认识自我、接纳自我、成为自我、创造自我的过程,这个过程需要有哲学、心理学等方面的知识，其中心理学是一个比较好的方便法门，有人曾经预言"21世纪是心理学的世纪"。

对于学校的教育教学管理，我的建议是要让每一位教育者懂得基本的心理学常识，比如说了解自我的内在关系模式与外在行为模式的因果机理，懂得儿童内在秩序感与敏感期的外在表现，知道一个儿童只有经过身体的体验才能真正形成对概念、原理等的认知。唯有如此，教育才能最大限度地降低对儿童造成的打扰和障碍，确保教育是真正基于人的成长。

褚清源：成为自己，是"心教育"的一个重要概念，请具体解释一下。

李艳丽：西下池小学的教学楼上有一行醒目的大字："此生你唯一可以做的事情就是成为你自己。"这是美国人本主义心理学家罗杰斯的格言。由此，我们提炼出了学校的核心办学理念——爱和自由，让师生成为自己。一个人唯有做真实、独特、精彩的自己，才能成为完整的、丰富的、内在有力量的人，这才是人生真正的价值所在。

褚清源：你所主张的"爱和自由"背后还有规则支撑，教育就是帮助孩子建立规则，规则可以用来厘清界限，界限之内可以让孩子自由、独立成长。无论是成人还是孩子，一旦越界就可能造成不良后果。请谈一谈你对规则和自由的理解。

李艳丽：规则和自由是矛盾的对立与统一。要自由必先遵守规则，因为规则的内化形成社会秩序；人们在规则之下才能享受最大的自由。一个人要成为自己，就必须拥有自由；而要拥有自由，就必须遵守规则。规则的作用有三：一是帮助师生建立内在的秩序感；二是理清界限；三是帮助人更好地社会化，促进社会的平等与文明。

规则意识就是内在的秩序感。一个有规则意识的人，自然会在公共场合保持安静；自然会在红灯亮时，停下脚步；自然会把手中的垃圾投入垃圾桶；不会随便动人家的东西；不会随意打扰别人；会很温和地对别人说"不"，而不感到内疚……当这样的内在秩序感形成之后，一切的言行都会成为内在的需求与选择；如果人人都有规则意识，自然会推进社会的文明进程。

教育中规则的最终任务是：通过规则意识的建立，使师生形成内在的精神疆界。教育就是帮助人从"自然人"走向"社会人"。要保持师生内心的清明，从而更好地完成"人的社会化"，就必须共同维护"基于规则的自由之美"。

教育是伟大的游戏

褚清源：学校在规定的学科课程之外，又开设了学生品格训练课程和艺术课程等校本课程，如何确保这些课程与学科课程同等重要的地位？关于课程这一概念你又是如何理解的？

李艳丽：品格训练与艺术课程严格说来，不能算是增设的课程，它们是体育、音乐、美术、品德、科学、班会这些已有课程的整合与提升。

我一直以为，课程才是学校的核心产品。学校需要做的是系统地开发各类课程，尽可能多地给儿童提供各种能满足其成长需求的东西。特别是在基础教育阶段，艺术、品格、行为课程的开发应该与语文、数学、英语课程齐头并进，要确保这些课程与学科课程有同等重要的地位，这其实就是一个学校校长如何去理解基础教育阶段所谓的主学科与副学科的问题。我以为，小学阶段没有学科主次之分，只有学科是否适合孩子成长之分。一旦校长这样想了，教师也这样认识到了，这个问题也就不存在了。

关于课程，我认为，学校的一切都可以归于活动，而课程是经过策划的学与教的活动。就活动课程来说，其本质是游戏。教育是伟大的游戏，游戏是儿童成长的重要方式。有益的玩就是学，有趣的学就是玩。我甚至认为，学校的一切相关活动都可以以游戏的方式进行，让教育中的行为都成为学生喜欢的游戏活动，让学生从中获得美妙的生命体验。

褚清源：有人说，校长不是一个职务，而是一种责任。你是如何理解校长在一所学校教育中的作用的？

李艳丽：从主流的专业角度来说，校长应该是一个能够与师生一同确立并实现学校的核心办学理念，在环境营造、课堂改革、课程开发、教师专业化成长、学生成长等方面有思想、有创造、有成效的人。

而我更想从另一个角度来谈。我以为，校长应该是一个能够不断完善自我、自我较为完善的人，他在学校的作用就是，通过自我的完善，使自己成为一面平滑的镜子，映照出师生的心灵，从而唤醒师生的自我，让他们自我体验、感悟、觉察、成长。最终，校长也和学校的其他人一样成为一片森林中的一棵树，可能高低、粗细、种类不同，但树木的本质都一样。这也是我所理解的校长的真正的专业素养与职业精神。

褚清源：考试，让一些家长和教师变本加厉地给孩子施压，这严重挤压着孩子童年的生活空间。你是怎样看待这一现象的？西下池小学的家长和教师中有这样的现象吗？

李艳丽：成人之所以因为考试对孩子施压，首先是因为成人窄化了教育，窄化了人的成长，完全忽略了孩子的情绪、感觉、心理、精神甚至是身体，而只把注意力集中到了认知上，认知又只看到了知识，知识又凝固到了一张试卷、一个分数上，这是一种无知的功利。其次是因为成人把自己的焦虑和恐惧转嫁到了孩子的身上，是成人自身内在的问题没有解决，所以幻想通过孩子来解决，教育会因此成为一种控制，或是一种暴力。心理学研究专家武志红说："没有逆反的孩子，只有逆反的大人。"我们要让每一个孩子自己创造自己，而不是由成人的意志来决定——无论他所持的理由与借口听起来多么冠冕堂皇！

在西下池小学，所有的教师都知道什么叫作孩子的完整成长，他可能因为还没有形成对生命完全的觉知而依然对孩子的知识成绩有焦虑，但可以放心的一点是，每一位教师都知道这种焦虑是自己的问题，从而反观自心、反求诸己，不会去孩子的身上寻求答案。家长在这些年的培训中对孩子的理解也越来越好，所以在西下池小学至今我没有发现哪位教师和家长会因为考试而不合理地粗暴地对待孩子。

想象西下池小学的下一个十年

褚清源：很多人对西下池小学充满好奇，也有人则读不懂西下池小学，如果让你进行自我解读，你认为西下池小学经验的核心价值是什么？

李艳丽：西下池小学核心的价值在于理解和尊重了人，在于让每一个人在一个安全、自由、规则的环境内体验、发现、修复、弥补、重建、创造自我，做真实的自己，从而成为精彩的自己。西下池小学最大的成就在于，让每一个人重新找到自我生命的高价值感，重现睿智、从容、有力量的生命气象。

褚清源：你对西下池小学的未来有过预设吗？西下池小学的下一个十年将如何走？

李艳丽：十年前我刚当西下池小学校长的时候，心中最大的梦想就是要为西下池小学成为一所百年名校做好奠基工程，而今天看来，这个工程的基调设计得很好，学校的理念和做法具有国际化视野和普世意义。未来十年，我们将会继续努力，致力于让每一位教师成为一个真正意义上的教育者，让每一个孩子都能最大限度地创造自己的生命，这是一项永无止境的事业。

褚清源：西下池小学当下的状态你满意吗？你心中理想的小学教育是什么样的？

李艳丽：西下池小学在我的心目中就是一颗光芒璀璨的宝珠，没有什么能阻挡它的光芒。在行进的道路上，我和我的教师们都没有荒废自己的生命，虽然还有焦虑、迷惑，但是已经没有了恐惧，我接受当下学校的每一个人以他自己的形态存在，我坚信每一个人都有他自己的灵性和智慧，我们并无分别。我希望西下池小学"爱和自由"的光辉能够更加饱满充足，照耀在每个人的心头，大家相互陪伴、认同、支持，都以本真的姿态自由、洒脱、美好地存在于这个世界。这就是我心中理想的小学教育，也是我心中理想的世界。

褚清源：假如请你做一所中学的校长，你的办学思想会与现在有什么不同？

李艳丽：中学也是基础教育的一部分，只是改变的空间会小一些，时间会久一些，因为孩子的年龄每长大一岁就意味着被打扰的东西会增加一分，生命的柔软灵动就会被固化一分。但对于生命而言，无论成长到什么时候，一些根本的东西都是不会改变的，那就是对真善美的向往与追求，这一点毋庸置疑。所以，如果我做了中学的校长，办学思想不会有根本的不同，但会根据孩子的年龄特点与认知规律做适当的调整。

李艳丽语录

人类生命的根本动力是成为自己。

教育孩子把"未来"和"过去"忘记,让生命在当下开花。

生命不要基于恐惧而行动,要基于爱而作为。

教师专业化成长的落脚点在于让每一位教师都成为孩子的优质环境。

教师对孩子来说最重要的作用在于陪伴、认同、支持、鼓励。

只要准备一个自由的环境,来配合孩子生命的发展,孩子们的精神与秘密便会自发地显现。西下池小学学生的美丽规则:1. 不伤害自己;2. 不伤害别人,不能有粗俗野蛮的行为;3. 不破坏环境;4. 拥抱表达爱;5. 不打扰别人;6. 请等待;7. 请归位;8. 别人的东西不可以拿,自己的东西自己支配;9. 做错事要道歉;10. 学会说"不"。

人物档案：

田保华，河南省郑州市教育局副局长，《中国教师报》专栏作者，出版有《课改有道》《教育即道德》。

田保华：让课堂合乎道至于德

他是一位痴迷于课改的"思想者"，堪称典型的"课改控"，也有网友送他一个亲切的称谓"课改哥"。

他就是河南省郑州市教育局副局长田保华。因为最初的一次采访，俘获了他的信任，所以，我们多年以来一直保持着联系。他每每有了新的思考或写了新的文章，总会打来电话或短信分享。这正是我眼中田局长的可爱之处。

田保华曾在《中国教师报》上开设过很长时间的专栏，每周一篇。这对一位不是专事写作的人来说，是一个不小的挑战。那段日子，每到周末，他就会将自己关在家里，闭门谢客，静心写专栏。直到今天，回想起写专栏的那段岁月，他都激动不已。在我看来，专栏文章的背后承载着一位教育局长的心路历程。

他是一位从不做官样文章的局长，比如，每年的教学工作会和德育工作会，他都要亲自撰写工作报告，且每年都会抛出全新的思考。这已成为一线学校每年工作的风向标，年复一年，他的这些工作报告如果集在一起可以出一本厚厚的书了。这位认真的局长还有一个人们不大喜欢的习惯。据说，每次汇报会上，这位田局长的工作方式是，要求校长汇报时脱稿说工作，不能照本宣科念工作。更让校长们紧张的是，还要随时接受他的追问。这是一位较真的局长，这也正是他的真实之处。

作为分管教学业务的管理者，他一直在行动中言说着自己的教育思想。他常说，教育者要站在为学生一生负责的高度，去思考一个永恒的主题：课堂，究竟该拿什么献给学生？他曾提出构建道德课堂的命题，认为传统课堂是"缺德"的课堂，缺乏人性关怀和对生命的尊重，要让学生在课堂上获取知识的过程中获得向善和向上的情感体验与心灵感悟，促进学生的思维发展和精神成长。

他一直在实践中求证着理想的课堂。他主张，改革和创新课堂教学模式，必须让教学"回家"，也就是回到"先学后教，以学论教，少教多学"的秩序上来。

课堂，一直是他所关注的主题。直到2011年，他又一次高调喊出课堂改革，启动了一场对抗课堂教学异化——道德缺失和反道德现象的变革。他们以教师自我诊断为切入点，梳理课堂教学中的道德缺失和反道德行为，系统构建基于生命关怀的道德课堂文化，全面提升师生的生命质量，逐步探索区域教育内涵发展、均衡发展的整体推进策略。

这是一次从课堂原点再出发的集体行动。就像在一个圆形跑道上行走，从起点到终点，然后再出发，虽然位置相同，但意义却大不相同。

他相信在学校每天发生的教育只要真正"以孩子为本"，"以孩子的发展为本"，"以心灵感应心灵"，就能够让我们的孩子望得见童年那郁郁葱葱的"青山"，看得见童年那碧波荡漾的"绿水"，记得住童年"梦乡"和"乡愁"！

访　谈

课堂，究竟拿什么献给学生

褚清源：课改推进十多年了，课改已经进入了深水区。在这样的背景下，你强调课堂教学改革基于什么样的思考？

田保华： 教育改革的重点是课程改革，课程改革的重点是提升课堂。因为教育改革最终发生在课堂上，从某种意义上说，课堂是教育改革成败的关键所在。因此，教育者要站在为学生一生负责的高度，去思考一个永恒的主题：课堂，究竟该拿什么献给学生？所以我常说，构筑师生共同发展的高效课堂，是校长的责任，更是校长的追求。

褚清源： 在你看来，一线的课堂教学存在哪些现实困境，教师又存在哪些认识上的误区？

田保华： 教育本来是一项充满智慧的事业，是一项技术密集型的事业，可是在一些地方、一些学校却退化成了劳动密集型的事业。学生凭着自己的体力，做大量的课外作业，背着沉重的心理负担，通过这种途径来提高自己的考分；教师则靠加班加点、补课来提高成绩。这是一种非理性的教学，让教育沦为一种体力劳动，让学生苦不堪言。我们必须还教育技术密集、智慧密集的本质，迈上理性教学之旅，实现"智慧教师，生命课堂"的追求。

新课程背景下的教学，是基于学科课程标准的教学，即"用教材教"。所谓教材，即教学材料，或者叫学材，即学生的学习材料。当前存在的突出问题是，一些教师还在"教教材"。教材是进行教学的最基本的课程资源，教师要把教材当成素材、范例和凭借，而不是把教材当作目的。教师通过创造性地理解和使用教材，引导学生"走进教材""跳出教材"。当学生能够带着自己的问题、想法、疑问、矛盾、困惑走向教师的时候，就意味着学生已经挣脱了教材的束缚，"跳出了教材"，获得了个性的发展，同时，也意味着教师"用教材教"达到了较高的境界。

我们常说，教学有三种境界：一是教师带着教材走向学生，二是教师带着学生走向教材，三是学生带着教材走向教师。我们要达到的目标是第三种境界。当学生带着教材走向教师的时候，也就实现了教师角色的根本转变。

让教学"回家"

褚清源：在你的教学改革框架内，让教学"回家"，是一个重要命题。那么，让教学"回家"，究竟要回到哪里？

田保华：改革和创新课堂教学模式，必须让教学"回家"，也就是回到"先学后教，以学论教，少教多学"的秩序上来。长期以来，人们习惯于把教学理解为，以教为基础，先教后学。教师教多少，学生就学多少；教师怎么教，学生就怎么学。这种教学关系甚至被视为是天经地义、不可改变的教学规律。客观地说，先教后学并非不对，但它留下了一系列自身无法根治的痼疾：教支配、控制学，学无条件地服从教，教学由共同体变成了单一体，学生的自主性、独创性缺失，主体性被压抑。教师越教，学生越不会学，越不爱学。

褚清源：怎样理解"先学后教，以学论教，少教多学"的逻辑关系？

田保华："先学后教"是教学领域一场实质性的变革，是我国具有草根性质的教育创新，是我国土生土长的教育学。把教转化为学，是先学后教的关键。其实质是把学习的主动权还给学生，让学习成为学生自己的事情，也就是学习方式重建。其核心是学习观和学习方式的变革。正是这种变革，引发了课堂教学的革命性变化和实质性进步。学习成了课堂的中心，学生成了课堂的主角，课堂成了真正的学堂。同时，教师找到了自己最准确的定位：促进学，即提示学、指导学、组织学、提高学、欣赏学。在这个过程中，教师的主导作用不断转化为学生的独立学习能力。随着学生独立学习能力由小到大、由弱到强的增长，教师的作用也就发生了与之相反的变化，最终实现教是为了不教。

教师一定要相信学生能先学。学生不是一张白纸，教学不能从零起点实施，因为处于任何一个阶段的学生都有着自己的经验、储备和能力。

先学不仅仅是为了教师顺利上课,不仅仅是为了学习新内容,而是为了不需要教、为了独立学习、为了自主发展而学,与传统的预习有本质的区别。传统的预习主要是为了教师顺利上课,是一种学习方式,具有从属性。先学是一条教学规律。当学生已经能够自己阅读学材并自己思考的时候,就要先让他们自己去阅读和思考,这应该作为一条原则,而不是一种可以采用也可以不采用的方式,具有独立性。

后教是以学论教。根据学生的学而教,是对学的再创造。教学本身就是一个再建构、再创造的过程。课堂上要解决的问题,源于课本而又高于课本,源于学生而又高于学生。教师必须超越学生先学而使学生的进步有质的飞跃,绝不是现在这个样子——大多数教师讲学生自读所能知道的东西。学生自己能读懂的内容,教师别讲;学生自己能提出的问题,教师别提;学生自己能解答的问题,教师别答。

"先学后教,以学论教,少教多学"中的"教",实质上是逐步提高的,最终目的是多学。

通往高效课堂的路径

褚清源:你曾经提出要打造高效课堂,必须首先打破"四个满堂",即满堂问、满堂动、满堂放、满堂夸,要消除"四个虚假",即虚假的自主、虚假的合作、虚假的探究、虚假的渗透。那么,你心目中的高效课堂是什么样的?

田保华:高效的课堂必须是有道德的课堂。社会生活离不开道德,课堂也同样离不开道德。课堂即生命,是教师、学生延续与发展生命的地方,若将善待学生生命落实在课堂之中,课堂必然是鲜活的,富于人性的;而道德缺失的课堂很容易使教学转化为一种机械的、单调的知识传授和行为训练模式,很容易使学生产生枯燥、疲惫、厌烦、焦虑等。

长此以往，必将损耗师生鲜活的生命质量，恶化他们的生存状态。作为校长，应该引导教师以新课程的理念，以道德自觉的态度，去重新审视自己的课堂，审视那些不道德的教育现象，努力改进完善，让我们的教师在道德的环境中对学生进行道德教育，使课堂教学过程和结果都合乎道德的要求，让课堂生活充满生命的活力。

高效的课堂必然滋生全新的课堂文化。课堂文化是课堂教学活动中师生自觉遵守和奉行的课堂精神、教学理念和教学行为。课堂文化应该有"对话文化"，课堂教学要实现从"单向型教学"向"多向型教学"转变，开展教师、学生、文本三者之间互动的教学活动；应该有"质疑文化"，课堂教学要实现从"记忆型教学"向"思维型教学"转变，倡导以问题为纽带的探究式教学；应该有"合作文化"，课堂教学要实现从"应试型教学"向"素养型教学"转变，通过倡导合作学习，在教师之间、师生之间、生生之间形成和谐的人际关系。

褚清源：如何实现你所描述的高效课堂？

田保华：要打造高效课堂，每位教师必须回答三个问题：一是你要把学生带到哪里？也就是教学目标或学习目标。二是你怎样把学生带到那里？这是教学过程与方法。三是如何确信你已经把学生带到了那里？这是学习结果评估。这就是教师的三种基本能力（设计教学的能力、实施教学的能力、评价教学的能力）。

打造高效的课堂，必须实现五个转变：把教室变学室，把教材变学材，把教案变学案，把教学目标变学习目标，把课堂变学堂；必须细化解读课程标准，整合教材，科学设置学习目标；必须加强学生学习方法的指导，通过教师教的方式的转变，促进学生学的方式的转变，从而实现学生由"学会"到"会学"的飞跃。

有的人做了一辈子教师，重复的只是一种了无生趣的教学模式，自己没精打采，学生如坐针毡，自己身心疲惫，教学质量平平——他们把智力劳动变成了体力劳动。这是一种非理性的教学。教育问题、教学问题是一个既复杂又简单的事情。说其复杂，是因为有的教师背离了教育原有的宗旨和规律，把简单的事情搞复杂了，做了很多无用功，结果事倍功半；说其简单，是因为有的教师遵循了教育规律，把孔子的"因材施教"原则又捡了回来，对症下药，事半功倍。我们的任务是要加速从复杂到简单的进程，还教育以智力劳动的本质，迈上理性教学之旅。只要我们善待教师，教师就可以不断缩短这个从复杂到简单的进程。

褚清源：我了解到，郑州正在区域推进"课堂教学模式"和"课程标准解读模式"的双模构建工程。解读课程标准对实现高效课堂有什么意义，其价值表现在哪里？

田保华：理想的课堂学习是一种有目标的学习。华东师范大学崔允漷教授说过："教师专业成长的标志，就是把学科课程标准细化分解为课堂学习目标。"细化解读课程标准、整合教材（学材）、科学设置学习目标，实质上是国家课程的校本化开发，即二次开发问题。不会对国家课程进行校本化开发的教师，不是合格的教师；不会带领教师对国家课程进行校本化开发的校长，不是合格的校长。

现行教材（学材）更多是基于编写者对文化的解读和把握，更多站在了文化传承的立场，站在了教育者和成年人的立场，来衡量教材（学材）的意义与价值，更多强调了教材（学材）的经典性、教育性，一定程度上忽略了处于特殊身心发展时期的学生的感受与期待。教材（学材）教育价值的体现，最主要的不在于它承载了多少教学内容，而在于它与学生心灵间的对接性和可通达性，在于学生能不能对此产生兴趣，能不能产生情感体验和心灵感悟。一所学校教学质量与另一所学校教学质量的差别，很大程度上取决于对国家课程的把握，对学科教材（学材）的处理。教师在课堂教学中首先要确定学生的起点，据此决定教学内容中讲解的详细安排。有详有略，有取有舍，有加有减，这就是学科教师的课程实施能力，更是校长的课程领导力。教师就像导游，学生就像游客，导游要把游客带到哪里去？要去哪几个景区？每个景区游览几个景点？

每个景点是自然景观,还是人文景观?有什么历史渊源和文化内涵……如果导游自己不清楚,怎么会是一个合格的导游呢?因此,崔允漷教授提倡:任何一个学科教师的第一堂课,不应讲具体内容,而应该介绍本学段这几年的学习目标,让学生明白本学科整体的学习目标和任务。

文化是课堂的最高境界

褚清源:正如企业最高层次的竞争是文化竞争一样,学校发展的最高层次是做文化。你曾提出,课堂文化是现代学校文化的最高境界,这一观点作何理解?

田保华:课堂是一种生活,教师和学生都应该在课堂中找到共同的家园。课堂是充满故事的,有不断生成的事件、不断涌现的教育契机和教育机智。不管我们承认与否,任何一位教师在上课时都在营造一种课堂文化氛围,学生都在进行着某种"文化适应"。因此说,课堂中面临的问题实际上就是文化问题。课堂是学校教学的主要场所,课堂学习是学生传承人类文化的基本形式。离开了文化,课堂将成为无源之水、无本之木。建设现代学校文化,需要环境文化作基础,也需要制度文化作支撑,更需要课堂文化作底蕴。从这个层面理解,我认为,课堂文化是现代学校文化的最高境界。

褚清源:课堂文化的价值最终体现在育人上,这对一线教师提出了更高的要求。

田保华:我一直倡导这样一个观点,要把学校层面对学生施加以向善、向上影响的第一途径定位于课堂,也就是说,在课堂上让学生在获取知识的过程中获得向善和向上的情感体验与心灵感悟。这正是新课程以人为本的核心理念所倡导的,要关注人,关注人的发展,关注人的"情感、态度、价值观",也是新的课程观所要求的"从文本课程走向体验课程",是课程改革所要达到的目的之一:要通过教师的创造性劳动和高效的课堂,来改善学生在学校的学习生活的体验和感受。

课堂文化表现在学科育人上,不是外部渗透问题,而是本身固有的东西如何自然而然呈现的问题。每一个学科都有自身独特的学科思想,都有"情感、态度、价值观"的因素。教师应该做的是,把教材(学材)中隐含的固有的育人内容和因素挖掘出来,自然而然地呈现出来,让学生体验到、感受到,从而获得价值认同。它是教师的课堂能力、课堂艺术、人格魅力的集中体现问题,是课堂的文化氛围的营造问题,是体验与感悟问题。

为什么提出道德课堂

褚清源:实际上,教育即道德。在学校教育系统中道德教育无处不在,而道德课堂直接把课堂置于道德层面,为什么要着力放大课堂的道德功能?

田保华:教育应教孩子学会做人,使其向善、向上、向美,这是教育的道德目的、道德要求、道德标准。只有学校的任何一项活动、任何一项工作、任何一项影响符合了教学生向善、教学生向上、教学生向美的道德要求,才可以称其为"教育"。如果违背了这样一种道德标准,就不能称其为"教育",而是教唆。

而教育改革最终必然发生在课堂上才有意义。我们一直把在学校的层面上对学生施加以向善、向上影响的第一种重要途径定位于课堂:在课堂上,让学生在获得知识的过程中获得向善向上的情感体验和心灵感悟。

课堂即生命,是师生延续、发展生命的地方,若将善待学生生命落实到课堂之中,课堂定然是鲜活的,富于人性的。而道德缺失的课堂很容易使教学转化为一种机械的、单调的知识传授和行为训练模式,很容易使学生产生枯燥、疲惫、厌烦、焦虑等感受。长此以往，必将扼杀师生的思维与精神，恶化他们的生存状态。

褚清源：你曾提出，传统课堂存在一些缺"德"甚至反道德的现象，道德课堂的提出是否就是基于对这些现象和行为的矫正？

田保华：观察一下我们的课堂，不难发现，一些教师常常以"为学生的将来负责"的名义从事着极不道德的教学。比如，一些教师独霸着时间，独霸着课堂，霸占了课上，又霸占了课下，这是一种不合道德的做法。尽管他们可能是出于好意，但不能用错误的方法，达到教育的目的。如果我们收获的成绩让学生付出了太大的代价，那么，所谓的"一切为了学生"便成了美丽的借口。

20%的知识通过自学获得，70%的知识，学生可以通过合作习得，只有10%的东西需要老师来指点。这就是我们通常所说的"271"法则。因此，道德课堂必须把学习的主动权还给学生，学习本来就是学生自己的事情。

褚清源：是的，传统课堂也能赢得分数，但很大程度上抑制了学生的个性，挫伤了学生学习的兴趣，扼杀了学生的学习力，代价太大，成本太高。

田保华：我们必须站在道德自觉的高度和育人的立场来审视课堂教学，依照道德的目标和价值取向来分析和矫正当前课堂教学中存在的种种"不道德"甚至"反道德"的现象与问题，立足于学生现实学习和生活需要，着眼于学生后续发展和终身学习的需要，以"构建道德课堂，提升师生生命质量"为目标，把课程改革和课堂教学改革进一步推向深入。实际上，道德课堂不仅仅是育德的问题，在课堂上能够促进学生的思维发展，同时又能让其获得学业的成就，这就是最大的课堂道德。我们的课堂应该满足学生学业进步的需求，也就是考试分数的需求，同时也应当满足学生的思维发展和精神成长的需求。

道德课堂是一种文化重建

褚清源：道德课堂的内涵是什么？

田保华：道德课堂即"符合道德标准"的课堂，是一种高品质的课堂形态，要求教育者用"合道德"的方式，在充满尊重、关怀、民主、和谐的环境中，在身心愉悦、人格健康、精神自由、生命自主的学习过程中，使学习者获得学业进步和身心全面发展。

道德课堂强调的是以学生发展为本，把学生"今天的健康成长"与"明天的幸福发展"有机统一起来，让学生得以身心健康、精神自由、生命自主地发展。对教师而言，课堂是教师生命延续的舞台，是教师追求卓越的过程，教师在教育教学活动中完善人格，实现生命的价值和幸福。

道德课堂，第一必须是高效的课堂，第二必须是能够促进思维发展的课堂，第三必须是能够促进学生精神成长的课堂。

褚清源：道德课堂关键在于构建新型的师生关系，新型的师生关系应是怎样的？

田保华：在课堂教学结构诸要素中，师生关系是最重要、最灵动的一组关系。道德课堂强调，教学是师生交流和沟通的过程，在和谐的师生关系下，师生心理相通、情感交融，课堂上教师善教、学生乐学，气氛活跃而适当紧张，不同层次和个性的学生都能得到发展。师生关系就像导游和游客的关系一样，教师就像导游，学生就像游客。

褚清源：在实践层面，构建道德课堂有哪些具体的抓手？

田保华：在构建道德课堂的实践中，我们倡导各学校和各学科教师要结合实际，积极探索道德课堂实现途径和策略，呈现丰富多彩的道德课堂模式和文化。

这些年围绕道德课堂的构建，我们提出了很多策略。比如，我们提出学校首先要进行自我诊断，让每一个学科教师都自我诊断，我们的课堂上到底有哪些道德缺失现象；比如倡导每个学校都要构建符合学校校情、学情的教学模式；比如全力推进校本教研，抓课标解读。在这里我想重点谈谈校本教研。2006年5月，在校本教研交流会上，我们提出了"一个把握三个抓。""一个把握"即推进校本教研要把握五个要点：一是问题即课题，教学即研究，成果即成长；二是平等对话，交流碰撞，专业共生；三是推进校本教研的最高境界是要催生新型学校文化（突出强调课堂文化和教师文化）；四是关注课改的价值思想（以学生的发展为本），抓住课改的"魂"；五是力争避免新的形式主义。"三个抓"即下一阶段校本教研工作要突出抓好三个点：一抓执行力，二抓实践者，三抓生成。

关于校本教研，关键要澄清四种糊涂认识，即负担论、神秘论、无所谓论、对立论。一些教师把推进校本教研当作一种工作负担，我们去检查工作的时候，部分学校准备了两套档案，一套是校本教研的档案，一套是教研活动的档案，这说明一些学校的领导和教师还没有真正理解校本教研的内涵。所谓神秘论，就是"这是个什么东西啊？"弄不清楚，似乎可望而不可即。三是无所谓论，有人说"我教了一辈子书了，我不会搞校本教研啦"，不关注真问题。四是对立论，就是推进校本教研没时间没精力，"现在抓质量、抓升学率，没时间"。

褚清源：道德课堂要构建什么样的文化？

田保华：道德课堂要构建一种回归生活世界，让课堂洋溢生命气息的文化。2007年我们曾提出，要让学生享受高尚的道德生活，一是要回归生活，二是要指导学生过有道德的生活，三是要构建有道德的课堂，并且提出在学科教学中要强化品德塑造。课堂生活是师生人生一段重要的生命经历，是生命的充实与展开的过程。它着眼于人的一生的发展，道德课堂生活应从教室课堂、校园课堂延伸到家庭课堂、社会课堂。

道德课堂要构建新型教师文化。要求各学校摒弃那种"强势的、惰性的、竞争的"传统教师文化，构建民主的、积极的、合作的新型教师文化，特别强调，合作是教师文化发展的方向。

道德课堂同样构建以课程文化为主题的学生成长平台。课程是学校的灵魂，课程文化影响着学生一生的发展。每一个学校、每一个校长都应该有自己的课程思想，应该加强课程建设来构筑课程文化，要树立课程意识和大课程观——课程即课程，校园即课程，教师即课程，学生即课程；要以专业化的方式实施课程管理，面向所有学生，关注学生的完整人生、完整心灵世界，以课程体系的开发与完善为学生创造赖以生存与发展的空间，用课程成就学生。

"养鱼养水，养树养根，养人养心。"我们开展的道德课堂研究是在养心，是在养我们教育者的心，也是在养学生的心。所以说"养心"是道德课堂的本质。

田保华语录

"养鱼养水，养树养根，养人养心。""养心"是教育的本质所在，教育就是"以心灵感应心灵"的过程，教育应该回归到孩子们的心灵深处。

让我们的孩子望得见童年的"青山"，看得见童年的"绿水"，记得住童年的"乡愁"！

校长的责任是办一所学生喜欢的学校，让学生走出校门之后，能够不恨同学，不恨教师，不恨学校。

教师的责任是构建一个学生喜欢的课堂，让学生上课不瞌睡，不厌学，不逃学。

创客教育是一种教育活动，是不以比赛为目的的、让每一位学生都能参与的、学科融合性的、实践性的、创造性的学习活动。创客教育其实可以看作非常普通的一件事情，就像做纸飞机、木头桥、沙时钟、水火箭、土城堡、雪鸟巢等，是每一所学校的每一个儿童都有可能沉浸其中的事情。

人物档案：

李南沉，河南省安阳市殷都区原区委书记，人称"课改书记"，全国区域教育改革十大领军人物。

李南沉：一位区委书记的改革观

他是我接触过的最有改革魄力的官员。

也有人评价说，他是中国县区书记中，为数不多的知行合一的主政者。与他认识，刷新了很多我对行政官员的看法。

他就是李南沉。时任河南省安阳市殷都区区委书记的他，在政治、经济、文化、教育等领域均有系统大胆的改革，尤其是教育系统的改革，可谓是直击核心，大刀阔斧。了解过殷都区教育改革的人都会有一种清晰的认识：他们真正把教育放在了优先发展的战略地位。

李南沉一直有一种忧国忧民的情怀，也许很多人并不能读懂他内心深处的忧虑。他把很多对未来社会的设想和寄托都放在了教育改革上。他自言，常常会因为教育而睡不好觉。在他主政的殷都区，课改成为最大的"政治"。他常说，教育改革不只是教育内部的事，要上升为全区意志。他让区委常委、组织部长分管教育，并公开说，谁不课改，立马拿下！早在他任该区的区长时，在全区的财政收入只有7000万元的情况下，他却敢让政府"拉饥荒"，筹措1个亿搞农村学校办学条件改造。如今，去殷都区参观，那里最好的学校不在城里，而在乡村。

关于教育，关于改革，李南沉都有过很多精彩的表述。比如，"我们推行改革，是为了让孩子们不再厌学，不再逃学，不再撕书。"比如，

"改革不能等，我们的孩子等不起，我们的教育等不起！"比如，"我们要有一种气概，打不开保守的大门，就把房顶掀掉！"再比如，"改就要大改不能小改，要系统改不零碎改，要深改不能浅改！"这些精彩语录，殷都区的校长、教师耳熟能详，后来因为媒体的关注，也在网络上广为流传。

对教育改革，李南沉有一个比喻：就像穷人和富人，穷人追求的是吃饱肚子，但往往吃不饱；而富人呢，吃饱肚子根本已不是问题了，吃得怎么考究，过得怎么舒适，这才是他的追求。李南沉认为旧教育是穷人式的教育，就追求一个分数，而分数还往往追不上去；新教育追求的是富人式的教育，分数已经不是问题了，是副产品了。

谈教育可以谈得如此专业，并非偶然。李南沉是师范毕业，曾经做过教师。在一次全区的教育工作会上，他语重心长地说："作为教育工作者，最好不要甘当教书匠。教育工作者跟其他职业人不一样，我们的工作对象是有思想的孩子，他们在我们手中是要成长的。我们每个人都应该通过读书来真正改变自己的教育思想和教育行为。"

他曾向全区教育工作者推荐了几本书——杜威的《民主主义与教育》、卢梭的《爱弥尔》、拉伯雷的《巨人传》。他与一线教师们一起共读，并分享自己的读后感。

在他的引领下，殷都区采取借智发展战略，先后聘请了由中国教育学会会长顾明远等19位全国知名教育专家、学者组成的殷都区教育改革与发展高端智囊团，对殷都教育进行会诊，具体指导区域教育的整体推进。

该区还广泛聚拢人才，引进了一大批优秀人才。年逾花甲的中国教育学会小学教育专业委员会理事长姚文俊被殷都区区委、区政府主要领导"三顾茅庐"的诚心所打动，出任殷都区首席教育总顾问兼教科培中心主任。金耀林，安阳市政协原副主席、享受国务院政府特殊津贴专家，现任殷都区教学总顾问兼教科培中心常务副主任。原绿色,林州市第二实验小学原校长、河南省教育厅学术技术带头人,现任殷都区教体局副局长兼中国小屯教育集团总校校长。张宏敏,安阳市文峰区教研室原教研员、河南省名师,现任殷都区教体局副局长……

这样引进的人才还有很多,有人说,殷都就像一个磁场,吸引了各方教育英才,形成了"孔雀殷都飞"的人文奇观。

访 谈

为什么要推进改革

褚清源:你作为区委书记,要关注的工作有很多,是什么让你对教育如此钟情,并且全力支持课改?

李南沉:县区领导压力是比较大的,单行政上的一票否决就有很多,但唯独没有教育上的一票否决,没有因为教育摘帽子的事。谁去关心教育呢?只有那些有民族责任感的人,有社会责任感的人,那些不为当官而做官的人才会重视教育。知道不仅仅是提高升学率的问题,知道改革的重任是培育一代新人,知道是改善人民素质,有这样的教育情怀的人,才能真正重视教育。

我们推行教育改革,就是为了孩子不再厌学、不再逃学、不再撕书本。看一下媒体的报道就会发现,在我们的身边有多少学生因为学习压力太大而自杀。唯分数的教育不单是对孩子心灵的摧残,同时也是对孩子生命的扼杀。看到这些情况,我们一刻也不能再停留,必须改革!

褚清源:教育再不能将孩子当作一抔泥土去塑造,每一个孩子都是鲜活的有个性的生命，改革就是让教育朝向美好那方迈进，让每一个孩子都成为一个精神站立的人。

李南沉：我提倡"无赖"精神。无，就是没有；赖，就是依赖——无所依赖谓之"无赖"。学生依赖老师，依赖家长，什么都是按大人的标准去做，因为大家总教育孩子要听话：听长辈的话，听家长的话，听老师的话，听领导的话。这样教育出来的孩子，将来到国际上该听谁的话？这样下去国家还有没有希望？所以一定要"无赖"，不以现有的标准、固有的成见和框框来思考，这样的孩子才有创造力、有独立人格、有探究精神。

改革就是为孩子们打开一扇窗，让他们知道外面的世界是什么样的。为什么有些人特别穷，揭不开锅，而有些人特别富，开着宝马车？要让学生思考、去争论这是为什么。这样做能让学生抬起头来关注社会、关注民生，成为有思想的人，而不是只知道争分数、心胸狭隘的人。

褚清源：作为县区的一把手，你在推动区域教育改革的过程中对自己的角色是如何定位的？

李南沉：我们是为了改变"学生苦学、教师苦教"而走上课改之路的。我也曾做过教师，对此深有感触。我对自己的定位是做好教育改革的支持者和服务者，帮助扫清教育改革中的种种障碍。人说我是专家，其实我这个"专家"是砖头的"砖"，作为区委书记，我要用这块砖敲开课改之门，强力推进教育改革。从这个角度来说，我也算是个专家，一个"石头专家"。作为行政官员要敢于敲开区域课改之门，敢于打破传统教育的束缚。

褚清源：你刚才谈到了扫除教育改革中的障碍问题，殷都区的课改推进过程中存在哪些障碍，又是怎样扫除的？

李南沉：改革总会面临种种障碍。比如有人存在改革的畏难情绪，比如教育的评价机制等问题。我们的主张是，通过评价来引导改革。以前是以考上几个学生,分数考得好不好来评价,现在要打破这个评价办法,要以改革不改革、到位不到位、效果好不好来评价校长,以能不能做好改革的排头兵来评价教师。原来是名师的,有较高的素质,只表明有可能成为教改的先锋队员,但如果不改革,成为教改的阻力,我们同样不会姑息。

褚清源:你曾用"穷人"教育和"富人"教育来解读当下应试教育与素质教育的对立问题,以此来消除教师和家长的顾虑。如何理解这一观点?

李南沉:我们很多教师,包括一些家长,最初接触课改时,都存在一些疑问:学生快乐重要还是分数重要?这样改了学生考不上学怎么办?改革如何与现行应试教育体制接轨?这样的担心是多余的,因为课改解决的就是如何让学生学好与想学的问题。

"穷人"教育就像要饭一样,想法吃饱,就是追求那个分数;"富人"教育讲究的不是吃饱的问题,而是如何吃好,吃饱只是吃好的副产品。同样,学生快乐了,愿学了,分数必然会上来。教育的改革,不是快乐和分数的矛盾问题,快乐学习和分数不是此消彼长的关系,而是少数人取得分数还是多数人取得分数的问题,是自觉主动学习还是被强制压迫学习的问题。

教师要学会做"懒汉"

褚清源:你认为当前学校教育中存在的主要问题是什么?

李南沉:前段时间,和几个记者朋友谈起被迫学习与愿意学习的问题,一个朋友举了他女儿上学的例子:

他女儿三年级以前的老师非常会带学生,从来不布置家庭作业,他女儿每次放学回来都是高高兴兴的,到家后向他"炫耀"学习了什么,又懂了什么。学生每天都在进步,老师被学校认可,也被家长认可。暑假作业是养一个小昆虫,学习一种打扑克的技巧,开学后,让大家展示各自养的小昆虫,组织扑克比赛,看谁学得好。在这种教学方式下,他们班级的成绩在学校一直遥遥领先。但是,到了四年级,换了班主任,一切全变了,一开始就是练练练,写写写,背背背,抄抄抄,晚上到家也不放过,通知家长进行监督。然后,很多学生厌学了,脸上的笑容少了,快乐也少了!最后,家长联合起来强烈要求把这个老师换了。

这个案例很典型,其实这个老师很敬业,也很委屈,但是,正是在这样的敬业中扼杀了学生的心灵,抹杀了学生的天性,使他们失去了学习的快乐。

褚清源:是的,这一点也许是对孩子学习力最大的破坏。

李南沉:学习是儿童的天性,孩子一出生,脑子一片空白,像海绵见了水一样,空白的大脑见了知识,会主动吸收。但在实践中,很多时候,这个过程并不快乐,也并不幸福,不是一个自愿的过程,而成为一个被迫的过程。学习本来是儿童的天性,像小树苗在阳光下自由生长,压都压不住,为什么变成了拔苗助长?为什么变成了一个非常痛苦的过程、被迫的过程、叫人操心劳力的过程?问题的症结出在哪儿?

所以,要理解新的教育理念的核心,让学生主动地学,快乐地学,幸福地学。同时,让教师教学的过程也是幸福的过程、快乐的过程,而不应把教师逼得天天加班加点,牺牲星期天,牺牲节假日。

褚清源:课改实际上是在重新分配机会,如何让那些传统眼光里的"后进生"获得适合自己的发展?

李南沉:一些"爹不亲、娘不爱"的孩子渐渐丧失了学习兴趣,在这种情况下如何课改?我想,我们课改的紧迫感就是从这些孩子身上,从这种现象上产生的。对于这些孩子,要给他们爱,恢复他们的主体地位,给他们发言的权利、参与学习的权利。我们殷都区"主体多元教育"

以学生为主体，它符合科学发展观最本质的含义——以人为本。在教育上，以人为本就意味着以学生为本，使学生成为主体，一切为了学生转，这是最核心的观念。历史上人们一度认为太阳月亮围绕地球转，地球是主体。后来科学家知道，太阳是中心，地心说变成日心说，这是人类历史上认识自然的根本性变革。我们现在也面临着根本性变革，不能以教师为中心了，要以学生为中心，而且要推行主体多元教育。多元一方面指的是全面发展，不能以分数定优劣、定成败；另一个方面指的是允许孩子各个方向的发展，长成参天大树是有用人才，长成低矮的苹果树、梨树也是我们所需要的，长成歪歪扭扭的葡萄藤也是社会所不可缺少的。我们应该给这些"爹不亲、娘不爱"的孩子努力的方向和认可；我们应该尊重学生，恢复他们的主体地位，允许他们各方面发展，给予他们鼓励和激励，让他们找回自己的尊严，感受到爱。

褚清源：在实践层面，我们的教师如何做才能突出学生学习的主体地位？

李南沨：科学发展观的本质是以人为本。以人为本体现在社会工作中，就是以老百姓为本，而不是以党和政府为本；体现在经济发展上，就是以企业为本，而不是以政府为本；体现在教育上，就是以学生为本，而不是以教师为本。我们的教师要敢于做课堂上的"懒汉"，少讲，就是要以学生为主，让学生动起来，忙起来。政府在发展经济上也要做"懒汉"。比如说，政府是社会主体，企业是经济主体，发展经济是企业的事。政府既当裁判员，又当运动员是做不好的，只需给企业创造环境，提供充分空间，让其自由发展就行了，政府在这个意义上也是"懒汉"。同样道理，教师也是这样，不要太辛苦，要让学生自己动起来，给学生一个环境，让他们自由学习，自由发展。

读书滋生教育智慧

褚清源：你曾给全区教师推荐过四本书，并与他们共同阅读。读这些书，你收获了什么？

李南沉：读杜威的《民主主义与教育》时，书中的很多观点，给我的第一感觉，如果用一个极端的词来形容简直就是"毛骨悚然"。为什么这么说呢？一百年前人家已经研究透了的事，已经大面积成功了的东西，现在我们仍然不了解，不理解，在怀疑，在犹豫，在抵触。这是非常可怕的！杜威是美国一百多年前的大教育家，既是理论家，又是实践家。他当年所面临的和我们现今的教育现实基本上是一致的，就是教师在课堂上讲，学生在下面被动地听，就是死记硬背，就是简单看分数，那个时候他就提出了：这是残害儿童心灵，学校是儿童心灵的"屠宰场"。杜威在一百年前就发出这样振聋发聩的呐喊，而今天我们却依然挣扎在这样的困境中。

褚清源：其他几本书呢，有什么启发？

李南沉：读每一本书都让我受益匪浅。我想再重点说说拉伯雷的《巨人传》。书中高康大本来是一个四肢发达、充满智慧的孩子，却被一个所谓的教育家用旧的教育方法培养成一个再老实不过的人，这是对儿童的摧残。后来，又有一个教育家用新的教育方法把他培养成一个勇敢的、有善心的、知识渊博的、头脑健全的巨人，这是其中一个情节。

《巨人传》是四百五十多年前欧洲文艺复兴初期成书的。文艺复兴之前的欧洲处在黑暗的中世纪，那时的教育就是把孩子培养成一代一代甘受奴役的人。先进生产力要发展，就要冲破宗教的迫害、封建主义的束缚，必须有新人。这个巨人传中的高康大和庞大固埃应运而生，他们是冲破封建束缚，冲破宗教枷锁，一代新人的形象。这本书的出版，引起了巨大的轰动，一直轰动了几百年，而且余波未断。

改革不能抱残守缺

褚清源：殷都区在课改推进过程中还有哪些问题需要进一步解决？

李南沉：我们的改革一定要彻底，不能抱残守缺。比如"减负"，本身就是个伪命题，说明我们的一线教育者还没有从根本上理解课改的意义。学习是学生的天性。如果用强制的办法，导致学生把学习当成负担，不愿意学，然后再去减负，就不是根本上的改革。这种改革就像强制给猴子穿上西装、带上领带，貌似焕然一新，实际上还是个猴子。

学习不应该是负担，而应该是学生的天性，应该让他们愿意学。如果愿意学，还会有什么负担啊？所以，忍受学习和享受学习，一字之差，天壤之别。如果学生都在享受学习，都像逛公园、逛动物园一样学习，那还有什么减负问题啊！

我们现在不是要减负，而是要彻底颠覆原来的学习方法。像少布置家庭作业啊，强制性不让补课啊，这都是在传统教育方法和观念前提下，治标不治本的方法。老的标准和方法不变，又不让教师加班加点，不让布置家庭作业，那么成绩怎么能上得去呢？考核标准的根本不变，只在细节上改变怎么能改变得了呢？所以，压根不再用这些东西来考核，就不会存在所谓的减负，学生和教师也就没有额外负担了。

褚清源：教育改革不仅仅是教育内部的事情，需要社会各界协力推动，殷都在这方面有什么新的探索？

李南沉：是的，教育改革不能是孤立的，我们一直在动员家长、动员社会，共同参与教育改革，办开放式学校。我们通过不同的宣传途径让家长理解，现在的教学方法和对学生的要求与以前不同。要动员社会，充分利用社会现有资源，把我们的社区、工厂、农场、果园作为学生实践的基地，把整个殷都区，乃至整个安阳市当作我们的大课堂。

褚清源：你作为区委书记，很关注教育，你认为，教育局长如何做才能让行政领导更重视教育？

李南沉：这有个规律，不懂教育的人，最容易被说服，最容易接受我们的教育思想。如果传统的教育理念先入为主，再把新的东西给他，他就很难接受；反之，如果他不了解传统的教育模式，你把新的教育理念灌输给他，他就很容易接受。教育局长要充分准备，做深入的调研，把科学的数据、现有教育的弊端、打算实施的方案、有可能出现的问题、应对的策略、将达到的目标，全部拿给他看，就会打动他，甚至会放权让你去做。

把学校交给学生

褚清源：据我了解，殷都区一直在全面推进课堂教学改革，建设高效课堂。你如何看待这项改革？

李南沉：教育不是灌输，而是发掘；教育不是给予，而是启示；教育不是压力，而是兴趣；教育不是雕刻，而是让生命健康成长。高效课堂是要让学生成为主人，让学生站在前面表演，教师只是幕后导演，学生才是万众瞩目的主角，这就是师生之间的关系。教师的幸福应该从教育学生的事业中来。从一般意义上来说，现在教师不快乐，是因为教育制度压着他，向他要成绩，学生又反抗他，这种情况下，他自然不幸福。

现在谈高效课堂的学校有很多，有的是在传统课堂的基础上有所创新，但根子上没有改变。我认为，真正的高效课堂是对传统教学方式的颠覆，彻底让学生做主人，把课本知识当成游乐园，教师带着学生在知识的园地游玩，学生主动学习，在快乐中接受知识。

把学习知识的效率作为高效课堂的最高追求是一种伪高效。只追求知识传授，只追求成绩高低的教育是应试教育。高效课堂的本质是让学生愿意学习，学会学习的同时形成自学能力和自我发展能力，是为学生走向社会奠定一生幸福的基础。一味追求知识获得的课堂不能称为真正意义上的高效课堂，高效课堂行动需要去伪存真，因为高效课堂培养的是有仰望星空兴趣的人。

褚清源：有人说，课改改到深处是文化。在你看来，课改最终要走向哪里？

李南沉：有人说，教育改革已经到了深水区。我不赞同这种说法。整体来说，中国教育改革还没有真正启动，哪有深水区啊！道不改，法不改，体制、理念不改，光在技术层面改，改来改去还是表面上做文章。那些以应试著称的学校越来越像监狱。他们的改革打个比喻就是，把监狱打扮得很漂亮，但它还是个监狱。真正的课改，是要把课堂、班级，甚至整个学校都交给学生，让学校真正成为学生的世界。

李南沉语录

我们要有一种气魄，打不开保守的大门，就把房顶掀掉。

一个学生可能长成一棵高大挺拔的松树，也可能长成硕果累累的果树，还可能长成一棵歪歪扭扭的葡萄树。

我们推行改革，是为了让孩子不再厌学，不再逃学，不再撕书。

老师要做"懒汉"，把学习还给学生。

当学生不愿意学的时候，任何东西也教不会。

在殷都区，教育是最大的民生，课改是最大的政治。政府就要创设条件，为教育而谋。

人物档案：

李成旺，北京市昌平区教育委员会主任，曾任北京市昌平区黑山寨中心小学教师、昌平区亭自庄学校校长、昌平区教育委员会副主任。

李成旺：为好教育作注

"教育是最大的民生，我们需要时刻思考的是，要为学生提供什么样的教育，能提供什么样的教育。"访谈一开始，李成旺的一番话便把话题引向了深入。

教过三年小学，十年初中，做过班主任、教导主任、校长，再到今天的教委主任，一路走来，李成旺感悟着教育，思考着教育。

他喜欢进课堂，每到一所学校，只要有时间就习惯性地到课堂上看一看。"不一定能给教师的教学提供什么指导意见，但是通过课堂可以看出学校的管理水平，这一习惯是我做老师、校长时养成的。"李成旺说。

"我18岁开始工作，因为上进心强，工作业绩一直不错，但是当初做教师时太迷信'严师出高徒'，对学生太过严厉，现在想来对学生的确有点残酷了。"回忆起以往的经历，李成旺说，"生活中那些貌似正确的共识，有时候是需要怀疑的，对学生严格要求可能有效果，但有时不一定是正确的。"

教育不能被功利主义绑架，现在一些家长太短视，上好小学就是为了考好中学，上好中学是为了考好大学。其实，孩子在学校里有比考上好学校更重要的任务，那就是成长。我们要有新的教育质量观，教育质量不仅是教学质量，还有学生的生活质量、生命质量，质量不是基于分数,而是基于人,基于学生的生命质量。新的教育质量观应该基于学生的全面成长和发展。对于家长盲目择校的现象,李成旺认为,家长的需求不能一味地迎合,而是要给予适当的引领。

昌平区位于北京市西北部,素有"京师之枕"美称。如今,这里的教育改革风生水起,联片教研以强带弱有效破解了农村学校的教研困境,校际联盟使课改形成了"农村包围城市"的态势,城乡教育一体化发展将使昌平区域教育均衡发展迈向深水区。

尤其是近年来,昌平区以引进名校、区域特色校、高校参与中小学体育美育特色建设、高校办附中附小等为中心,整合已有的联片教研、校际联盟等成功经验,探索建立区域学区制、名校办分校、跨学段拉手校等新型发展联盟,逐步构建东、西、南、北、中五大教育发展集群。如今,在昌平各集群内部,干部教师培训、特色课程建设、校园文化培育、综合素质提高、设施设备共享等资源整合平台被搭建起来,实现了学校间的抱团发展。

访 谈

教育不能做削足适履的事情

褚清源:在你眼中,好的教育应该是什么样的?

李成旺:好的教育很难指向一个标准,每个人眼中好教育的标准都不尽相同。但是,作为教育人,我们要思考到底什么是好的教育,我们要给学生提供什么样的教育。好的教育首先应该让孩子有健康的身体、阳光的心态和良好的习惯,然后才是对知识学习的关注。好的教育要让孩子感到快乐。孩子只有在学习中体验到快乐,才能激发学习兴趣,才能产生学习动力。兴趣，是学习的起点；快乐，是学习的动力。有人说，孩子是脚，教育是鞋。我很认同这一观点。我们的教育不能做削足适履的事情，一句话，适合孩子的教育才是好教育。

褚清源：好教育是由好学校提供的，什么样的学校才是好学校？

李成旺：好学校一定是学生喜欢的学校。如果我们的孩子刚上了几年学，就产生厌学情绪，我想这样的学校一定是有问题的学校。我的一个小侄女，有一天病了，家长说跟老师请个假，可以不去学校了，但是孩子不愿意，依然要去上学，学校成了孩子最难以割舍的地方，我想，这样的学校就成功了。

好学校应该是与众不同的，好学校会给孩子留下美好的回忆，当孩子离开这所学校时，带走的不只是高分数，还有精神的成长，美好的记忆；好学校是成就伙伴的地方，学生在学校里不仅仅是从教师那里获取知识，在一定程度上说，学生在同伴身上学到的东西可能比教师那里还要多；好学校应尽可能多地让学生参加课外活动，把"读万卷书"与"行万里路"结合起来。

褚清源：你也曾经做过教师，在你的教学生涯里，给你留下深刻记忆的事情是什么？

李成旺：对于学生来说，亲其师则信其道。好的教师一定是学生喜欢的教师。他教给孩子的不只是知识，还有思维方式、生存能力和可以影响孩子一生的品质。好教师善于抓住教育时机，带着智慧做教育，而非仅仅带着教学任务和考点思维做教育。

做教师时记忆最深刻的是，我在教初中时，曾经遇到一个男生，因为对班上的一个女生产生好感，成绩急剧下降，家长为此很担忧。有一天放学后，我找到了这位学生，和他在操场上一边散步，一边聊天，我们大概围着操场转了两三圈，聊得很开心，解开了学生的心结，后来这名学生成绩很好，大学毕业后也做了教师。教育不是一厢情愿的说教，而是推心置腹的交流、交往。我们不能给孩子青春期的一些做法过早地贴上"早恋"的标签,要找准时机多沟通。沟通到位了,孩子成长的困惑就化解了。

褚清源:在你眼中,什么样的课才是好课?你对当前的课堂教学改革怎么看?

李成旺:好课首先是孩子喜欢上的课。并不是专家说好就好,教师自我感觉好就好。在我看来,学生们感觉好、愿意听,听后意犹未尽的课,才是好课。要让每一节课达到这种效果,就要求教师从学生不同的心理需求与认知规律入手,基于学情用心设计好每节课。

课改势在必行。当前基础教育课程改革的目的,在于激发学生的学习兴趣和学习动机,突出学生发展的自主性和主动性,注重学生发展的个体性与差异性,重视开发个性潜能,培养创新思维和实践能力,促进每个学生形成良好的道德素质、文化素质、心理素质和健康素质。其实这种改革将会使学校、教师、学生都成为课改的受益者。

追问教育的本质

褚清源:你对"好教育、好学校"的理解,带来的启发是,教育需要原点思维,有时候我们走得太快,太匆忙,以至于忘记了为什么要出发。

李成旺:很多教育工作者都会思考这样的问题:教育的本质是什么?教育者的使命是什么?对这两个问题的不同解答,可以折射出不同的教育观。

台湾教育专家贾馥茗女士,在《教育的本质——什么是真正的教育》一书中提出:真正的教育必须以引导学习者成人为核心,以发展人性、培养人格、改善人生为目的。这一观点与《教育规划纲要》中"把育人为本作为教育工作的根本要求"的工作方针,有着异曲同工之妙。

我认为,新时期教育工作者的责任和使命是围绕育人这一核心,传承优秀文化,提高综合素质,培养健全人格。

关于传承优秀文化。我认为,教育工作者要向学生传授科学文化知识,初步形成并逐步优化其知识结构,培养有知识、有学识、有见识的人;要敢于发挥拿来主义精神,汲取国外先进文化的营养为我所用,培养有国际视野的人;要把中华文化的精华渗透到学生的言行举止,培养有中国文化气质的人。

关于提高综合素质。北京市义务教育和高中教育课程教材改革都把学生综合素质评价作为重要内容,原因在于信息时代的快捷高效决定了新时期更需要一专多能型的人才,而一专多能所对应的必然是出类拔萃的综合素质。这就要求教育工作者要顺应时代需求,通过日常的教育教学活动培养学生健康的体魄、坚强的意志、高尚的品德、敏锐的思维和高雅的兴趣爱好,帮助学生树立正确的世界观、人生观、价值观。

关于培养健全人格。人格是构成一个人独有的思想、情感以及行为的一种稳定而统一的心理品质。人格的形成与发展虽然以遗传为基础,但后天的环境因素却是影响人格健康发展的关键,而后天环境的最重要因素就是教育。是否具备健全的人格在一定程度上决定了一个人能否拥有更幸福、更阳光的人生。因此,教育工作者要从为学生人生奠基的高度来认识教育工作的重要意义,在学生自我价值观、自我控制、自信心、创造性、时间管理、人际处理及情绪控制等方面,给学生以积极的引导和示范。

褚清源:作为教师,其传承优秀文化、提高综合素质、培养健全人格的过程,是成长的过程,也是体验幸福的过程。

李成旺:《孟子·尽心上》中曾说:"君子有三乐,而王天下不与存焉。父母俱存,兄弟无故,一乐也。仰不愧于天,俯不怍于人,二乐也。得天下英才而教育之,三乐也。"作为教育工作者,我们很荣幸能拥有君子之乐,得天下英才而教育之,提高其综合素质,培养其健全人格,从不同的维度赋予受教育者知识与能力,促进受教育者丰富自我、提升自我、完善自我、发展自我、实现自我。我相信,有了这样的职业追求,我们实现教育理想的那一天就不会太遥远。

减负的减法和加法效应

褚清源:减压不只是我们成人的事情,更是孩子们的事情。

李成旺:现在的孩子压力很大,尤其是来自家庭的压力。现在中国的家庭结构基本上就是"6+1",爷爷奶奶、姥姥姥爷、父亲母亲守着一个孩子。也就是说,6个人的期望都压在1个孩子身上,对孩子的期望值过高——亲人的爱和期望是孩子成长最大的压力。

在这种压力下,如何处理好孩子成长与学习的关系,是我们教育人必须面对的时代使命。

褚清源:"减负"是课改背景下的重要命题。昌平区近年来的"减负"工作卓有成效,请具体介绍一下这方面的情况。

李成旺:"减负"是我们教育人的责任,不仅要减,而且要彻底地减,将"减负"进行到底。"减负"工程启动较早的是城关小学,该校在特级教师柏继明校长的带领下,真正把"减负"减到底,形成了"减负"的昌平经验。无论是从一二年级不留笔头作业,还是每个学期人手一本的"时间作业本"……这一切都留下了"减负"的印迹。正是他们无所畏惧、坚忍不拔、团结协作的精神,才谱写了"减负"三部曲——"给教师减负""给学生减负"和"给家长减负"。在这种"减负"理念的引领下,城关小学以"营造和谐,创造快乐"为办学理念,以"让每一颗心都快乐"为办学宗旨,实行人文化管理,充分体现"和而不同,乐而不松,和谐发展,快乐成功"的办学思想,实行"快乐成长教育"。城关小学曾针对四至六年级学生做的一项调查显示:"很快乐"占65.5%,"快乐"占32%,"不快乐"仅有2.5%。我想,这种快乐不仅是"减负"成效的证明,更是学生发展的成果。

褚清源:是的,"减负"不只是"减量",更重要的是点燃学生学习的兴趣,让学生在学习中找到成功和快乐的体验。

李成旺:在推进"减负"工作的时候,我们要对"减负"背后的深层原因进行思考。学生之所以感到负担沉重,不是因为活儿累,是因为心累。如果学生不喜欢学校,不喜欢课堂,不喜欢学习,那么不管学什么、学多少都会感到累。找不到兴趣,一切皆为负担。因此,"减负"不只是"减量",更重要的是"激趣"。

在昌平区,"减负"不只是做"减法",还要做"加法"。一方面是给老师的学习做"加法",通过不同形式的学习,唤醒成长意识,更新教育观念,改变课堂教学结构和教学关系,解放教学生产力,提高课堂教学的效率和效益,让学生学得有趣,教师教得轻松。另一方面,给学生的学习做"加法",增加更多的选择和机会:一是促进学校校本课程多样化,为学生提供"超市化"的选择性课程,满足学生的个性化发展;二是增加一些社会化活动,让学生走进社会大课堂,扩大学生的社会视野;三是给学生提供更多的展示平台和机会,举办更多的学生展示性竞赛活动,通过课外活动解放学生的学习力,形成"兴趣—学习—展示—提升兴趣"这样的良性循环,提升学生的学习兴趣,实现学生心理和身体的双重"减负"。

教育本身的特点是集约化的管理和个性化的教学,两者的统一是我们教育工作者的导向所在,通过"加法"实现"减法",是我们减负的最终目的。

褚清源:课程改革要求在课程建设方面有新的突破,昌平区在课程建设方面有哪些成果？

李成旺：课程建设在昌平区形成了行政、科研、教研、学校四方联动的工作局面。我们明确提出，国家课程要落实到位，开足开齐，真抓实干；地方课程要联系实际，融于活动，知行并重；校本课程要因需设课，积极研发，培养特长。

我们通过三级课程建设，激活学校办学潜力，开发出《走进昌平》《爱我昌平》《昌平历史》等地方课程。目前，昌平区小学阶段校本课程已开发348门，初中阶段校本课程开发已达165门，为学生的个性发展提供了更多元化的选择机会。

另外，我们把体育、美育、科技教育、校外教育作为提升区域教育软实力的重要途径，将其纳入科学管理轨道，与德育、智育等同步发展：通过发展学校体育，提高中小学生身体素质；通过开展美育，提高中小学生艺术素养；通过开展科技教育，提高中小学生科技素养与创新能力；通过加强校外教育，促进昌平中小学生全面发展、健康成长。我们充分发挥区少年宫的作用，努力将其打造成覆盖全区所有中小学的综合性校外教育机构。

均衡发展一直在路上

褚清源：有关机构曾对全国122位县区教育局长任职前的身份做了一次问卷调查，结果显示，有41%的县区教育局长来自政府其他管理部门，有19.7%是乡镇干部，只有18.9%是学校校长，15.8%是教育局中层管理人员、教师及其他竞争上岗者。你如何看待这一现象？

李成旺：在有些地方，教育局长的非专业化倾向的确是一个很普遍的现象。教育是一项业务性很强的工作，你的决策是否符合教育规律，决定着工作推动能走多远。局长有自己的教育思想，对教育有自己独到理解和看法，能更直接切中教育工作的核心，会减少不必要的沟通汇报。有专家提出过"局长专业化"的课题，我想这与倡导教育家办学是一致的。我到学校往往喜欢到课堂上看看，不一定能给教师的教学提供什么指导意见，但是通过课堂可以看出学校的管理水平，这一习惯是我做老师、校长时养成的。当然，不管是从系统外部调入的干部，还是从系统内部提拔的干部，前提是有一种干事创业的精神，想干事、能干事、真干事、不惹事，才能干成事。"行政"最终是为"教育"服务的，只要观念解放，善于用人，就能服务好教育发展。

褚清源：是的，行政是为教育服务的。

李成旺：就任昌平区教育委员会主任后的第一次校长会上，我谈了四点：

第一，做事要"细、小、实"。细，就是要注重细节；小，就是要从小处着手；实，就是要真抓实干，脚踏实地。第二，做人要"真、善、美"。人格的魅力是无穷的，一个人的人格魅力可以影响一个团队。真，就是真诚坦率、真诚待人、情真意切，让教师感觉到你是真心地在为他的专业成长服务；善，就是要用一颗善良的心，对待每一个孩子，包括学困生、特殊儿童、外来打工子弟；美，就是语言美、行为美、形象美。第三，工作要有"精、气、神"。校长要精神饱满，并用自己的精神状态来影响教师，在学校营造一种健康向上的情绪。第四，下班要"健、习、乐"。没有好的身体不可能把工作干好，所以我倡议大家有健康的生活方式，每天抽出一点时间读书学习，进行一项健康的娱乐活动和体育活动。

褚清源：在推进区域教育均衡发展方面，昌平区采取的战略是什么？面临的难题有哪些？

李成旺：昌平区推进义务教育均衡发展有四个主要目标：一是通过处理好软件建设和硬件建设的关系，促进内涵发展；二是通过整体提升办学水平，促进共同发展；三是通过全面实施素质教育，促进学生全面发展；四是通过开展品牌学校建设，促进学校特色发展。

我们在学校建设、教育教学设施配备等方面，向山区校和农村校倾斜，提升山区校和农村校的办学条件；在教育教学指导、干部教师进修培训方面，向基础薄弱校倾斜，提供更多的学习机会；在干部配备方面，从城镇优质校选派优秀干部到农村校任职或挂职锻炼，提高学校管理水平；在教师队伍建设方面，每年选派20—30名城镇地区优秀教师到山区支教，引领和带动山区教师专业发展。尤其是百善学校、长陵中学、亭自庄学校、阳坊中学等四校自发组织的"校际联盟"成为一个很成功的案例，有效促进了教师专业化发展，教育教学质量得到了明显提高。目前，这样由学校自发自主结盟的发展共同体已有7个，参与学校有34所，成为区域教育均衡发展的一个成功经验。

总体来看，经过近几年的努力，基本实现了上述四个主要目标，实现了义务教育基本均衡：昌平区义务教育无论是在办学理念上，还是在发展思路上、制度创新上都上了一个台阶，无论是在硬件建设上还是在软件水平、综合实力上都有了很大的飞跃，无论是在课堂教学改革还是在课程建设、教育教学质量上都有了很大的进步。

在推进区域教育均衡发展过程中，面临的难题依然是干部队伍和教师队伍建设。一位好校长可以带出一支好的教师队伍，一支好的教师队伍必然成就一所好学校。在干部队伍和师资队伍建设方面，我们依然任重道远。

李成旺语录

校长要走进课堂，走近学生，走近教师。

亲人的爱和期望是孩子成长最大的压力。

要让孩子对学习有兴趣，就要想办法让孩子愿意学，点燃孩子的学习欲望。

如果教师对整堂课的设计能让孩子学得愉快，学得成功，教师也会因此产生一种成功感和愉悦感。

学生认为好的课才是真正的好课。

只有了解学情，兼顾教学方式，才能达到教学预期的目的。

盗火者 第三辑

真正的勇士敢于直面惨淡的现实
无论教育多么积重难返
总有人会去擦亮星空
他们是普罗米修斯式的盗火者
让教学告别野蛮,告别传统,告别灌输
也让更多的人可以向着明亮那方
向着不可预知的未来
奔跑
每一个励精图治的故事都在佐证同一种精神
不在改革中领跑
就在改革中站成一座丰碑

人物档案：

　　崔其升，山东茌平县杜郎口中学校长，曾荣获"全国先进教育工作者""全国十佳创新校长"称号。

盗火者崔其升

试图用几个字来概括一个人显然是困难的。

但"盗火者"三个字的确是我思考了很久的选择,它也许无法精准概括真实的崔其升,但毫无疑问,它表达了我眼中的崔其升。

当年杜郎口中学的发现者李炳亭先生见面总是称崔校长"大哥",他们一路走来,在岁月的深处不知积淀了多少情分在里面。这一声"大哥"道出了太多崔其升性格里的"值得信赖感"。与崔校长握手的时候,你会发现他的手力量很大,让人感觉到踏实——那是一种值得信任的感觉。

有人说,杜郎口中学是课改的首席。这与杜郎口中学的首席崔其升有关。今天在基础教育领域,不知道崔其升的人可能不多,但真正走近崔其升,进而读懂崔其升的人可能也不多。

1997年,崔其升调任杜郎口中学做校长,从此他的命运开始有新的转向。

崔其升是典型的"改革派"。当年,偏居一隅的杜郎口中学一穷二白,但穷则思变,开启了一场前所未有的变革。崔其升深知,走老路永远抵达不了新的地方。

于是,从拆迁开始,杜郎口中学拉开了改革的大幕。他们首先拆掉教室里的讲台,然后在教室四面墙壁挂起黑板,这"一拆一建"之间,杜郎口中学开启了一场堪称"伟大"的变革。"伟大"是后来媒体和专家赋予的。今天来看，的确是一次伟大的发端，从杜郎口中学开始，中小学的教学改革完成了一种课堂制度的重建，自主、合作、探究的课改理念有了具体的抓手，课堂教学从"教中心"走向"学中心"成为主流趋势；从杜郎口中学开始，审视好课堂有了新的视角、新的标准，而杜郎口中学课堂上"说的解放"，其价值贡献不仅仅体现在教学上、教育上，更体现在社会文化上。

如果说希腊神话里的盗火者普罗米修斯给人类带来了光明，那么，崔其升堪称基础教育课堂教学改革的盗火者，是他点燃了现代课堂的文明之火。北京语言大学谢小庆教授曾撰文评价崔其升："画家吴冠中先生曾经说，一百个齐白石也抵不上一个鲁迅。套用吴先生的格式，我想说，一百个院士也抵不上一个杜郎口中学校长崔其升。""一百个院士也抵不上一个崔其升"，这是否有点夸张，不好评定，但的确道出了崔其升领导的这场改革价值之大。

平日里，崔其升总是惜字如金，少言寡语，甚至有点沉闷，而一旦站在讲台上，便会侃侃而谈，掷地有声。如果你不止一次听过崔其升的讲座，会发现他的演讲明显有如下特点，让人为之赞叹。

其一，讲故事的能力。崔其升的报告里很少谈具体的课堂技术，相反，讲故事的比重很大。每一位教师的故事他都如数家珍，娓娓道来，张代英、崔其同、徐利、徐立峰等杜郎口中学很多教师的名字是从崔校长的报告中知道的。

其二，大胆使用词语的能力。如果咬文嚼字的话，崔校长的不少表达可能都不符合语言逻辑，比如，他常说课堂的最高境界是"善良"！他会说，课堂是强志、练胆、开智的道场！他会说，工作即道德，表现是人品，贡献是人格。他如此大尺度地将似乎并不相关的词语放置在一起使用，有时候甚至觉得有点用词不当，但这并不妨碍他要表达的主题。

更重要的是，大尺度表达的背后是真诚，真诚才是打动听众的核心。

其三，通俗易懂的解释力。什么叫教学？在崔其升看来，就是让学生自己去学，在学中开窍。他常举外孙的例子，两岁的外孙在外边玩得很投入，外婆叫他回家，他就哭着闹着不愿回。这个时候崔校长出来了，问他："姥爷忘了咱家在哪里了，你知道不？"孩子一下子不哭了，说："我知道，我领着你回家。""这就是教学，我们要善于在孩子面前示弱，你弱下来了问题就解决了。"崔其升说。

杜郎口中学从走进公众视野那天起，就始终伴随着此起彼伏的争议。而崔其升却不争不辩，"我无意和任何人争辩孰是孰非，我也根本不是什么教育家，我只是踏踏实实地做点事，不违良知、不辱使命"。

走到聚光灯下的改革者可以赢得无数鲜花和掌声，杜郎口中学曾先后迎来了众多领导和专家学者。时任政治局委员、国务委员刘延东来了，中国教育学会名誉会长顾明远来了，日本教育专家佐藤学来了……但鲜花和掌声背后也有很多不为人知的苦痛和不易。改革之初，学校的境况糟糕，甚至险恶，但崔其升挺过来了！我一直在想，改革者常常面临另一种挣扎，那是局外人看不见的艰难，别人无法感知，更无法触摸，而这些连同光环一起都深深埋在崔其升的记忆里，很少被提及。

河南开封有一位吴校长，是崔其升的铁杆粉丝。五年前，他曾托人给崔校长送去了两句话："名人都是苦人，好事都是难事。"这句话道出了改革者的不易。

与历史中的某个细节一样，若干年后，崔其升和他创造的经验，也会被淹没在故纸堆里，但他为人做事的精神会比他创造的经验更能穿越时空，历久而弥新。如何描述这种精神呢？在与崔其升相识六年后，这一描述似乎可以更清晰了——做人至诚、至善，做事至精、至优！

访　谈

课改的深处是育人

褚清源：谈到当下中国课改的发展历程，杜郎口中学无疑是一个绕不开的课改符号。那么，如果将杜郎口中学置于更长的历史时空下进行自我评定，杜郎口中学所体现的核心价值在哪里呢？

崔其升：我认为，杜郎口中学的贡献主要体现在两个方面：一是作为教师如何对待工作；二是教学改革如何由书到人。

教师该如何对待工作？是尊重，还是轻慢；是竭心尽力，还是应酬对付；工作是其生命价值的体现，还是养家糊口的饭碗；是历练自我，还是"当一天和尚撞一天钟"；是"一事不优不做二事"，还是马马虎虎，无关紧要？

近几年来，我们经过深刻反思，清晰地认识到教学问题是教师问题，教师问题是敬业问题，敬业问题是教师修养问题。

在杜郎口中学，领导班子所有成员都承担正常工作量，都做班主任，工作业绩以学科教学为单位来衡量都能名列前三。教师请假，领导主动承担相关工作。十年来，我们取消考勤，没有人迟到、早退、旷工，主动性、自觉性蔚然成风。我们坚持十年如一日的每天两反思，谓之早午反思会，尽心竭力者说经验，谈体会，众人学习；不足者自我批评，向自己"开刀"。工作本身并不难，难的是自我的全神贯注，心向自己身上的不足想，眼向自己身上的缺点看，力向自己的短板上用。

所谓教学改革，简单地说，就是课堂教学要为学生终身发展奠基。课堂是一种渠道，是平台，是载体，培养磨砺学生的各种能力才是目的。

而教师的最大作用就是尊重、保护学生的天性,启迪学生因受打击而泯灭的好奇心,唤醒沉睡的巨人,让其产生强大的自信心。

杜郎口中学最初之所以改革,就是因为认识到:课堂不是看教师讲得多精彩,而是看学生表现得是否主动;学生学习的天敌是依赖,教师教学的最大悲哀是包办。因此,我们在课堂上相信学生、发动学生、依靠学生、发挥学生、发展学生,让课堂成为唤醒学生进取心和斗志的地方。

这样的课堂教学,还必须有智慧的生成。具体而言,要具备这样几个特征:

其一,教师有真才实学,有"硬功夫"。杜郎口中学的课堂,讲究的是有深度、有广度、有厚度、有宽度、有高度。比如说,教师带学生学化学方程式,可能五节课只学了一页,慢吗?不慢,因为学生学的不是知识,而是规律。要把课堂与孩子的一生接轨,把课堂一招一式、一点一滴、一横一竖,跟孩子的未来接轨。

其二,要懂得延伸拓展,千万不要以为教材就是唯一。教师讲课的时候要把教学内容内化,进而延伸拓展,多讲一些与课本知识接轨和有联系的内容。要知道,经历比学识更重要。

其三,要懂得学以致用。学生学到的知识一定要与生活中的热点、焦点相联系。

但仅做到这些,还不够。课改的深处,其实是育人。

我们学校没有专门分管学生、纪律、德育工作的副校长,也没有学生处、政教处。为什么呢?仔细观察分析,问题多的学生大多都不爱学习,学习成绩差,或者根本就不学习,也就是学习没进入状态。如果我们不去深入研究,一味地从管的角度去解决,便是治标不治本,摁下葫芦起来瓢。说到底,这些学生是在学习的动力上出了问题,对学习不感兴趣。因此,如何引发学生的学习激情,是解决当下学生德育管理问题的关键。一旦学生进入学习的活动中,要学、愿学、乐学,陶醉其中、乐此不疲，教育也就成功了。

教育的最高原则是善良

褚清源：最可贵的一点是，这几年，无论面对外界什么样的声音，杜郎口中学始终保持着一种平和的态度，按照自己的节奏发展着，前进着。近几年，杜郎口中学有了哪些突破和发展？

崔其升：我认为，杜郎口中学最难得的一点突破是教师进入了自主自觉的工作状态。近几年，杜郎口中学的教师更加明白了工作和人生的真谛：做好工作是本分。生命的意义就是贡献大、付出多，因自己的存在让更多人受益。自主自发自觉地干才会有真正的动力。我们坚持每天反思，尤其是对工作失误、成效不佳进行自我批评，自省自律。成绩让他人讲，不足让自己找！人人是校长，个个做主人，这在杜郎口中学已蔚然成风。

我们对教育本质的认识更加清晰。学习是载体，学生通过学习锻炼，更加用心，做学问做事更加专注、扎实、惜时；遇到麻烦更加深入研究、思考、论证，培养自身的耐力；通过交流借鉴，团结合作，相互帮助，形成友爱和谐的人际关系；以课本为基础，举一反三；具有责任感，传承独立、自主、担当的品质，形成强大的创新意识。

教师的品位在提升。我们在教育中更加关注细节，力争点滴不漏，事事讲规矩，处处上档次。用眼睛思考，用脑子做事，教师从能做事到会操心，形成了"本职工作优秀只属于合格，分外事能涉及，并因自己的加入而精彩才算杰出"的意识；工作中精打细算，对盲点有高度的敏感性；发扬"钉子入木"精神，对问题有彻底的整改性。

杜郎口中学的课改也取得了一些新成效。一方面，教师具有高度的责任感。课堂已经由关注知识、内容、任务、目标向育人发展，认识到培养学生的学习责任心，学生的思考、研究、分析能力，学生的展示表达能力，学生的气质、品味、形象，学生的竞争意识，学生的自信、勇敢、胆量，学生的批判质疑精神，融合兼容并蓄的民族性格，等等，才是教育的目的。另一方面，教育质量显著提升。以人为本的教育理念得到落实，学生的综合素质得到培养，尤其是学生的自制能力、文明礼貌、自学探究能力、问题意识、进取精神、精益求精的态度等，都与日俱进。

分析这些成效，我们更加清醒地认识到，在课改中，人是最根本的，教师、学生的素养是第一位的。

教师教育教学的最高原则是善良，"乐人之乐者，人也乐其乐；忧人之忧者，人也忧其忧"。善待学生，就是把课堂的机会让每个学生最大化地占有，说、讲、析、评、写、改等由学生完成。把时间、空间还给学生，便是对学生最大的尊重。课堂的目的，就是使每个学生愿学习、乐学习、会学习，达到自主、自发、自觉。教师是学习的首席，或课上自我展示，背、诵、联、作、写、编；或接受学生提问检查，让学生由衷地欣赏，佩服，"亲其师，信其道"。

为此，从课堂内到课堂外，我们都重视学生的言行举止和行为规范，让教育不留死角。吃饭、行走、站队、做操、上课、睡觉等，讲规矩，讲规格，讲品位。这些细节便是做人的素质。学生们心想身做，皆为正途，没有杂念，没有歪意，正当的、有价值的都积极作为，如此，何愁学生不成才？

取消导学案是学习成熟的标志

褚清源：导学案的编制曾是杜郎口中学的重要经验之一，也是许多人从杜郎口中学学到的行之有效的方法。但杜郎口中学却又提出取消导学案，从研发导学案到取消导学案，这背后体现了杜郎口人什么样的思考？

崔其升：导学案的出现，有其积极意义。教师把编写好的导学案发给学生，让学生按照导学案上的路线图自学，自己寻找解决问题的方法和做题的步骤。在此过程中，学生思考问题，搜集信息，整合资源，查阅有关学习资料，解答疑难问题，积累学业基础，厘清做题思路，把握做题规律，这无疑比教师满堂灌、一言堂、学生被动听讲前进了一大步。

但是，这样的导学案也是有局限性的，对于学生的自主能力、质疑能力、联想能力、探索能力、辨析能力、独立思考能力、创新能力，尤其是自我突破能力、自主求索能力，对事物辨伪存真的观察能力、判断能力等，有可能形成阻碍。

现在，我对课堂的理解有以下三点：

一是通过转变教的方式，变师教为生学，变"师控"为"生主"。一个学生最大的期盼就是在课堂上被师生认可，这种认可是通过自己的表现、表达，或写、或吟、或唱、或论、或辩、或创、或争来实现的。教师的最大作用就是营造一种气氛，提供更多机会，相信学生、发动学生，让每个学生真正参与到课堂学习中。学习过程中最大的动力，一是参与，是知情者；二是展示，是释放者。导学案虽有一定的益处，但如果此举是贯穿整个教学过程并且是长期的，就会暴露出局限性。在学生还没有自己的学习能力、学习愿望、学习需求前，它可以提供一种学习的样板，但不能长期使用，因为有导学案是为无导学案作基础的。教师在课堂教学中应尽早唤醒学生的求知欲、表现欲，让他们在学习过程中养成自愿、自主、自觉的学习习惯，形成一种学习的能力。这就是叶圣陶老先生讲的"教是为了不教"的道理。

二是文本内容的开放性、广博性、联系性。导学案只能是知识中的一部分，作为一种参照、参考无可非议。如果让学生比照葫芦画瓢，以为只要把导学案做完就是完成任务，则大错特错。

三是教育是一种塑造人的过程，教学是一种完善人格的过程。如果长期使用导学案，会使学生的学习形成路径依赖，不能真正实现从"要我学"到"我要学"的转身。教育的最终目的是让学生达到自我上进、勇于担当的人生境界，也只有开放、民主的学习过程才能实现这一愿望。只有让学生把思维的触角完全伸向知识的海洋任其驰骋，才可能把学生潜在的智慧激发张扬。因此，我们认为，导学案是学生自主能力形成前的一种预备、一根拐杖，一旦学生的自主能力形成，它就完成了使命。

在起始阶段，为让学生掌握学情，厘清知识脉络，明白知识的框架结构，给学生使用教师编写好的导学案是必要的，是有价值的。但教师心中一定要知道，这只是过渡、是磨合、是准备、是储备。导学案由有到无，是学生学习成熟的一种标志。当学生从愿学习、乐学习到会学习时，就意味着真正从"让我学"到"我要学"，然后到"要学我"。从心理上讲，导学案是让学生完成的一种学习任务，是学习的路线图。随着课改的深入，学生的学习走向了一种追求，一种心灵的解放，一种神情的愉悦，导学案也就没有存在的必要了。

"无师课堂"是对教师的更高要求

褚清源：除了取消导学案以外，近几年，杜郎口中学颇受关注的另一点，就是提出了"无师课堂"，有些人对此很不理解。为什么要强调"无师课堂"？其背后的深意是什么呢？

崔其升：我首先要强调的是，这里的"无师"是一种特殊称谓，绝不是没有教师、取消教师、否定教师、轻视教师的意思，而是有特殊所指、从某种层面上而言的。

教师不能仅仅把自己定义为课堂上的主宰或主持。在课改背景下，教师的角色注定要发生改变。有些教师总认为自己是知识的灌输者，仿佛离开教师的讲、解、析、评，学生什么也解决不了。

当下教育教学最大的弊端就是把教师的作用扩大化，把学生的自我学习、思考、辨析缩小化，甚至归零。其实，"无师课堂"的本意是要把教师的权威作用降降温，从根本上改变"眼中有书，目中无人"的教学，彻底打破"教师不讲，教师不说，教师不支配，学生就不明白，就不会"的状况。

因此，提出"无师课堂"，我们是希望教师在课堂上真正实现角色转换。

教师要成为幕后的策划者。我们始终相信，每个学生学习教材、学习资料、读书看报、感悟文本、推理归纳、博观约取、厚积薄发、创编生成等诸多能力与生俱来。因此，只有教师自身知识丰富、思路清晰、思维敏捷、思想深刻、智慧涌现，学生才能"亲其师，信其道"。在这样的课堂中，教师逐渐成为思考型、研究型、专家型的高素质人才。

教师要成为高超的展示者。在课堂中，教师处处以身示范。教师板书既训练自己书写的规范、思路的清晰、记忆的熟练，同时又对学生起到互相比较、互相评价、互相学习、互相借鉴、共同提高的目的。教师的朗读有自己的风度、风格，学生才能在教师的感召下变得声情并茂，肢体语言丰富。教师的言传身教应潜移默化，自然无痕，教师自己的学习感受和成果反馈，更应该有引领作用，让学生在耳濡目染中学会欣赏，懂得领悟。所以，无师就是让教师与学生同角色、同身份、同感知，只有这样，才能产生更多的教育思考，激荡更多的教育智慧，才能走向课堂灵魂深处，贴近教学真谛。

教师应成为平等的交流者。学生在学习中，自己的领悟理解、思考分析时常达不到高度。这时候，教师就可以站出来通过交流互动，激发学生的思维，或者适时地把自己的独到见解，或真知灼见奉上，让学生由表层到深层、由局部到全部、由近及远达到顿悟，正所谓"不愤不启，不悱不发"。只有在学生最需要帮助时，教师才"该出手时就出手"。

基于这样的认识，提出"无师课堂"，我们是希望解决这样三个

问题:

一是理念层面上的问题。教育教学最根本的任务是让学生经过学习,成为有责任心、有自控力、有向上进取的精神的人。如果教育不改变"一言堂"的教学现状,后果非常可怕!

二是追求平等、民主、友好的师生关系。教育教学是人与人以诚相待、相互磨砺、相互激发、共同成长的工作,教师要把自己定位于与学生平等的学习者、朋友、伙伴,这样教育教学也就成功了一大半。

三是激励教师勤奋学习、认真思考,实现终身发展。许多教师往往"吃老本",备课时东拼西凑,没有自己的硬功夫。但在"无师课堂"中,这些问题将不会发生。

"无师课堂"的真谛,就是通过教师的角色转化,培养学生独立自主的健全人格。也因此,"无师课堂"不是不要教师,而是对教师提出了更高的要求:眼里必须有学生,要改变传统的教育教学方式,要改变师生相处的方式,师生之间不存在地位悬殊,应该作为伙伴、挚友、成长的共同体。只有这样,学生的终身发展才不是一句空洞的口号。

师生自觉是最好的管理

褚清源: 看得出,这些年,杜郎口中学一直遵循着学校自身的发展轨迹,坚定而自信地朝前行走着。对更多的课改学校来说,这种行走的姿态,就是一种莫大的激励。那么,下一步,杜郎口中学要朝哪里走?

崔其升: 我想,课改也好,教育也罢,都是没有终点的。杜郎口中学想做的事情还有很多,首先,无论是我还是整个教师队伍,都要继续提升个人素养,适应教育不断发展的需要。

我常常对教师讲,要转换认识,把工作的过程当作提升自己、做人做事做学问的一种激励。观念转换不了,做了工作就会抱怨,总是拿自己的亮点比对方的不足，这个心态是非常消极的。我们学校提倡反其道而行之。一个人拿着自己的弱点和别人的优点比，这就叫修养。逐渐摒弃、修复人的劣根性即修养，要把这一点当作我们工作的指针。

多干能使自己受益，使自己修心，干得优干得好，能使自己的能力得到强化。这个事想不通，你在工作上一定是困惑的、消极的、落伍的、被淘汰的。我们学校的成功，不是成在教学改革上，而是成在人心的逐渐净化和纯真上。教师必须有这样的觉悟，忘利、忘名、忘我才会有利、有名、有我。在杜郎口中学，凡是这样兢兢业业、辛辛苦苦、扎扎实实、忘名忘我的人，都做了领导，并且真正享受到了优劳优酬。

教师工作还要追求并践行自我价值最大化，把自己价值的最大化作为内心的一种追求，并在行动中得以践行。杜郎口中学现在开了个好头，已经不再分这个班是谁的班、这个课是谁的课。能做大不做小，能做多不做少，能做优不做劣，这就是工作的最大化。

杜郎口中学的课改走到今天仍然存在着一些问题，未来我想从以下五个方面进行突破：

一是对教育本质的认识。对这个问题，我们教师中还有三分之一的人根本没有把握、理解。有些教师只是迫于制度的约束而无奈地接受，甚至有的教师说，同学们，最近课堂上站出来表达的时候，一定要带上肢体语言，否则让级部主任、校长发现的话如何如何……做工作凡是觉得是为了领导做的，永远没有效果。

教育本质是什么呢？是人，是学生素质！这也是我们不断地反复抓课堂中学生表达精彩性的原因。课堂首先就是能"动人"。只有把这个理念坚持、固守下来，孩子的内心深处才会得到滋润，学生今后做事才会认真。学生外显出来的气质、品位在我看来比学历重要得多。

在杜郎口中学，我们看课堂是看学生的情绪，是不是有激情，能否让人感动。如果谁再围绕知识、考试做文章，就会落聘，这是底线、红线。倡导十次，不如真抓一次。

二是关注潜能生。考查潜能生的水平是以后学校的重点工作。如果问最后一名学生愿意学好吗，愿意进步吗，他都高喊愿意，那么，就要高标准、严要求，做不好坚决不让过关，这样坚持一周、一个月，才能真正实现我说的越彻底越轻松，越高标准越自觉。一个人在学校学习的时期就是性格完善的过程，改掉原来的松懈、满不在乎、马马虎虎的陋习，形成扎实惜时、言行一致、讲诚信的习惯。最后一名学生都如此高标准了，本来优秀的学生还需要担心吗？这是杜郎口中学以后学科、年级内部考查教师最基本的标准。

三是提高板书标准。八九年级每节课每个学生至少要板书三次，上不封顶。对七年级新生开始不做硬性规定，主要训练他们的书写质量，开学一个月后再作规定。其实，板书三次不是做不到，而是教师要求不到位。

四是建立学情档案。未来，我希望这能成为杜郎口中学教师本职工作的一部分，甚至我们要把学情档案作为教学的一个重要环节。通过学情档案，我们可以轻易地找到最末位的学生，着力提升培养。

五是对学生的培养要全时空。尤其是七年级新生刚入学的时候，不能认为用守则、制度来约束学生就可以了，只有我们付出心血和代价才能管理到位。教室上课、宿舍就寝自不用说，课间、卫生间也要有教师监管。七年级新生到餐厅，先观摩八九年级学生如何排队、打饭、就座、就餐，然后再回到自己位置上吃。用现场教育人，用事实说话。最好的管理是人员到位，没有空当。学校对教师的要求就是吃苦下力、用心敬业，杜郎口中学成功的经验也是这个。

褚清源：杜郎口中学的经验备受关注的同时，也出现了许多不同的声音，你如何看待这些舆论？

崔其升：一种新生事物的出现，不可避免会有不同声音，我们本着百花齐放、百家争鸣的态度，对于支持者表示感谢，因为那是对我们的鼓励，我们会更加努力扎实地探索践行教育规律；对于反对者，我们怀着感恩的心，因为他们大多是为纠正杜郎口中学的过失而提出不同见解。人无完人，对于行进时出现的认识偏差、行动失误，我们会真诚面对，绝不争辩；对于有待商榷的问题，我们秉持有则改之无则加勉的态度，毕竟是探索。"不自见，故明；不自是，故彰；不自伐，故有功；不自矜，故长。"

崔其升语录

课堂不是模式，而是寻求一种道理。

课堂只是外显，最终需要的是培养性格。

一事不优，不做二事。

我的人生哲学是唯有无名无利无我，方能有名有利有我。

严格是最大的关爱，批评是最大的福利。

最大的为公就是为私。

做教育就是做精神、做人品，做学问只是做教育的一小部分。

用眼睛思考，用脑子做事。

成绩让别人说，不足让自己找。

永远在自查自省中反思自己的工作，改进自己的工作，优化提升自己的工作。

做优不做劣，做事不功利。

人活着就要有一种精神，要告别平庸。

教育改革最大的制约就是不信任，不信任就意味着不尊重。

做好自己，自己正了，教育就正了。

人物档案：

杨文普，河南南阳一中副校长，曾任南阳西峡一高校长，《当代教育家》杂志封面人物，出版有《课堂教学的革命》等书。

杨文普的中国梦

杨文普心中一直有一个梦,这个梦不仅与教育有关,更凝聚着一个国家的情结,那就是从课堂这一方小天地里求解钱学森老人的"世纪之问"。

钱学森的"世纪之问",是杨文普常常反躬自省的动力。他说,"有这样一种说法,经济能够解决今天的问题,科技能够解决明天的问题,只有教育才能解决后天的问题。我认为中国梦的核心应该是教育梦,教育兴则国家兴,教育繁荣则国家复兴。"

杨文普的言说总是给人传递出一种很强的正能量,从他的言说中读出的是很多人也许心中有却口中无的责任,读出的是陶行知、晏阳初那一代人教育救国的热忱。

这位伏牛山深处土生土长的校长,在担任西峡一高校长之前,曾任西峡县教研室主任。他带领的教研室团队,成功探索了一套旨在破解课堂低效和城乡教育不均衡问题的教学经验,这个经验有一个通俗易懂、简单明快的名字——三疑三探。正是这个被誉为"河南教育名片"的课改经验,让杨文普一度成为媒体关注的焦点。

五年前,他通过公开竞聘担任西峡一高校长的时候,便开始了一场以高三毕业班为推行起点的改革,这场改革在校内可谓高调启动,但是对外则显得格外低调。按杨文普自己的话说，就是要卧薪尝胆三年，关起门来谋发展，躲进陋室做研究。

每个人都向往美好的教育，但太多的人都在妥协、回避，强调实现美好教育的种种障碍。杨文普不愿向现实妥协，更不愿向自己妥协。于是，他选择了一条没有退路的旅程，开始主动打破自己的围墙。

在新的岗位上，杨文普沉默了三年，谢绝了许多外出讲学的邀请，带领他的团队四处"游学"，几乎遍访全国各地的高中名校。正是在这样的学习、借鉴、反思、改进过程中，原先适用于中小学的"三疑三探"教学模式在西峡一高得到了成功移植，并得以升级改造。

让杨文普欣慰的是，这个几乎是对原有课堂进行颠覆性改革的系统工程，并没有引发教师们普遍担心的成绩下降现象，相反，西峡一高连续两年一直保持95％的本科上线率，30％以上的重点大学录取率。

但是，真正让杨文普引以为自豪的不是一路飙升的升学率，而是学生申报的创新成果屡屡获奖。在过去的一年里，该校有271名学生拿到了国家发明专利证书。

五年来，杨文普的一系列措施受到了师生的拥护——

上任伊始，他的第一个决定就是解放学生的睡眠时间，保障学生每天的睡眠时间不少于7小时。

每年新生入学，学校要抓的第一项工作就是，调查教师对学生的熟悉程度。学校要求开学第一周要对学生有"浅认识"，能叫出每一个学生的名字；第二周要对学生有"深认识"，了解学生的家庭情况和性格特点。

西峡一高学生的最高荣誉是受到校长的邀请，与校长共进午餐。而与学生谈心是杨文普保持多年的一个习惯。他给自己定了一个计划，平均每天找两名学生谈话一次。

为使创新思维与学习发生联系，学校每周开设两节创新课，教给学生具体的创新方法和创新思维，为日常的"三疑三探"课堂提供创新思维的技术支持。

学校还把出题考试的权利还给学生，每次考试，无论大小，20%的试题都来自学生，平时学生的作业不是做试卷而是出试卷。

西峡一高的"三疑三探"课堂，就是把原来以解决问题为主的课堂转型为以发现问题为主的课堂，打破了以"听话"为核心的社会价值观，鼓励学生学会提问，学会独立思考、独立判断。在"三疑三探"课堂上，学生们无限的好奇与追问成为一种现象。杨文普认为，提出问题比回答问题更重要。学生学"答"，最多只能做到"青出于蓝而止于蓝"，只有学会了提"问"才能做到"青出于蓝而胜于蓝"。

"三疑三探"是一种课堂流程，也是一种学习方法，更是一种管理思想和教育思想。这一思想就是让学生在"疑探"中呼吸自由空气，在合作中培养现代公民。比如，"设疑自探"环节，目的就是扩大学生对目标的选择权，学习目标学生可以自己选择。"其实，课改就是解放学生，让他们能更自由地学习，而自由就是增加学生的选择权。"杨文普说。

大概从三年前，西峡一高的口碑开始在这个山城传播开来，并传向大江南北，人们以不同的方式表达着对西峡一高人的敬意，与此同时，来自全国各地的学习考察团络绎不绝。"这种被尊重的感觉是用金钱买不来的，我们要做的就是一种有尊严的改革。"杨文普说。

在一次全市的十大英模人物座谈会上，杨文普曾放言："希望有一天，人们再谈到南阳时，不仅仅有南阳作家群现象，还有一个发明家、科学家群现象。如果有这么一天，这些发明家、科学家将不仅仅属于南阳，属于中国，更属于这个世界。"这也许正是杨文普心中那个久违的梦。

访　谈

高中课改的"雷区"在课堂

褚清源：人们普遍有一个共识，高中是课改的"雷区"，许多校长因此都不敢轻易去触动，即便迈出一步，也往往是浅尝辄止，雷声大雨点小，或遇到问题就退回原点。你认为，阻碍高中课改的因素有哪些？

杨文普：高中课改的"雷区"在课堂。我认为，阻碍高中课改的主要因素有三个：一是部分学校"不愿改"，二是愿意改的"不会改"，三是当前高校招生制度造成了"课改难"。

所谓"不愿改"，坦率地讲，就是担心课改会降低升学率。一方面是校长压力大，如果升学率下滑，必将受到家长和社会的"非议"，很可能会前功尽弃甚至身败名裂，所以部分校长"宁愿绕道走路，不愿摸石头过河"。另一方面是教师，说实话，课改初期最大的"拦路虎"是以前那些所谓的骨干教师，有的"讲"了大半辈子，获得了无数荣誉，现在要关闭他们的嘴巴，的确很难。让他们最难忍受的是让学生讲，有时讲不到"点子"上，教师们认为这是在白白浪费时间。当然，家长和学生都不愿意把自己当"实验品"，于是就出现课改口是心非的怪现象：领导台上一套，台下一套；学校毕业班一套，非毕业班一套；教师平时上课一套，有人听课又是一套。犹抱琵琶半遮面。

所谓"不会改"也有三种情况：一是缺少对课改的深度思考，理论与实践脱节。理论者主要是领导，实践者主要是教师，领导说教师"只管拉车不看方向"，教师说领导"站着说话腰不疼"，各唱各的调，各吹各的号，相互抱怨，形不成合力。二是缺少典型引路。个别大肆宣传高考奇迹的学校是把应试做到了极致,教师是选题的机器,学生是做题的机器,而另一些所谓的课改典型却高考成绩平平,令人难以信服。我常说,教育质量不等于升学率,但课改不应回避升学率。三是学典型浅尝辄止,没有"人格"便想"出格"。不去深入研究名校之"名"的背景,邯郸学步,徒有其形而无其神,貌似而神异。更有甚者,领导一声令下,要创出我们自己的教学模式!于是一夜之间,把所谓的"典型"改头换面,再起个新奇的名字,就这样一个崭新的教学模式便诞生了。结果是轰轰烈烈地启动,闪电式地熄灭,从此"谈模色变"。

褚清源:你分析得很深刻。实践层面的确存在这样的尴尬,升学率绑架了高考,高考则绑架了课改,人们对课改怀有太多的"习惯性不信任",并且这种情绪直接蚕食着人们对课改的信心和动力。

杨文普:造成"课改难"的深层原因,是高校的招生制度。坦率讲,许多高中校长都行走在课改的美梦和高考的噩梦之中,心有余悸。因为高校招生的主流方式仍是一张试卷定终身,高校选拔人才的方式不变,传统的"教"的方式和"学"的方式就很难改变。因此,以分数论英雄的枷锁砸开之日,才是高中课改真正出发之时。

褚清源:那么,破解高中课改瓶颈的途径有哪些?

杨文普:一是充分宣传发动,让校长、教师、家长和社会真正树立起正确的人才观,从内心减轻来自升学的压力。二是树好典型。所谓的专家们不要浮在空中喊话,应"着陆"入校,承包试点,深入课堂,让理论指引着实践,让实践印证和丰富着理论。三是进一步改革高校招生制度,扩大自主招生的同时,尝试高考的分配生制度,实现各地区学生接受高等教育的均衡发展,给普通高中"松绑"。

后模式化时代的课堂走向

褚清源：你主张对成功教学经验的学习，要从改造走向创造，要敢于创出自己独特的经验，那么"三疑三探"在洋思中学和杜郎口中学身上学习了什么？继承了什么？又发展了什么？

杨文普："三疑三探"学习洋思中学、杜郎口中学最大的收获是勇于改革、敢于颠覆和超越传统的创新精神和奉献精神。

我认为，洋思中学和杜郎口中学在中国基础教育课堂改革的历程中，具有里程碑的意义。洋思中学把"先教后学"变为"先学后教"，发动了一场课堂革命。而杜郎口模式的出现，通过放大学生的展示使"先学后教"有了重大的突破和发展，使这场革命更具颠覆性。导学案代替自学提纲，让学生"先学"学得更加充分，展示评价让学生"后教"（兵教兵）教得更加投入，学生个性得到充分张扬，主体地位更加突出，教的方式和学的方式发生了质的转换。

"三疑三探"教学模式是我们在认真学习洋思中学和杜郎口中学之后，紧紧围绕新课程要培养学生创新精神和实践能力这个目标提炼出来的，通过"设疑自探——解疑合探——质疑再探"的教学环节，把"先学后教"变为"先疑后探"，把当堂训练中的"教师出题测试"发展为"学生编题互测"。

以往的课堂主要是教师讲学生听，现在很多课堂则主要是教师问学生答，这就出现了教师讲什么学生只能听什么，教师问什么学生只能答什么，毋庸置疑，这两种状态下的课堂，学生的思维都受到了很大的限制，是很难培养出创新人才的。

而无论是自探提纲还是导学案，其实质都是把教师的"口头问"变成"书面问"！仍然是教师怎么问，学生必须怎么答，"换汤不换药"。

基于这些思考，"三疑三探"主张自探问题应该由学生自己提出，教师的作用是引导学生对这些问题进行归纳梳理和补充，最后形成自探提纲，再由学生自探解决，也就是学生设疑，学生自探。学生到底学得怎么样？教师要出题检测一下。而"三疑三探"的课堂则先由学生自己编题，教师有选择地把学生编拟的习题展示出来让大家共同练习，编题者还要讲讲编题的意图、设计的陷阱等等。如果学生编的题没有达到目标要求，教师才把自己事先预设的题展示出来。

如果从发展的眼光看，我认为课堂教学将经历以下三个阶段：教师讲学生听——教师问学生答（当然包括书面问）——学生问学生答。而"三疑三探"正在实践着第三个阶段，可用八个字概括为："先疑后探，编题自练"。如果你认为"三疑三探"是一种发展，那么我只能说，我们是站在巨人的肩膀上摘星星。

褚清源：没有完美的经验，只有不断完善的经验。你认为当前"三疑三探"推进过程中，还有哪些需要提升和发展的地方？

杨文普："三疑三探"的核心是培养学生的创新精神和实践能力，在学生心中埋下一颗创新的种子，提升创新精神和创新能力。"三疑三探"教学模式解决了课改第一个阶段的问题，激发了学生学习的动力，使学生这一课堂教学的重要资源得以开发，但是还远远不够。课改在后模式化时代该向何处走，是我们正在研究的课题。由于学校、年级和学科特点不同，在"三疑三探"各环节中，需要总结细化更加符合学生心理特点、知识结构水平和具有学科特点的操作流程，包括同一学科不同课型的流程，这是下一步努力的方向。更重要的是，我认为，"三疑三探"不只是一种教学思想，更是一种管理思想、教育思想。我们正在逐步尝试，把这一思想拓展到学校管理和文化之中。如让教师人人提出当前阻碍学校发展的主要问题及对策，再由评委评出一二三等奖，好的建议写入新学期工作计划，逐项落实。如何用"疑探"的思想和精神调动人人参加学校管理的积极性，也是我们今后重点提升和发展的地方。

"教"和"学"需要生命在场

褚清源：西峡一高的课改取得了显著成效，实现了学生、教师和学校的多赢，在你看来，西峡一高课改成功的核心密码是什么？

杨文普：我们一直在努力，始终不敢懈怠，因为课改只有起点，没有终点。我们现在虽然通过课改使升学率得到了大幅提升，但还不敢妄谈成功，只是我坚信一点，课改绝不能折腾，课改能改善团队关系，能让每一位师生成为内心强大的人。人们常说，一个人行走可能走得快，一群人行走才能走得远。小成功靠竞争，大成功靠合作，要想取得更大的成功必须在合作中竞争。什么时候校长感到自己率领的是个团队而不是个"团伙"，学校成功也就开始了。

褚清源：有人说，课改成在教师，败在校长，你是怎样看待这个观点的？

杨文普："成"和"败"是对立统一的，成在教师，不成也在教师；败在校长，不败也在校长。我认为，这个观点意在强调校长和教师在推进课改中是两个必不可少的关键元素。首先校长是学校的灵魂，校长的思想决定着学校发展的方向，校长对课改认识的高度决定着学校推进课改的力度。有句话叫"一般成功靠方法，巨大成功靠激情，伟大成功靠信念"，一所学校课改能否成功，关键是校长对推进课改是否有坚定的信念，核心是校长能否把自己坚定的信念变成教师坚定的信念。有了信念就能点燃激情，有了激情就能创生方法，有了方法就会有奇迹出现。

褚清源：你心中理想的课堂是什么样的？

杨文普：课堂不是克隆知识的作坊，而是催生新知的超市。教学的过程就是用责任向学生心中撒播创新种子的过程，同时也是教师自我成长的过程。我认为，未来的课堂一定是由信息技术的引入所引发的一场学习的革命,但是无论怎样变化,"教"永远是"学"发生的条件,"教"和"学"需要生命在场,需要情感和精神的润泽。如果用一种诗意的表达来描述我心中理想的课堂,那就是:疑得精彩,探得明白,学得自在,掌声、笑声、惊叹声,声声入耳。

杨文普语录

"三疑三探"的课堂不欢迎只"听话"的乖孩子。

会回答问题,只能做到"青出于蓝而止于蓝",会提出问题,才能做到"青出于蓝而胜于蓝"。

培养学生的创新精神,仅仅把学生从"抱着走"变成"牵着走"是远远不够的,必须放手让学生自己"试着走"。

有人说,"不改革早晚要死,但改不好可能立刻就死,早死还不如慢死"。所以,不少高中学校宁愿绕着课改走,也不愿"摸着石头过河"搞课改。

"杨氏三问":为什么学生的年龄增长了,却不会提问和发言了?为什么教师待遇提高了,却职业倦怠了?为什么实现义务教育了,学生却不愿上学了?

人物档案：

贾利民，河北省承德市六道河中学校长，曾荣获"全国百名教育管理杰出人物""全国十佳现代校长"等称号。温家宝曾先后六次深入六道河中学调研指导。六年了，贾利民一如当初，在课改的旅程中"守土有责"。

贾利民：做课改的守夜人

2010年11月21日，贾利民在网络上开通了自己的工作博客。

这位原本就保持着记录工作反思习惯的校长，从2005年开始已累计写下了二十多万字的工作反思。而从这一天开始，他把反思从纸上搬到了网上。他说，课改正在改变学校的行走方式，而他想通过博客改变自己的成长方式。每每有新的感悟和思考，他都会第一时间写下来，博客里的每一个文字都是他课改心路历程的真实记录，也寄予着他对理想课堂和学校未来的期待与追求。

熟悉他的人都说，贾利民是一位外柔内刚的人。也许"柔"表现在他言谈总是那么谦和朴实，"刚"则表现在他内心热烈而奔放，而这种热烈与奔放更集中地体现在推动学校改革上。

他的这一性格在过去一年表现得尤为鲜明。他常常纠结于课堂存在的种种问题，但同时又时刻保持着革除课堂之弊的勇气和信心；他曾在全体教师会议上痛斥课堂的种种"乱象"，为了推进课改，他主动立下了"课改不成功就引咎辞职"的军令状。

"最艰难的时候已经度过了，我愿意像守夜人一样，为投身课改的教师守一方属于自己的领地。"贾利民常说，课改是一个不断"爬坡"的过程。爬坡固然很难，也很累，但我们应该研究我们能做什么，而不是求证我们不能做什么。在过去的半年时间里，为了改革课堂，贾利民和他所带领的团队先后到达安徽铜陵、河北围场、北京昌平等地学习考察。为了节省一个晚上的住宿费用，他们凌晨三点出发赶往两百多公里之外的河北围场天卉中学，白天学习，晚上再赶回学校；去安徽铜陵，因为没有买到座位，又要赶时间，数千公里的路程，他们一路站到了目的地。也正是这一路走来的执着精神，使六道河中学这所与杜郎口中学有着诸多共同点的农村中学正在演绎一条不断上升的路线图。

如今，改革已经成为共识，每一位教师都在努力探索新路。"怕的是，我们在忙碌中迷失前行的方向。"贾利民说。这样的忧患意识流露出的是对理想教育的期待和改变教育现状的诉求。

作为校长，贾利民对自己的要求是：掌握规律、辨识方向、深谋远虑、高瞻远瞩。"校长工作的最终落脚点，就是如何调动全体教师的工作积极性和创造性，如何让教师克服职业倦怠，增强他们对学校的认同感和归属感，使学校真正成为教师的精神家园和心灵居所。"贾利民说，"一个校长只要将公共的权力和人格的力量结合起来，就一定能团结和带领一大批优秀人才，在事业上无往而不胜。"

谈到改革的初衷，他说："我就是土生土长的家乡人，不把老百姓的孩子培养好就觉得对不起他们。我希望通过这样的课堂改革让农村孩子与城市孩子的差距缩小到最小。"贾利民道出了自己最朴素的情感。

访　谈

不做"唯它"型校长

褚清源：校长是学校课改的第一责任人。在你看来，推进课改，校长的责任该如何担当？

贾利民：校长不能仅仅按上级指令办学，不能做行政命令的接收者和执行者，校长要有自己独特的办学理念。校长同时要有自己工作上"轻重缓急"的取舍标准，不能"朝令夕改""朝种玉米晚种豆"。有了理念与标准就有了自己独立的教育立场。校长不能沦为一个完成任务的"工头"，要做一个有明确办学思想的校长。沿着别人走过的路前进固然简便省力，可那毕竟不是通过自己努力获得的成果，一个唯上、唯传统、唯他人的"唯它"型校长是不可能办出学校特色的。

褚清源：课改是一项系统工程，但推进课改必然需要一步一步来。你认为，课改过程中迫切需要解决的问题有哪些？

贾利民：课改的确需要作为一项系统工程来抓，要进行系统规划，从宏观到微观、从近期到长远、从局部到整体等各方面要规划好，规划到位才能执行到位。在推进课改过程中，我首先思考的是，学校应该追求什么样的教学质量？有什么样的观念就有什么样的教育。靠增加作业量和延长学生的学习时间来提高教学成绩，是急功近利的，甚至可以说是对学生和社会不负责任的。这种方式不仅损害了学生的身心健康，而且滋长了学校与学校之间的"不正当竞争"：你补一天我就补两天，你一天上六节课我就上八节！你占了美术那我就体音美全占！很多时候，补课成了让自己心理平衡、心里踏实的一种举措！因此，推进课改首要的还是改变教师的观念，观念变则课堂兴。

褚清源：你所理解的好的教学质量的标准是什么？

贾利民：什么是好的教学质量？答案很简单，好的教学质量就是学生的全面发展，它的取得是符合教育规律的，是以不额外增加学生以及教师负担为前提的，是不以牺牲学生的学习兴趣为代价的。一句话，好的教学质量是以促进学生、教师以及学校的和谐发展为终极目的的。有人说，追求升学的世俗价值观，合情；讲求素质的理想价值观，合理。

我认为，我们需要在两者之间寻找一种平衡。我们不能在时间上拼消耗，而应在效率上下功夫。我们所需要的是真正的教学质量和科学的教学方法，既要提高教学质量，又要减轻学生过重的课业负担，把学生从片面追求升学率的残酷而无序的竞争中解救出来，还孩子愉快而幸福的童年，让孩子的身心得到健康发展。其实，素质教育就是改变过去靠时间加汗水来提高教学质量的高效教育。实施素质教育必须进行教学改革，提高课堂效益，这是现代教育发展的必然诉求。

让教师恋爱般地拥抱工作

褚清源：你认为，阻碍农村中小学教育发展的最大瓶颈是什么？

贾利民：坦白说，农村教育依然缺钱，但比缺钱更迫切需要解决的是，点燃教师的职业追求。这些年来，农村教师进城热现象的蔓延，使不少教师的人生目标起点不高，许多教师以"进城"为工作动力，也在年复一年的等待中消耗着工作热情和发展欲望。值得关注的一点是，农村学校教师的专业素养参差不齐，一些教师思想观念陈旧，安于现状，不求上进。在这种现象下，如何使教师从"要我教"转化为"我要教"，从"要我学"转化为"我要学"，从而激发教师自我发展需求的内在动力，显得尤为迫切。

如果教师失去了对职业的追求，把教师职业当作一种养家糊口的手段，那么在工作中就难免会感到身心疲惫，整个人都会处于低迷状态，当然也就不可能做好工作。因此，作为校长要善于及时发现教师工作中的闪光点，点燃教师投身工作的激情和对教师这一职业的梦想。

褚清源：你所期待的教师工作状态是什么样的？

贾利民：我希望学校的每位教师都能以恋爱般的热情工作每一天。因为恋爱中的人心情愉悦、热情高涨、斗志昂扬，这是一种甘愿为恋爱中的对方用生命的激情演绎的献身精神。作为校长,更应该以恋爱般的热情拥抱每一天,带着激情与热情工作,成为激情的唤醒者。

褚清源:农村一线教师如何才能在专业发展上走得更远?

贾利民:于漪老师说过,不懂哲学的教师是盲目的教师。我的理解是,教师专业成长不仅需要研究教学技术方面的专业书,更要学习一些教育理论,因为教育理论是我们认识教学实践、分析教学经验的工具。当教学出现"短路"时,就需要向理论寻求帮助。没有理论指导的实践可能会陷入一种盲动。课堂教学改革必须有理论层面的指导,只有在先进教育教学理论指导下,我们的课堂操作模式、教师教的过程和学生学的过程才会更有方向感,教育教学质量的增长方式才会由经验型向科研型转化。

从学习模式到创造模式

褚清源:你曾对学校以往课堂上出现的种种乱象进行过深刻批判,我相信批判不是目的,意在寻求课堂的突围。那么,你所期待的理想课堂是什么样的?

贾利民:我同意这样的说法,传统课堂已经到了必须改革的时候了。改革传统课堂旨在破旧立新,追求理想的课堂。我想,理想的课堂首先应该是开放的课堂,不但要开放学习场所、开放学习时间,还要开放学习内容、开放学习方式。开放是为了解放,只有先开放才能解放。温家宝总理曾经说过:解放学生,不是让他们光去玩,而是给他们留下锻炼身体的时间、思考的时间、动手的时间、了解社会的时间。理想的课堂应该是倡导对话的课堂,倡导学生与教师对话,学生与学生对话,学生与教材对话,学生与自己对话。理想的课堂是把"教"作为途径,把"学"作为目的,一切的"教"都基于学生的"学",都服务于学生的

"学"。一旦离开了学生的"学",离开了对学生学习能力的培养,教学就变成了灌输和死记硬背,学生便变成了"知识的奴仆",教师则变成了"知识的贩卖者"和"二传手"。理想的课堂应该是学生思维放飞的课堂。学起于思,思源于疑。质疑是问题的开始。教师要着力引导学生学会发现问题、提出问题,提出问题远比解决问题更重要。

褚清源:你是怎样带领教师追求这种理想课堂的?

贾利民:我选择的路径是借智与借力。已经有改革的先锋学校探索出了先进的经验,没有必要再自己"摸着石头过河",自我探索经验的过程是漫长的,而且成本和风险巨大。成功的样本经验完全可以拿过来为我所用,别人已经把通向理想课堂的桥架好了,我们只要找到这座桥,直接"上桥过河"即可,这就是借智与借力,就是"站在巨人的肩膀上摘星星"。我认为,只有追随前沿才能超越前沿。

褚清源:你所说的这座桥就是学校正在学习推广的高效课堂吗?

贾利民:是的,高效课堂的实践原型就是山东杜郎口中学的"三三六"教学模式。杜郎口中学当年曾经是一所遭遇"四面楚歌"的农村学校,历经近十年的改革探索,走出了一条通过课堂教学改革打造农村品牌学校的成功道路,具有一定的普适性。我们目前正在积极临帖高效课堂模式,让所有教师能够熟练运用这一模式。

褚清源:强调模式意味着什么?

贾利民:改革初期临帖至关重要,当然,临帖的关键不在于照搬模式,而在于学习模式所体现的教育思想和操作方法。任何模式都有其存在的土壤,离开原有的环境就有可能"水土不服"。只有把握住模式的精髓,在分析教师和学生的实际的基础上才能实现真正的破模。

课改不是"方法"的改良,而是观念的革新。要想将观念转化为教学行为,落实在课堂教学上,需要把具体的教学流程或模式植入课堂。因此,对于一线教师而言,首先要学会认识模式、选择模式、学习模式,并在此基础上敢于突破模式、创造模式。在课堂教学改革初期，强调模式有着重要意义。因为模式诠释的是理念，承载的是课堂之规，教师的"教"和学生的"学"都需要遵循一个基本的规则，课堂教学一旦变成了自由发挥，则很容易陷于混乱和无序。

课堂从"小卖部"走向"超市"

褚清源：以往的课堂与学校正在实践的高效课堂的本质区别表现在哪里？

贾利民：以往的课堂主要关注的是教师的教，而忽视了学生的学，可以说是有教无学，有教无育，以学代教。学生是来学习的，教只是手段，学才是目的，而以往的课堂把手段直接当成了目的。教师为了完成教学任务，往往会有过多的预设，而预设过多就会形成控制型的课堂，就会缺少精彩的生成。过于注重教必然会削弱学生的学。

实际上，实施新课程以来，新的理念早已在引导我们的课堂从教师的教转向学生的学。新教材区别于老教材的显著特点就是大量设置学生自主探究的活动和问题，让学生在自主探究实践中获取知识。美国学者提出的"学习金字塔"的理论对我们很有启发。以语言学习为例，在初次学习两个星期后：通过阅读能够记住学习内容的10%；通过聆听能够记住学习内容的20%；通过看图能够记住30%；通过看影像、展览、演示，现场观摩能够记住50%；通过参与讨论、发言能够记住70%；通过做报告、给别人讲、亲身体验、动手做能够记住90%。由此可见，传统的教学方法多么的低效、耗时、费力。也不难理解部分学生为什么那么厌学，因为他们在课堂上很少享受到学习的乐趣，很少体验到成功的感觉。高效课堂应是知识的"超市"，学生可以自由获取所需，而不是过去的"小卖部"，教师充当售货员，把一件件商品推销给学生。

褚清源：高效课堂有具体的课堂评价标准吗？

　　贾利民：如何判断一堂课是不是高效课堂，标准体现在八个方面：一看学生的学习状态，是不是在积极参与学习；二看教学程序是不是实现了"先学后教"；三看课堂上是不是由"教教材"变成了"用教材"；四看教师的角色是不是由"主演"变成了"导演"；五看学生的角色是不是由"观众"真正变成了"主角"；六看教学过程是不是由封闭走向了开放；七看课堂教学效果是不是实现了"堂堂清"；八看教学目标是不是落实了"三维目标"（知识与能力、过程与方法、情感态度与价值观）要求。这"八看"的标准，从不同层面细化了高效课堂，对教与学的辩证关系作了清楚的阐释和要求。

　　高效课堂还要关注三个方面：一是每一个学生在每一个时间段都有事做；二是在具体的一节课里达到厚积知识、破疑解难、方法优化、能力提高、学习高效；三是要让学生在课堂上心情舒畅，有安全的学习心理环境。

　　褚清源：为了突出学生学习的主体地位，高效课堂强调教师少教，学生多学。那么，教师的少教主要体现在哪些方面？

　　贾利民：我想教师的少教可以定位于精讲与点拨上。高效课堂是一种以学案为载体，以导学为方法，以教师指导为主导，学生的自主学习为主体，师生共同合作完成教学任务的一种教学模式。教师首先要指导学生明确学习目标。当学生明确了目标后，教师不是放任自流，而是要尽量帮助他们实现自己确定的目标，把大目标化为一个个小目标，把学习中的重难点化解为自己跳一跳能实现的小目标。一个好的学习目标，会更有效地引导学生去探究。学生真正动了起来，思维活了起来，就会学得主动，学得轻松，感受到学习的快乐。另外一个至关重要的点是，教师要善于对学生进行学习方法的指导。比如，让学生掌握阅读的基本要求，让学生掌握圈点批注的阅读方法。古人云：不动笔墨不读书。在教学中，教师一定要教给学生圈点批注的自主学习方法，并努力使学生养成习惯；要求学生在预习的时候，有问题的地方必须作批注，对重点或不理解的内容进行圈画等。

褚清源： 高效课堂如何培养学生的自主学习能力？

贾利民： 学生自主学习能力的培养需要教师在课堂上营造一个自学的氛围和民主的气氛，在教学过程中有深度的诱导、科学的指导和灵活的训练。

高效课堂追求"课堂因互动而精彩，学生因自主而发展"。课堂上要让学生动起来，让学生自主探究，自主合作，唤醒学生参与课堂的主体意识，激发他们自主学习的热情，给他们思考的时间和表现的机会。学生的想象力和创造力是无限的，学生能想的让学生去想，学生能说的让学生去说，学生能做的让学生去做。

褚清源： 自主学习的动力靠兴趣来支撑，如何点燃学生的学习兴趣？

贾利民： 布鲁纳曾说：最好的学习动机是学生对研究的东西有着内在的兴趣，学生一旦对所学的知识产生兴趣，就会产生愉快的情绪，从而集中注意力，积极思维。因此，教师要做好课前的激情导入，能够吸引学生的注意力，使他们对教师马上要讲授的内容充满探究的兴趣，在强烈的求知欲的引领下，学生的学习兴趣和学习效率肯定会很不一样。在和谐愉悦的气氛中，我们的课堂教学和学习过程，无疑是一次愉快的心灵旅行。课前的导入与交流，能让我们捕捉到对学生进行教育的契机。当我们从学生的眼睛里看到信任，从他们的表情中感受到他们的学习兴趣的时候，我们的高效教学之旅就扬帆起航了。

同时，教师在教学中要善于创设问题情境，抓住一切时机，保护学生的求知欲、好奇心，鼓励学生生疑、质疑，引导学生认真观察，独立思考，发现问题，敢于提出与他人不同的见解，大胆向教科书、向教师、向权威挑战，使学生以积极的态度主动求知，获得最佳教学效果，从而在同中求异中培养学生的创新思维。

贾利民语录

  课改是一个不断"爬坡"的过程。爬坡固然很难，也很累，但我们应该研究我们能做什么，而不是求证我们不能做什么。

  高效课堂应是知识的"超市"，学生可以自由地获取所需，而不是过去的"小卖部"，教师充当售货员，把一件件商品推销给学生。

  教师的"教"和学生的"学"都需要遵循一个基本的规则，课堂教学一旦变成了自由发挥，则很容易陷于混乱和无序。

  一旦离开了学生的"学"，离开了对学生学习能力的培养，教学就变成了灌输和死记硬背，学生便变成了"知识的奴仆"，教师则变成了"知识的贩卖者"和"二传手"。

  学校不是职业场，而是一个事业场，教育不是牺牲，而是一种享受，教育不是一种手段，而是幸福生活的本身。

人物档案:

李志钢,山东青岛即墨教体局副局长兼即墨28中书记、校长,山东省特级教师,曾荣获"全国科研十佳校长""全国十佳现代校长"等称号。

李志钢的发现

笑声爽朗的李志钢总是善于发现。一封家长的投诉信让他发现了一个人试水课堂改革的"时红霞现象";一次果断的课改决策,让他发现了"课堂一小步,教育一大步"的真谛;一次偶然的外出讲学,让他发现了展示不仅仅是学生成长的需要,更是教师专业发展的需要……二十年的校长生涯中,李志钢有太多的发现,但是这一次,李志钢"被发现"了。在一次教育论坛上,李志钢深入浅出、幽默风趣的讲述所传递出的课改智慧被记者发现了。由此,便开始了一段走近他、认识他、解读他的旅程。

如今,在全国众多有关课堂教学的论坛上,常常能看到李志钢的身影,几乎每个周末他都会接到外出讲学的邀请。李志钢善于总结,他是一位既能做又能说的校长。他那个自己杜撰的关于"寂寞"和"即墨"的段子,常常让聆听他报告的同行捧腹而笑。

33岁开始做校长的他,对学校改革和管理有着深刻的体认。他认为,校长要做清醒的管理者和热情的创造者。校长的智慧在于发现,不仅仅是发现教育的智慧,发现教师的闪光点,更重要的是能够发现发展中的问题。"看不出问题就是最大的问题,重复出现问题就是作风问题。"

教育智慧诞生在一线,教育思想成长在一线。李志钢把校长最应该多去的地方定位在课堂。他说，校长要敢于泡课堂，敢于在课堂里与教师并肩作战。教师最信赖的不是批评家，而是建设者，是敢于躬身课改田野的人。

"让每一个人都感到自己很重要，是管理者成功的哲学命题。"激发每个人的潜力，让每个人都发现自己的价值，是李志钢校长的管理追求。"要激发每个人的潜能，就要多一分耐心，因为教育创新的过程充满了不确定性。我们要做的就是让教育回归原点，在返璞归真的场景当中，重新感悟教育的真谛。"李志钢说。

在学校里，每位教职工过生日都会收到一张校长亲笔写就的贺卡和一个由学校送上的生日蛋糕。二十年算起来已有几十万字了，钢笔也用坏了十多支。

读书、看报，是李志钢重要的生活方式，他给自己制订的工作计划中明确必须做的事情有：每天看一张有用的报纸，每周看一本杂志，每月读一本书。在李志钢的书架和案头放满了他喜欢的书，不仅有教育教学方面的专业书，还有经济领域和企业管理方面的书。他说，他的很多经验和思路都来源于这些书。李志钢崇尚学习的力量，他把学习精神作为教师职业的第一精神。他常说："学会学习是通向未来的个人护照，只放电不充电的老师不是好老师。"

访　谈

课堂危言

褚清源：今天的教育备受诟病，但是，把"教育问题"放大成"问题教育"又是不理智的。就问题而言，你眼中的教育问题是什么？

李志钢：教育的问题不能一味地扩大化，有些问题是教育内部无法解决的，更是学校教育无法解决的。今天的教育问题突出表现在功利上。我们现在的教育太功利、太急切、太匆忙，正像陶行知当年所说的，"赶考和赶路一样，赶路的人把路旁风景赶掉了，把一路应该做的有意义的事赶掉了"。另外，课堂上"以教代学"现象突出。教师的"教"不能替代学生的"学"，就好比每个人都只能用自己的器官吸收营养一样，每个学生也只能用自己的器官吸收精神营养。学生既不是教师的四肢，可以由教师随意支配，也不是泥土或石膏，可以由教师任意塑造。

褚清源：课改走过十年，越来越多的学校又一次回到了"改课"上来，力求在"改课"上寻求课改的再次破局。课改为什么一定要突破课堂呢？

李志钢：课堂一小步，教育一大步。课堂是学生发展的主阵地，不敢在课堂上实现学生最大限度的发展，不在课堂上实现素质教育的有效落地，所谓的课改就成了无源之水，无本之木。

传统教学模式中教师的辛苦可用一个具有讽刺意味的短信来概括：起得比公鸡早，睡得比猫头鹰晚，吃得比营房士兵快，催作业比黄世仁狠，搞辅导比狗待骨头更亲。教师这么苦，这么累，学生何尝不是如此。整个教育变成了学生苦学，教师苦教，家长苦熬，学校苦撑。这种离开了以人为本，以牺牲孩子时间、身体为代价的"假教育"搞得教育走上了一个畸形发展的轨道。

传统课堂运用的是动力集中技术，只有火车头有动力，拖车没有动力，火车跑得快全靠车头带，而现代课堂是一个动车组，它采用的是一种动力分散技术，每一节车厢都有动力。"改课"就是要通过课堂结构和制度的调整，充分发挥每一小组、每一个学生自主学习的作用，让学习真正发生在学生身上，让课堂指向幸福，指向快乐。

向农民学教育

褚清源：你曾说，今天的教育过于工业化，应该回到农耕时代，向农民学教育，让教育回归绿色，回归生态，请具体谈谈如何向农民学做教育？

李志钢：是的，我在一篇文章中谈到过这一问题。今天的教育是按照工业化的方式在批量生产学生，这种方式更集约化，效率更高，但是，最可能对孩子的成长造成破坏。这种批量生产的教育方式，掩盖了学生的个性，阉割了学生的天性。

教育是农业不是工业，庄稼生长要尊重自然规律，孩子成长要尊重成长规律。教育不是批量生产，教育是慢的艺术，更是细的艺术，来不得虚假和功利。教育最大的敌人是功利心，今天的教育出现很多揠苗助长的现象。教育是让"直树成木，大树成荫，弯树成景"，不是让所有的树都成为参天大树，更不是像工厂流水线一样生产标准件。

教育向农业学习，就是把学生视为渴望生长的庄稼，把教师视为农民，农民要做的就是为庄稼的自然生长创造条件，提供适合庄稼生长的土壤和环境。农民种植的是庄稼，教师"种植"的是孩子。庄稼长得不好，农民从不会埋怨庄稼，而是反思自己的耕耘是否精细、到位，然而，有多少教师遇到"问题孩子"时还在抱怨、打击孩子。

褚清源："和谐互助"高效课堂被誉为"一学就会，简洁高效"的教学策略，也正因简单易学而备受关注。这种"简单美"是否可以作为衡量优秀教学经验的一个标准？

李志钢：教育原本就应该是简单的，把复杂的教育简单化，才是最高智慧。简单是一种美，更是一种智慧，正所谓"大道至简"。改革就是要把复杂的问题简单化，任何一项改革，无论理论多么先进，如果操作起来是复杂的，那么这种改革肯定是没有生命力的。所以，我们在课堂教学改革过程中,始终坚持的一个原则就是简洁高效。一个好的教学模式一定要达到"三好",即效果一定要好,越简单越好,学生喜欢就好。

褚清源:"和谐互助"高效课堂强调操作过程中的模式与流程,模式本身是为了规范教师的"教"和学生的"学",那么,模式是否会成为对教师的一种束缚呢?

李志钢:当下的学校教学改革主要基于两种策略,一是通过提高教师的专业素养来提高教学质量,二是通过课堂教学模式的改革提高学生学习的积极性来提高质量。即墨28中的改革属于后者。化学上讲,结构决定性质,对课堂教学而言,模式决定效益。"和谐互助"高效课堂就是从原来关注教师"教"的模式转向关注学生"学"的模式。教育教学质量交给教师并不能得到有效保障,交给模式,交给科学的流程,让模式和流程来保障教学质量可能更有意义。模式至少是可以实现质量保底的。当然,在课堂教学改革过程中,关键问题是你选择的是科学的、先进的模式,还是伪科学的,甚至是反科学的模式。因此,认识模式、选择模式、建构模式很重要。

校长的领导力修炼

褚清源:今天的校长在学校里呈现了与众不同的生存现状,有的校长在做急救队长,哪里需要哪里去;有的校长搞"维稳",只要不出事就万事大吉;还有的校长利用手中的权力"瞎折腾"。在你看来,校长应该是一个什么样的人,其角色该如何定位?

李志钢:就工作性质而言,校长是服务员;从业务上讲,校长是好老师;就管理而言,校长是教育家;就学校创新而言,校长是思想家;就学校发展而言,校长是战略家。校长既要"仰望星空",又要"脚踏实地"。"仰望星空"是指校长坚定教育信仰,体现对教育的理性认识和理想追求;"脚踏实地"是指校长创新教育实践,体现对教育的实事求是和认真执着。

校长要"居高临下"。所谓"居高"是指校长要有高度,有战略家的眼光、教育家的思想、艺术家的头脑。校长是学校的领导者、决策者和组织者,要站在全局的高度,理顺和协调各方面关系,综合运用相关领导艺术,率领教职工实现教育教学目标。所谓"临下"是说重细节,全方位、多角度全面解决问题。这是一个创新、开拓、奋进不止的"自由创造"过程,校长绝不能墨守成规,死搬教条,而要用高超的领导艺术"凝心、凝情、凝威、凝力",以求"运用之妙,存乎一心"之效。

褚清源:一位好校长就是一所好学校。在你看来,如何才能成为一位好校长?

李志钢:一位好校长未必能成就一所好学校,好校长首先要能带出一支好团队。好校长在任时能够成就一所好学校,离开了也能留下优秀的文化使好学校依然好下去。

我认为,一位能带出好团队的好校长要做到以下四点:一是"无欲则刚"。职位无大小,凡事凭一个"公"字,才能立世有威信,改革有底气,才能团结人,干好工作。二是"有容乃大"。厚德载物,宽容得众,心胸宽广,能记人之功,容人之过,能团结各种性格的人才,发挥好所有人才的积极性。三是"爱心工作"。把所有的教职员工作为自己的兄弟姐妹,爱群、乐群、利群,把与同志们共事当作一种缘分,当作一种至高的乐趣。四是"激情创新"。我们想干事、会干事、能干事,就应该充满激情,有成功的渴望。干部的激情感染教师,教师的激情感染学生,校长、教师、学生的激情融汇在一起,校园才能充满浩然正气、蓬勃朝气、昂扬锐气,学校的事业才能永葆生机与活力。

褚清源:那么,校长如何来修炼自己的领导力?

李志钢:校长需要修炼自己的领导力,我认为,校长的领导力首先是基于教学的领导力,然后才是其他方面"领"和"导"的能力。作为校长,如果不能在课堂教学上拥有话语权,就很难拥有真正的话语权,也很难把学校带向卓越。

校长要敢于提出"向我看齐"的理念,有功不居,有过不诿,走在课改的最前沿。校长要审时度势,刚柔相济,长于预见,工于发现。校长不能让学校的围墙挡住自己的视线,也绝不能让看似单调的工作消磨自己的意志和理想。校长不能盲目跟风,但要敏感,善于捕捉最前沿的教育信息,做到"脑清、心诚、眼明、耳聪、手短、腿长"。

能否让教师得到发展,同样考验着校长的领导力。满足教师的自我发展需求,是我们学校对教师的最大福利。我们一直在努力建立一种开放的组织,激励教师参与到课改中来。对于优秀教师的培养,我们不是把精力放在打造几节公开课上,而是让每一位教师都能上好常态课;不是追求几个名师的成长,而是追求一批教师的成长。让教师的才能得到最大限度的开发与升值,是管理的最高境界。作为校长,发现不了人才是水平问题,而浪费人才就是品质问题了。一所学校绝对不能"藏龙卧虎",是龙就要让它腾,是虎就要让它跃。

做什么比怎么做更重要

褚清源:你33岁开始做校长,这一路走来,你认为做校长最大的体会是什么?

李志钢:做校长最大的体会是,做什么比怎么做更重要,干正确的事比正确地干事更重要。为什么一些校长工作非常投入,兢兢业业,但却不出效果呢?我想,问题可能就出在他是在正确地做事,但干的不一定是有用的事。干正确的事需要科学决策,而科学决策则取决于准确把握形势。何谓"形势","形"是已经客观存在的现实,"势"是客观现实蕴藏的未来发展的方向。因此，准确把握形势，既要符合实际，又要有超前意识。

褚清源：有人说，管理不在于"管"，而在于"理"，理清关系，理定规范，理出秩序。你的学校管理观是什么？

李志钢：没有规则的地方必然是价值混乱的地方。校长的第一项工作是建立自己的规则，有了规则就有了公平，有了规则就有了方向。但规章制度不是万能的，它需要有力的思想工作支持。当人们都是守纪的模范时，规章就已失去了它的作用，这时情感交流和人文关怀便成为调动教师积极性的主要形式，从而形成强大的合力。

褚清源：制度和规范是为人服务的，是基于开发和促进，而非控制和约束。你是怎样理解的？

李志钢：制度和规范本身并不能体现教育的价值和真义，制度如果仅仅是管束人们行为的规则，就失去了意义，人们不可能为了要遵守制度而设定规则，也不可能因为规则的存在才去遵守规则。

所有的制度都具有某种价值取向。经济领域有经济领域的经营原则，政治领域有政治领域的价值尺度，文化领域有文化领域的评判标准。美国学者丹尼尔·贝尔说，掌管经济的是效率原则，决定政治运转的是平等原则，而引领文化的是自我实现原则，任何制度都有其适用的特定领域，一旦超出范围，就面临着功能与价值的失效。军人的天职是服从和战斗，企业家追求的是利润的最大化，教师的使命是促进学生的身心成长。我们不能将军队的制度标准推广到企业家身上，同样也不能将企业经营的"投入—产出"原则运用到教师与学生身上。教育领域可以说从根本上关涉人的成长与价值实现，因此，学校制度建设应基于人的自由发展和完满生活，而不仅仅是为了建立对人的行为起规范、导向作用的刚性的规则体系。制度和规范的维护不具有自足的价值，只有与人的发展方向一致时，才能获得其存在的正向作用。

教育世界需要的是按照人的成长逻辑行事的制度，而不仅仅是按照体制自身的程序规则行事的制度，学校制度建设的价值在于为人的价值实现提供保障。

我们的精神谱系

褚清源：学校最终因文化而久远，也因文化而不同。即墨28中积淀的文化是什么？

李志钢：文化建设已经成为许多学校管理与发展的积极诉求，文化的力量正在成为推动学校教育发展的巨大力量。一所优秀的学校首先要能充分放大"文化"的力量。学校文化是一种力量，一所学校有良好的文化元素，并不等于一定有良好的文化力，也不会必然导致学校文化品位的提高和战略目标的实现，只有在学校师生创造性地、有效地运作学校文化元素，形成了良好的文化力之后才能达成目标。

学校文化不仅仅要回答文化说什么的问题，更要解决怎么说的问题，只有说得准、说得精、说得美、说得富有个性，才易于人们识别并建立印象。即墨28中近五十年来积淀的核心文化，就是"雷锋精神"。我们把"雷锋精神"作为校魂，作为文化精神列入学校章程，可以说，28中的发展史就是通过各项活动使"雷锋精神"在全校师生心中传播、生根、发芽、结果的历史。

褚清源："雷锋精神"是如何落地生根的？

李志钢：建校近五十年来，我们坚持创新开展学雷锋活动，做到了课程化、系统化、常态化。"雷锋精神"在学校代代传承，沉淀为一套系统而厚重的精神谱系，"雷锋精神"蕴含的爱心、智慧和进取精神内化为学生、教师和学校的精神品质，提升着学生的价值观、教师的育人观、学校的发展观。校训"用爱心和智慧开启未来"，就是要用"雷锋精神"

开启学生的未来、教师的未来、学校的未来。为了更深层次地发挥文化精神在学校发展中的作用，我们在新一轮课改中创造性地将"雷锋精神"引入课堂，把雷锋团结友爱、乐于助人的高尚品质，积极进取、锲而不舍的坚韧意志，干一行、爱一行、专一行的敬业爱岗的螺丝钉精神等作为课堂教学的德育基础，将"雷锋精神"内化到课堂的各个环节，让学生同桌两人为一个单元学习组，学习优秀的做"师傅"，学习较弱的当"学友"，两人"师友互助"，最终实现互助共进，合作双赢，从而原创出一学就会、简洁高效的"和谐互助"教学策略。"雷锋精神"作为学校文化精神成为课堂的道德核心，化为师生共同前进的动力，大大促进了学校的可持续发展。

一群人可以走得更远

褚清源：作为一所当地的名校，生源好、教师棒、质量高，你完全没有必要冒险搞课改，为什么还要坚持搞课改呢？

李志钢：2004年8月，我调任即墨28中校长时，这所学校就已经是即墨市初中教育的窗口，是青岛市名校，学校教学成绩连续多年始终名列全市第一，先后探讨了"双分教学""合作学习""活动教学"等教学方式。但客观地说，在创新改革和特色办学方面，一直没有很大的突破。

一所名校首先要自知，自知者明。因此，28中要有居安思危的危机意识，敢于自我加压，没有条件创造条件也要谋求改革。我们常说，没有最好，只有更好。所谓名校，只是在一定范围和一段时间里取得了一些成绩。即墨28中如今在青岛市是龙头学校，在山东省是名校，但是在全国呢？现在是名校，将来还是吗？我们必须要有忧患意识，否则未来就有可能被淘汰出局。

另一方面，如果满足于现状不创新求变，教师会在重复性工作中激情消退产生职业倦怠，学校也会在年复一年的轮转中丧失活力变成一潭死水，教育质量可想而知。课改就是让学校、教师永葆活力不断发展的最有效方法。因此可以说，不论是名校还是一般学校，不论对教师还是教育自身发展来说，课改都势在必行。

褚清源：课改之初，是否遇到过不同的声音？

李志钢：课改之初，也有些不同的声音。一些教师认为，学校已经是青岛市龙头学校，学校的课堂教学质量遥遥领先，没有必要再折腾了。我的原则是，确定了要做的事情是正确的，就义无反顾地做下去，"遇事少议论，少争论，干出结果自有公论"。不要等所有情况都完善之后，才动手去做，如果想等到万事俱备，那么只能永远地等下去，只有创造条件大胆创新才能创出符合本校实际的特色。

褚清源：今天，有不少不愿意或者不敢课改的人，都是出于对教学成绩的担忧，认为课堂一动，就可能成绩下滑，你如何看待这种心态？

李志钢：分数是检验课改效果的重要依据，不看分数的教育是无知的，但是只看分数的教育是"无良"的。教育需要有战略眼光，不仅要思考学生从今天走向明天，更要思考从明天走向后天。教育不能像行政管理一样条款分割，要有系统思维、战略思维，不能只负责某一个阶段。我们学校的课改很顺利，没有出现成绩下滑。课改是学校发展的方向，确定了课改的方向，就要在具体的实施方法上下功夫，方法对了，效果不会差。

褚清源：课改学校如何才能走得更稳妥，走得更远？

李志钢：一个人可以走得更快，一群人可以走得更远。课改学校需要相互交流，相互合作，在借智借力中实现共赢。当今教育已经不再是封闭性的教育，一所优秀的学校必须开放办学，兼容并蓄。在学校内部，就应该像孔子教育他门生颜回一样"不迁怒、不贰过"，所有教师既要"慎独"，更要把自己的教训贡献出来，避免再犯同样错误，并且看到别人犯同样错误及时指正。学校应该形成不但贡献自己的"金点子",更要贡献失误,让大家不犯同样错误的共识。

对于成功的课改学校而言,出众不仅会面对鲜花和掌声,也会面对冷嘲热讽甚至攻击谩骂。不要在赞美中迷失,也不要因为诋毁而退缩,要珍视这种复杂环境下的宝贵机遇,高压下的打磨才能滤尽杂质,这时候每前进一小步都是质的蜕变,都是别人想象不到的大跨步,最终会在不知不觉中成为中流砥柱,成为同行公认的领跑者。

规划明天的课堂

褚清源:当下,一个让教师尴尬的现实是,教师天天在教书,却没有时间读书。你如何看待教师的阅读?

李志钢:教师作为教书育人的人,一定是一位终生读书的人。当前已经进入了学习型社会,学习是一种观念、一种态度,更是一种需要、一种生活方式,学习就像人生存所必需的阳光、空气和水一样,不可缺少。美国福特汽车公司首席技术专家路易斯·罗斯指出,对你的职业而言,知识就像鲜奶,奶盒上印着有效期,工程技术的有效期大约是三年,如果时间到了,你还不更新所有的知识,你的职业生涯就很快会酸臭掉。因此,我常说的一句话是,一个不读书的教师,是没有希望的教师。我在学校一直倡导一种阅读生活,倡导教师每年阅读两本教育专著,跟踪阅读两种教育报刊,摘抄1—2万字的阅读笔记,撰写两篇学习心得。阅读与写作是一对孪生兄弟,没有思考的阅读是毫无意义的,经过自己头脑思索,内化成自己的东西,才是真正的学习。学校工作越是繁忙,越是需要抽出时间来学习。光知道低头忙就等于"心死",即使再疲惫也抽时间学习一点新的东西,悟出一些智慧,那劳累就无影无踪了,这实际上是一种美的享受。

褚清源：没有完美的经验，只有不断发展的经验。即墨28中的课堂未来要朝什么样的方向发展，或者说，你心目中理想的课堂是什么样的？

李志钢：教育专家潘光旦认为，人的教育是"自由的教育"，以"自我"为对象。自由的教育不是"受"的，也不应当有人"施"。自由的教育是"自求"的，教师只应当有一个责任，就是在青年自求的过程中加以辅助，使自求于前，自得于后。大抵真能自求者必能自得，而不能自求者终于不得。让所有学生都能自求、自得是我们未来课堂追求的方向。

我们的课堂教学大致经历这样几个阶段：2004年以前，是"教师搭台教师唱、教师搭台师生唱"；2004年至今基本上实现了"教师搭台学生唱、师生搭台师生唱、师生搭台学生唱"；未来要追求的是"学生搭台学生唱"。

我认为，课堂的本质不是知识的学习与传递过程，而是学生在学习中生命成长的过程。学生理所当然是课堂的主体，教师的作用在于唤醒、激励与引导。课堂以学生身心条件为基础，以教材为蓝本，以师生共同发展为目标。教师要做"煽风点火"者，善于发动和点燃学生参与学习的热情和兴趣。教师要做画龙点睛者，让学生在普通平常的学习中享受成功的喜悦。教师成为课堂的主导，让学生成为知识的主人，学生在课堂里实现生命的成长，教师在课堂中实现价值的浓缩。

李志钢语录

校长要敢于提出"向我看齐"的理念，有功不居，有过不诿，走在课改的最前沿。

校长不能盲目跟风，但要敏感，善于捕捉最前沿的教育信息，做到"脑清、心诚、眼明、耳聪、手短、腿长"。

校长善于借力、借智来打造学校的品牌。

教师要做"煽风点火"者，善于发动和点燃学生参与学习的热情和兴趣；教师要做画龙点睛者，让学生在普通平常的学习中享受成功的喜悦。

"读书破万卷"告诉我们，读书要达到一定的量；"半部《论语》治天下"告诉我们，要读透一本书。

"改课"就是要通过课堂结构和制度的调整，让拖车变成动车。

教育就是让"直树成木，大树成荫，弯树成景"，而非让所有的树都成为参天大树。

人物档案：

陈波浪，湖南省永州市道县第三中学校长，特级教师，曾荣获"全国十佳现代校长"称号。

非常校长陈波浪

一所学校的课改需要多长时间？湖南道县三中给出的答案是一年。

一个校长改革的空间有多大？陈波浪的回答是，心有多大，空间就有多大。

一年时间，对于一些基础较好的学校而言，可能不算是什么奇迹，但是对一个与山东杜郎口中学一样陷于无资金、无优质生源、无优秀教师等"六无"境地的薄弱学校而言，则意味着一种重大突破。

一年来，校长陈波浪带领他的团队把一所面临合并的薄弱学校打造成为全县教育教学质量的领跑学校，并且荣升为湖南省基础教育课程改革30所样板校之一。一时间，道县三中"火"了，前来取经观摩的兄弟学校络绎不绝，县委书记、县长来了，市教育局、省教育厅的领导来了，教育部的领导也来了，对这所学校具有创新性、实践性和系统性的课堂教学改革经验给予了高度评价。

陈波浪，这个从三尺讲台走出的农村中学校长，一个喜欢泡在课堂里的校长，一学期累计听课142节，评课136节。当他的名字与一场教学改革链接在一起的时候，改革本身便充满了更深刻的寓意——注定要掀起波浪。如今，整个道县因为他所在中学的改革，拉动了区域课改的引擎。

熟悉他的人常说，陈波浪是一位善于琢磨的人。喜欢玩麻将的他，曾被称为"一代麻将宗师"，而他从玩麻将里却能参悟课改智慧，甚至把玩麻将的智慧引入到了学校管理。他说，做教育要像玩麻将一样，敢于痴迷，敢于推倒重来……

访 谈

我不是教育狂人，只是喜欢教育的人

褚清源：你最初选择改革的动因是什么？没有担心过失败吗？

陈波浪：我从教二十年了，一直在思考一个问题：现在的学生越来越聪明，行为习惯、综合素质却一届不如一届。比如：网瘾学生多，而且不分昼夜，上网上得两手发抖，形成条件反射；打架学生多，喜欢拉帮结派动用武力来处理问题；逃学学生多，学生厌倦了学习生活，以至于选择逃离；瞌睡学生多，上课不到五分钟，学生却睡倒一大半。这曾是学校普遍存在的现象。尽管教师不断训斥，而且采取各种手段来强化作业训练，但是学生的学业成绩却始终无法提高。到头来，师生身心俱疲，教师厌教，学生厌学。

我想，根本原因就是传统的学校管理和课堂教学模式给教师和学生戴上了镣铐，使得师生的聪明才智无法施展。必须给师生搭建一个施展聪明才智的平台，使他们在教学过程中都得到充分发展，并且使学生成为一个完整的人、一个全面发展的人、一个可持续发展的人，这就是我最初改革的动因。

说实话，我没有担心过失败，因为我们的教育教学已经跌落到谷底了。即便改革失败了，又会是什么样呢，我想总会比现在好。对于走在

谷底的人来说，没有失败可言，他走的每一步都是上升。

褚清源：有人说你是一个"教育狂人"，生活里只有教育，只有课堂，是这样吗？

陈波浪：不完全是这样。我不算是一个"教育狂人"，我至多算是一个喜欢孩子，喜欢教育的人。别人说我是"教育狂人"，可能基于我几乎将所有的心思都放在了学校，很少做家务，平时喜欢扎进孩子堆里，和他们谈心、谈理想，和留守学生、学困生一起分享快乐，一起承担孤独，倾听他们的心声。平时我一有时间便随手带个木凳扎进课堂，看教师如何精心组织课堂，看孩子们在课堂上成功展示而绽放出灿烂的笑容，这些使我感到很欣慰。我是教育人，既然选择了这个职业，就要在这个领域里找到职业的成就感和幸福感，就要找到自己的乐趣。

褚清源：课改初期，你也遭遇到了来自各方面的压力，尤其是家长的质疑和反对，是什么让你把课改坚持下来的？

陈波浪：课改本身就是与旧思想的斗争，在这个过程中难免遭遇阻力和质疑，这是正常的，如果没有质疑，只能说明你的课改还没有改到深处。

在课改之初，曾有人给县委和教育局领导发信息，其中有几条说，"三中的改革乱七八糟"，"这样的人能当校长吗？"可以说，教师和家长的反对，让我陷入了内外交困的境地，我的内心是十分孤独和痛苦的。我也想过放弃，但是有两个原因使我坚定了一改到底的决心。一是孩子们脸上从课改前的满面愁容到课改后的灿烂笑容，这是我坚持一改到底的良心上的道德保证。通过课改，孩子们学得更开心了，上网少了，体育锻炼积极了，动手、动口能力加强了，他们更加热爱生活了。二是上级领导的鼎力支持，是我坚持一改到底的措施上的组织保证。时任县委书记唐湘林、县长胡先荣常常到学校鼓励指导。这些促使我破釜沉舟，一改到底，不留后路。

从麻将里参悟课改智慧

褚清源：改革意味着破"旧"立"新"，道县三中的改革是怎么有破有立的？

陈波浪：道县三中改革的"破"和"立"主要表现在以下四个方面：

一是变传统教育中的"除草"意识为"播种"意识。在传统模式中教育往往靠规章制度来约束师生，久而久之，师生感到厌倦、反感，甚至有抵触情绪。这种违纪现象严重，就出台一种制度来约束，那种违纪现象严重，就出台另一种制度来约束。这种"除草"式的教育，会使师生疲于奔命，却没有多大效果。试想，假如我们的教师都觉得自己能成为名师，我们的学生都觉得自己能成为对社会有用的人，那么谁还会去违反规章制度呢？在我校的"校本德育研究"中，"播种"意识贯穿始末，最终达到人文管理。

二是变教师控制的、死板的、学生厌倦的传统课堂为生态的课堂、生命的课堂，要求教师不布置课外书面作业，切实减轻学生的学业负担，让学生有足够时间培养其他方面的能力。教师点拨时间不能超过10分钟，着重培养学生的语言表达能力、动手能力、合作交流能力、独立思考能力、分析总结能力以及创新意识等。

三是变"我好想玩"为"我开心玩"。传统教学模式的陈旧以及课堂的枯燥、压抑，沉重的学业负担使得学生从厌倦学习到厌倦校园，然后到厌倦生活，以致学生疾呼："老师啊，我好想玩！"这是学生对生命的抗争，这是学生发自内心的真情呼唤。学校丰富多彩的阳光体育运动就是针对这一现实而开展的，目的是使学生感受到生活的充实和乐趣，从而感受到学习是快乐的。学校管理的最终目的，是让学生觉得：校园生活比社会生活更丰富，更富有吸引力，更有趣味性。只有这样，学生才不会逃出校园，作为完整人的学生的天性才得以充分展现。

四是变"大锅饭"为"责任承包"。传统管理中学校教务处把各班的课分给教师，不管教师愿不愿意，都得这样做，搞得怨声载道。不管教得好不好，反正是学校分课，有课上，不着急。现在学校开学不分课，校长只聘任班主任，班主任自由组合任课教师。这样，志同道合的人自然走在一起，工作起来就开心。他们经常聚集在一起分析讨论学生状况，一心一意把班级管理好。他们把班级当成自己的责任田，精心呵护，师生之间构成了和谐共同体。与此同时，工作责任心不强和教学效果不好的教师就会面临着"下课"的困境。

褚清源：有教师在博客上写到，你是用你烂熟于心的"牌路"来管理学校的。能具体谈谈吗？

陈波浪：大凡喜欢玩麻将的人，一个共同的特点就是痴迷。在麻将桌上，使用最多的语言是："麻将如绣花""覆了"。麻将高手都懂得这个原则："唇亡齿寒，每张麻将牌都是一个跳动的音符。"痴迷给予我们的启示是：学校管理设计中的每个环节，都要别出心裁、生动有趣，用以吸引全体师生，使他们在整个校园里感觉到轻松愉快，痴迷于校园。"麻将如绣花"告诉我们凡事都要细心、耐心，在教育教学过程中，要求教师对待学生要精心呵护，永不言弃。"覆了"就是推倒重来，告诉我们在教育教学管理上要不断地"覆了"，又要不断地"立了"，那就是把学校管理当成是动态的管理。只有这样，才能不断自我完善，自我超越，日趋成熟。"唇亡齿寒"是指打麻将的四个人都要关注，这是整体观念。比如：上家、对门的运气好，经常覆牌，自己和下家运气差，如果这种格局不改变，下家没法玩下去，自己也没法玩下去，最后结局就是中途散伙。只有自己把好牌打给下家吃，使下家能赢牌，通过下家的运气来改变自己的运气，四个玩家才能和谐地玩下去。这一事实告诉我们，学校管理要关注每位师生，关注每位师生的成长，对教学水平差一点的教师或者潜能生，要打最好的牌给他们吃，给予他们足够的精神力量，帮助他们树立信心，促使学校师生整体提高。只有在永不言弃的校园里，每位师生才能感受到温暖，才能感受到自身存在的价值，这样的校园才是和谐的、健康的校园。

褚清源：有人说，课改，成也校长，败也校长。你如何看这一观点？你认为校长在课改中应该如何定位，应该担当什么样的角色？

陈波浪：这一观点有道理，课改中的校长必须做好两方面的工作：一是校长完成自身的转变，即思想意识的转变。校长的学校管理思想要更新，这一点对课改的成败起关键作用。比如，一般的校长对学校的管理注意两个问题：一是安全，二是质量，且安全高于质量。从字面上理解这没有错，但在实际管理操作中却出现了大问题。有些校长说："只要不出安全问题，质量差一点反正免不了我这个校长。"因为他们没有把学生看成是一个完整的人来对待，把安全和质量割裂开来处理，结果头痛医头，脚痛医脚，最后医得全身都痛。实际上，学校的管理用一句话来概括就可以了，那就是，学校是安全的，其内涵包括三个方面：生命安全、心理安全、质量安全。这种思想有利于校长在决策时把学生看成是完整的人来对待，有利于学生全面健康地成长，这种思想指导下的决策管理措施才是科学的。

二是学术上的转变。校长通过大量阅读古今中外的书籍，用以丰富自己的知识，扩大自己的视野，完成学术的转变。校长在完成思想和学术转变的同时，对教师施加影响力，使教师思想水平和学识水平不断提高，从而完成教师的转变。校长和教师都完成了转变，那么学生就得到实惠了。

课改，成也校长，败也校长，有点道理，但不够完整。准确地说，应该是：课改，成在校长，功在教师，利在学生。

校长在课改中应该是学长身份，充当方向上的引路人、学习上的表率、课改的实践者、信心的坚定者。

农村课改缺什么

褚清源：在评价机制没有改变的情况下，所谓的改革只能是"戴着镣铐跳舞"，在你的学校，如何解放教师，让他们跳出美丽的舞蹈？

陈波浪：在整个评价机制没有改变的情况下，所谓的改革只能是"戴着镣铐跳舞"。我完全赞同这个观点。在这里我不罗列我们学校的评价标准，我只说制定评价机制的一个核心思想，那就是：评价的主体是教师，评价的对象是学生，通过评价学生来评价教师，评价结果应用于教师。具体来讲就是在教育教学过程中，我们考核的是教师，但我们不直接考核教师，而是考核教师所带班级的学生，学生综合素质的提高就是教师的综合成绩。举一个实例：我们学校举行学生说课比赛，某个班的学生获得说课第一名，那么这个班的教师就按第一名加分。这种评价机制的改革促使教师全面关注学生的成长，而不是只顾自己教，而不管学生学得怎么样。我们学校既不要求教师签到，也不要求教师坐班，他们在课堂之外有大量的时间研究教学法，有大量时间备学情，有大量时间备课堂预设与生成，有大量时间备学生心理，有大量时间备学生能力梯度。在组织课堂教学中，教师只有一个目的，那就是关注每位学生的成长。这种评价机制改革的结果是教师在全面关注学生的成长过程中，自己也成长起来了。

褚清源：如何让教师从被动改革走向主动改革，如何激发教师的专业自主性？

陈波浪：刚刚提到的评价机制的转变可以激发教师的专业自主性，除此之外，还有一个核心管理思想，那就是"利益获得普通人的认可，价值赢得高手的支持"。我们在设计制度时已经关注了两个不同层次的人，学校在关注学生全面发展的同时，对于所带班级学生整体水平提高了的教师，在阶段性总结表彰时均给予一定的经济报酬，用以激励他们。这是利益获得普通人的认可。我们更侧重于"价值赢得高手的支持"。"人的最高需要是自我实现的需要"，根据这一原则，我们设计了"骨干教师评选制度"，获得"骨干教师"荣誉称号的教师，在全体师生会上"戴红花"。"戴红花"很灵验。2010年3月12日表彰会，因为教务处在计算班级整体学业水平时有误，何娟娥老师未能受到表彰，为此她整整哭了一天。事后，她找到我说："校长，骨干教师的物质奖励我不在乎，但你必须给我补戴红花。"这件事充分证明这套管理制度无论是对普通人还是高手都有指引作用，因为全体教师都在追求自我价值的实现。在追求自我价值实现的过程中，教师的行为就已经从被动走向了主动，在主动工作的过程中，他们的专业自主性就得到了充分展现。

褚清源：对于改革，你有没有什么忧虑或者困惑还没有解决？

陈波浪：对于改革，我还有个忧虑，那就是：通过改革，学生的整体素质提高了，教师的专业得到发展了，但教师的专业成长始终不能满足学生的需要，特别是年龄较大的教师，专业成长的速度较慢。

褚清源：农村课改面临诸多瓶颈，在你看来，农村课改最缺什么？

陈波浪：在我看来，农村课改，最缺"智慧"。很多人认为，农村课改最缺"钱"，我认为不完全正确。比如：教师的专业成长快慢就不能用金钱来解决。我认为缺"钱"是现实的，但"智慧"是可以生成的，我一直思考通过"智慧"去弥补"缺钱"的不足。只盯着"缺钱"问题，不能谈改革，只有启动"智慧"才能使改革一路走好。我认为我还缺"智慧"，我还在思考"智慧"。

陈波浪语录

亲人的爱和期望有时候会成为孩子成长最大的压力。

课改，成在校长，功在教师，利在学生。

要让孩子对学习有兴趣，就要想办法让孩子愿意学，点燃孩子的学习欲望。

如果教师对整堂课的设计能让孩子学得愉快、学得成功，教师也会因此产生一种成功感和愉悦感。

学生认为好的课才是真正的好课。

只有了解"学情"，兼顾教学方式，才能达到教学预期的目的。

学名校，不是要照搬，而是要从中领悟点什么，要学到精髓，学到它的果敢和创新精神。如果只懂其"形"，而不能悟其"神"，学来学去只会走样。

突 围 者 | 第四辑

突围，突围，突围

这是一个群体的生长方式

突围，只为更有尊严地生存

在体制之外

他们开启了一方教育的"自留地"

无论地处都市还是偏居乡野

他们总能站在教育变革的最后一公里

让教育别有洞天

如果社会开放些，再开放些

有一天

他们会从边缘走向中央拥抱整个春天

人物档案：

盛国友，安徽铜陵铜都双语学校董事长，全国高效课堂九大教学范式"五环大课堂"创立者。

盛国友：做教育的谋道者

盛国友有一个习惯性的动作。

总是双手交叉着抱在胸前，立在校园里，目光平视并专注于一个地方，作沉思状。他站在那里有时候常常沉静得像一尊雕塑，与校园里由他精心挑选的各种奇石相呼应，构成了一幅美丽的风景画。校门口的沿江公路上，来往穿梭车辆的声音一浪紧接一浪，这一静一动更容易让人发现另一种教育意象。

盛国友，安徽铜陵铜都双语学校的董事长，一位曾经在公办学校化学教学很出色的名师，一位怀揣着理想投身民办教育的创业者。

2000年，当他所执掌的民办教育事业正式启航的时候，并没有想到会遭遇到那么多困难和阵痛。办学走到第三年的时候，因为合资办学人的离开，资金被抽离，民办学校普遍面临的瓶颈问题集中暴露出来，师资频繁流动，招生陷入困境。被迫出局还是迎难而上，让他一度陷入了两难。

一个拥有梦想的人，全世界都会为他让路。盛国友最终选择了坚守，与他一起坚守的还有一批认同他理念和精神的追随者。善于反思的盛国友始终对学校的发展保持清醒的认识：当在一个同质化发展模式的圈子里无法突破时，是否可以再开启一个领地；当高付出没有获得高回报时，是否就可以寻找一种新的方式？也正是在这样的背景下，铜都双语的课改正式启程。

在学校试水课改之前，盛国友一直为学校在教学上的投入与产出不成正比而纠结。当他以"改课"为突破口开始一场系统改革时，他发现，课堂才是最大的育人场，以课堂为支点的这场改革却撬动了学校教育的整体提升。

凭借民办学校灵活的机制优势，盛国友在课堂改革上找到了民办学校发展的破局之路。不管课改的经验多么繁荣，有多少花样，他始终保持自己独立的思考和行走方式。这样的坚守和实践，使铜都双语学校的课堂改革找到了最佳注脚，更催生了时下已经被严重异化的导学案的升级版——"学道"，这是通过行动求证诞生的具有原创价值的全新的学习工具。

"课堂教学改革，主产品是孩子未来更优秀的发展，副产品是顺便提高学业成绩。课堂上的成功是孩子最重要的成功，课堂上的失败是孩子最大的失败。"盛国友认为，铜都双语学校对传统课堂的突围，就是要把"展示模块"嵌入课堂流程，真正把课堂还给学生，把"学道"写入新课堂的词典，解放学生的学习力。

正像当年安徽小岗村的改革解放了农业生产力一样，铜都双语学校的课改解放了学生的学习力，也解放了教育的生产能力。因此，有人用"课改小岗村"这一美誉来评价铜都双语学校。

盛国友是一位教育的谋道者。他把经营的理念引入到了学校教育，统领新课堂建设。在盛国友的视野里，经营是对有形教育资源的配置，是对无形教育资源的整合，是对教育新思想和新理念的集成、转换，是教育创新的思维平台和孵化器。他说，民办教育从不缺乏创新的活力，缺的是创新的智慧和持久的动力。

如今，以自身力量通过"自我造血"破解了民办学校师资和生源双重困境的盛国友，一直有一个梦想，希望聚拢更多面临同样难题的薄弱民办学校，用自己的实战经验帮扶他们，帮助更多的民办学校走出困境，走向卓越。

在盛国友身上，我们看到了梦想的力量，看到了行动者的力量。我们期待着他的梦想能走得更远，也期待着民办教育阵营里批量出现盛国友这样的谋道者。

访　谈

教育的主产品和副产品不能本末倒置

褚清源：作为一所民办学校的校长，你对已经推进了十年的课改有什么样的认识？

盛国友：十年的课改使我国基础教育领域正在发生深刻的变化。不管你对这场改革持什么样的态度，赞同也好，反对也好，观望也好，怀疑也好，支持也好，质疑也好，一个不容回避的事实是，这场自上而下鲜明体现国家意志的课程改革，产生了旷日持久的影响和震荡，一线的教育管理者和教师都无法回避课改的存在。事实上，推进到今天的课改已经并将持续在教育思想、教育观念、教学内容、教学方法与手段等方面产生强有力的影响，促使着一线教育者深入思考学校教育的本质和真正意义。

课改是一项旅程，而不是一张蓝图，它需要行走，而不是一味地勾画未来，行动才是课改最高纲领。

褚清源：是的，课改不在于"知"而在于"行"。对于行动者而言，行动的理由可能只有一个，而对于徘徊者、怀疑者来说，理由却可能很多，其中对升学率和教学质量的担忧可能是最大的担忧。你如何看待课改与教学质量的关系？对消除这一畏难情绪有什么建设性的意见？

盛国友：这似乎是一种普遍存在的顾虑，课改十年了还有很多学校按兵不动，不动的理由貌似很充分，很有道理，因为升学率是学校的生存之本，我们不能牺牲升学率。那么，升学率真的与课改是一对矛盾吗？答案显然是否定的。

课堂教学改革是"内外兼修""远近同筹"，必须达到两个要求：一是满足学生未来发展的需要，让学生真正成为课堂的主人、学习的主人；二是满足升学需要。当然满足升学需要并不是迎合考试，而是让升学成为改革的副产品。铜都双语学校能使每个孩子得到更快更好的发展，其实就源自课堂的魅力。与传统教学方式相比，我们学校办学的高品位，决定了不会只做"唯高分"的教育，成功源自一直致力于课改，让学生学得轻松，学得愉快，学得高效。今天的基础教育理应拷问和反思：教育的本质是什么？教育就是影响人的命运，是一项让孩子拥有能力和幸福的事业。办教育就要坚定不移地立足于为学生终身发展奠定基础。学业成绩可以通过不同途径和方法获得，但时代呼唤绿色的教育质量。所谓绿色的教育质量，是说它是健康、环保的，是对学生学习力进行保护性开发，而非掠夺性开发。

褚清源：也许是教育的功利性让太多教育者迷失了方向。

盛国友：今天，功利和浮躁正充斥教育，学校只要出了高考状元，学校就是名校，教师就是名师，校长便成了家长纷纷登门相求的热点人物。只要升学率排名在前，学校便成了"香饽饽"，家长便踏破铁鞋，蜂拥而至。实际上，与升学率相对应，还有一个数字却一直被我们的教育者有意无意地捂着、藏着，那就是学生的失败率，有谁会为这些失败的学生负责？我认为，这是一种掩耳盗铃的行为。

当下我们的教育弊端很多，但仅有批判是不够的，重要的是通过建设来批判，只有建设才是真正深刻而富有颠覆性的批判，课改就是要寓批判于建设之中。我们要敢于用理想的方式向当下的教育说"不"，要敢于在自己力所能及的范围内营造中国教育的"桃花源"。

孩子最大的失败是课堂上的失败

褚清源：为什么要提出"经营新课堂"的理念？

盛国友：坦率地说，现在不少校长根本不把课堂当回事，他们觉得经营学校和经营课堂是根本不相关的两码事。他们认为，学校中的事就是搞搞行政，执行上级的命令，上级任务来了，完成得很好就完了。他们没有想到要去经营学校，更没有想到要去经营课堂，其实学校核心的东西就在课堂。对于一所学校而言，生存的路子有很多，但发展的路子只有一条，那就是锁定课堂改革。

课堂经营的本质是革命的，也是批判的。我们要从生命的高度来审视课堂教学，课堂应该被看作人生中一段重要的生命历程，是师生生活中最有价值的组成部分。也许一个孩子的失败有很多，但我认为，孩子最大的失败是在学校、在课堂上的失败。孩子生命的底色是纯洁的，染其苍则苍，染其黄则黄。如果我们的孩子在人生的起点，所面对的是陈旧、僵化的课堂环境，单调、低效能的课堂学习生活，不公正的课堂待遇，那么孩子的心灵便不能自由飞翔，学习的情感体验和内在需要会变得贫血和苍白。因此我说，孩子校园生活的迷失和逃离，其症结在课堂。

褚清源：课堂兴则教育兴。教育的很多难题都需要回到课堂上来寻找答案。

盛国友：所以，课改要紧紧锁定课堂。但是，时下，一些教育部门本能地忙着教育资源平均化、学校硬件条件升级化，似乎这样就可实现均衡教育了。其实，真正的教育均衡应该体现在课堂上。

课堂改革同样能解决教师的职业幸福问题。今天的教师在应试教育体制下，只能以其内容的片面性、行为的短期性、目标的功利性，制造畸形的"病梅"，这只会使他们滋生职业的倦怠和麻木，甚至丧失职业的幸福感。那么，幸福教育的源头在哪里？我们认为：幸福教育的源头就在课堂。

可是，现在有不少刚走出大学校门的毕业生并不能在课堂上找到幸福的感觉。他们不仅对新课程、新理念木然，更可怕的是他们对传统的教学方式保持着极大的惯性，甚至对新课改或多或少存在着抵触情绪。师范教育不能一直停留在理论知识的传授和传统教学方式的传习上。到了该大刀阔斧改革的时候了。

正视民办教育的劣根性

褚清源：办学之初，经历的第一次失败是你决心课改的导火索，介绍一下当时的背景。

盛国友：民办学校最初的发展方式大多很原始，起点也很低。几个人聚在一起，相互凑点儿钱或者借点钱租个地方，然后加大宣传力度，就可以把学校办起来。那个时候，不少民办学校都是这样办起来的。

我经历的第一次失败来自 2003 年第一届学生的中考成绩。当时我们基本上延续了很多民办学校普遍采用的做法：聘请名校长、名师，然后以此来招揽生源，然后通过严管理加班加点强化练习、辅导学生，可以说，我们的教师付出了很多，学生也付出了很多。但是，成绩出来后给了我很大的触动和思考。后来我们就反思，为什么会失败？为什么我们花了那么大力气，聘请了那么多名师，但出来的成绩却与我们期望的差距很大，与我们的付出远不成比例。这不仅没有达到家长的期望，更不符合我办民办学校最初的目标。这种失败昭示的是传统课堂的失败。

褚清源：一个现实问题是，民办学校的生源质量普遍不高。

盛国友：一般而言，选择民办学校的孩子大多是一些"问题学生"，要么是跟原来的班主任或学校闹了矛盾，要么是学习习惯或自制能力相对不足，总之，民办学校很大程度上成了问题学生的收容所。但是不管学生出于什么原因、处于什么基础进入民办学校，三年后，家长都希望孩子在学业成绩上有所突破，学校要给家长一个回答。

褚清源：面临这样一系列问题，学校采取了哪些措施加以应对？

盛国友：我们就思考，是什么原因造成的呢？学校也努力了，教学我们也很努力。后来我们发现，是旧课堂的原因。后来我们就努力寻找一些思路和方法。我们到了上海，也到了很多的典型学校考察学习，但是，从2004年到2007年，我们走得依然很艰难。当然，经过几年的探索，也出现了一些新课堂的萌芽。这时候国内也开始有新的课改典型出现，学校开始慢慢走出低谷。2007年下半年，我们到了山东杜郎口中学，在这里我们看到了改革的希望。从这个时候开始，我们的课堂进入了大变革时期。课堂开始定型、定模，我们的导学案、课堂空间、课堂结构都开始形成自己的特色，课堂的程序和流程、课堂的评价体系等也都有了自己的特色。

褚清源：这样的改革能解决所有孩子的发展问题吗？

盛国友：我经常强调一个观点，民办学校里没有差生，只有差异，而差异是最大的教育资源，要最大限度地开发并利用这一资源，让不同层次的孩子在自己的最近发展区获得最大的成功，不是"水落石出"的精英优秀，而是"水涨船高"的全面发展。

只为优秀学生着想的精英教育是基础教育界最大的悲哀，关注每一个生命个体的成长，是新课堂经营的要义。在双语学校，我们一直把班级平均分作为考核教学质量的重要权重，因此，对于后进生，老师都视若"至宝"。这不仅仅是制度导向问题，事实上，在一部分优秀学生都有充分把握升入优质高中的前提下,班级总体成绩的高低很大程度上取决于中等学生和后进生。

褚清源:当学校发展面临首届毕业生成绩的失败,并且有共同办学者纷纷选择离开,抽离办学资金时,这种创业之初遭遇到的阵痛是否让你有过挫败感,当时有没有过退缩?

盛国友:其实当时我真有过退出的想法。我感觉这样的学校办下去没有意义。如果找不到新的突破口,像其他民办学校一样,不也是在骗人吗?

那个时候,铜都双语学校在社会上的形象是一部分家长说学校好,一部分家长说学校非常差,这样两种声音交织在一起相互抵消了,所以当时招生很困难。那个时候,民办学校的招生完全看广告投入大不大,能不能压过其他民办学校。我不想那样做,因此2004年我们学校在宣传时,开始宣传进步学生,而非那些少数成功的学生。

褚清源:夸大性宣传,是不少民办学校的共性,也影响了民办教育的公信力。

盛国友:直到今天,还有不少学校习惯于宣传少数成功的学生,但是那些失败的孩子呢?传统课堂只是部分人成功了,许多人却失败了,而不少民办学校只宣传成功的学生,用这些成功的学生来吸引更多的学生。有什么意义?今天,包括公办学校在内的许多学校只说自己的"产品"如何好,从来不提自己"产品"的副作用,就像卖膏药的光说膏药的好,从来不说膏药的副作用一样。所以我们鲜明地提出了"打倒旧课堂"的理念。当时提出"打倒旧课堂"的口号,其实是对自己的否定,是对自己原来思想的否定。

师资瓶颈是民办教育的第一瓶颈

褚清源:在你看来,当前民办学校发展面临的共性的瓶颈是什么?

盛国友：表面上看，民办学校面对的瓶颈可能是资金瓶颈、生源瓶颈、质量瓶颈，但这些都不是核心问题。民办学校发展的核心其实都落实在教师身上，师资瓶颈才是民办学校发展的第一瓶颈。有人说，现在民办学校发展尚处于"寒潮期"，主要是因为教师的流动，教师队伍的不稳定和教师不适应民办学校的发展。一些民办学校为什么倒闭，首要原因也是师资瓶颈无法解决。破解了师资这一瓶颈，其他问题都会迎刃而解。

问题是师资瓶颈并不容易破解。毕竟公办学校和民办学校的教师还存在根本上的身份差异，大多数教师只是把民办学校作为发展的一个跳板，而不愿意以民办学校为发展的归宿。在民办教育发达地区，不少民办学校解决这一瓶颈的方法是高薪聘请优秀教师。但这绝不是问题的根本解决之道，一方面高薪总是有限度的，今天"挖"到的优秀教师随时有可能被其他学校"挖"走，这种"以挖抗挖"的方式是短视行为；另一方面高薪聘请的优秀教师并不一定就能适应学校的发展，可能会出现"水土不服"现象。

我一直认为，教师是用来创造课堂产品的劳动者。教师的产品不是学生，也不能将学生视为自己的劳动产品。学校的产品是课堂，教师是在学校课堂中进行生产的生产者，因此破解民办学校教师难题的根本还在课堂。而传统课堂无法破解这一难题，能破解这一难题的是能真正保障以学生为主体的高效课堂。因为高效课堂是有规程、有检测的方法的。传统课堂彰显教师个人的价值，将学生当产品，或者说，传统课堂的教师没有把自己当成一个生产者，而是把自己当成一个消费者，完全搞错了自己的舞台。如果能将这个问题看清楚，师资的难题也许就迎刃而解。教师的问题不解决，民办学校的核心竞争力就无从谈起。

褚清源：民办学校如何处理好董事长和校长之间的关系，你有什么好的建议？

盛国友：第一个建议，董事长和校长一定要有一个共同的价值取向——为什么要办学校？一所学校就相当于一个企业和小社会。共同的价值取向一定是经营好学校，经营好课堂，学校的核心价值取向就是经营好课堂。如果有共同的价值取向，就不会有太大的分歧和矛盾。

第二个建议，如果董事长不懂教育，董事长就要敢于放权，就要敢于把学校管理权全部交给校长，否则学校很难做下去。中国的企业管理文化与国外的企业管理文化不一样，中国几个朋友凑在一起搞一个股份制企业，很难做长久，因为我们不具备股份制的合作文化。

董事长和校长都要定好位，董事长是决策者，是资源的支持者，而校长要成为学校文化的创造者和教育教学的研究者，能够积极为校本科研提供资源支持，并身先士卒参与课堂教学改革。教育是大事，是关乎千家万户的大事，教育不是什么人都能办的，教育还是要倡导教育家办学。当然，不是所有的所谓教育家都能管理好民办学校，我们更需要民办教育家。

民办教育家要做"人、鬼、神"的合体

褚清源：民办教育为教育家的成长提供了丰富的土壤和广阔的空间，你认为，一位民办教育领域的教育家应该具备哪些特质？

盛国友：三个字"人、鬼、神"。民办教育家必然是"人、鬼、神"的合体。首先说什么是"人"，他一定是一个正常的人，是个有血有肉的人，也是个有七情六欲的人，他有亲戚朋友，有自己交往的圈子；为什么说是"鬼"呢，有两个层面的解释，一是在民办教育大环境不够宽松的背景下，民办教育人总会有一些鬼点子，挖生源、师资，有时候还可能通过"歪门邪道"的途径取胜，二是与人打交道时是人，与鬼打交道时又是鬼，这也是由民办学校的市场特质决定的；说是"神"，意思是民

办学校办学者要有神一般的信仰，对教育的信仰，要把孩子当成上帝的产品去培养，要有伟大的情怀、高尚的境界，否则一定办不好民办学校。

褚清源：目前民办学校教师大多存在打工心态，凝聚力、向心力很难形成，如何如你所说去打造一支有信仰的教师团队呢？

盛国友：作为董事长，强调发展的愿景、成长的愿景是必要的，但是仅有这些是远远不够的。在我看来，首先在工资和福利待遇上要不断提高，给出的待遇要与教师贡献的价值相匹配。在铜都双语学校，我的计划是，对于优秀教师要逐步实现年薪制，最终要由年薪制过渡到股东制，让每一位教师都成为学校的股东，让这所学校真正成为大家的学校，而不是我一个人的学校。

褚清源：对民办教育同仁你还有哪些建议？

盛国友：铜都双语学校的发展曾经历了非常艰难的时期。这段经历又一次印证了我的一个观点，并不是说找了几个老师，买了几亩地，盖了几幢楼房，招一些学生，就可以办学了，就能实现你的教育理想了。民办教育发展到今天，经历了最初的激情，已到了步入成熟和理智的时候了。一个民办学校的兴衰也许经历各异，原因不同，但成功的民办学校都有一条主线贯穿其中，那就是扎根学校教育实践，在对实际问题的探究中成长。

我希望民办教育办学者都要敢于选择课改，投身课改，但是同时要警惕那些功利性、作秀式的伪课改现象。我一直呼吁课改要开展一场打假行动，课改不能搞花架子，搞形式主义，要真正从学校的实际出发，从学生的需要出发，最大限度减少各种虚假教学行为和"正确的废话"。

盛国友语录

学校的产品是课堂，教师是课堂的生产者，因此破解民办学校教师难题的根本在课堂。

课改是"内外兼修""远近同筹"，它的主产品是学生的优秀发展、幸福成长，副产品则是提高学业成绩。

我们的课堂改革是依据人的能力结构，从人与社会生活之间的联系和需要出发创设课型的。

我一直呼吁课改要开展一场打假行动，课改不能搞花架子，搞形式主义，要最大限度减少各种虚假教学行为和"正确的废话"。

我们要敢于用理想的方式向当下的教育说"不"，要敢于在自己力所能及的范围内营造中国教育的"桃花源"。

民办教育创业家的特质必然体现三个字"人、鬼、神"，必然是"人、鬼、神"的合体。

人物档案：

胡志民，先后创办河北省围场县天卉中学、石家庄创新国际学校等四所学校，全国高效课堂九大教学范式"大单元教学"创立者，中国教育学会农村教育分会副理事长。

胡志民：课改原本很简单

胡志民是谁？

一位站在巨人肩膀上摘到了星星的"课改达人"。他把杜郎口"搬回家"，一点一点比照着反复"描红"，最终实现了从临帖到破帖生成个性经验的"蝶变"，以至于有媒体把他所在的学校誉为全国学习杜郎口"最像"的学校，学习杜郎口学出了自我特色的学校。他做过教师，干过装潢，开过饭店，经历了十年从教、十年经商，最终又回归教育的发展轨迹，这似乎诠释了他生命中的关键词注定与教育有关……

他就是河北省围场县天卉中学——一所民办学校的校长。

之前，尽管在几次会议上曾与他邂逅，但始终无法把他与一个集创业者与课改校长为一体的角色相对接。当真正走进他所创办的学校，与他坐在一起促膝长谈时，他言谈之中接连不断的精彩观点所透出的睿智，让人心生敬意。从他的言谈中读出的，也许不仅有北方汉子的率真与闯劲，更有教育人的理想、激情与执着。

如今，有人说，天卉中学火了，每周都有数百人前来观摩学习。一年多来，先后有北京、山西、内蒙古、宁夏等地的兄弟学校慕名前来参观学习，这里的教师也频繁被邀请到外地送课、讲学。

天卉中学的迅速崛起与一直鼎力革新的胡志民有关。正如崔其升之于杜郎口一样，胡志民无疑是天卉中学课改推进的灵魂人物。他一学期要看课八百多节，要与一百多名学生谈心。他常说："我选择的是一项不可能重新选择的职业，因为当我看到孩子和家长的目光时，我没有退路。"

2009年3月，胡志民为自己写下了这样一段文字：教育是一份神圣的事业，来不得半点虚假，必须踏实践行。我愿倾尽毕生之力，以良心为纸，以行动为笔，蘸着满是教育情结的鲜血，书写这篇可能不华丽但一定要鲜活的文章，做我一生的祭文。

让我们一起走近这位以"做良心教育"为使命的校长，细细品读他的教育智慧。

访　谈

传统课堂是"泼水式课堂"

褚清源：在投身课改之前，天卉中学的教学质量已经在全县位居第一，你为什么还要选择课改？改革毕竟是要面临风险的。

胡志民：为什么课改？图的是什么？这个被人问了无数次的问题，也曾被自己无数次追问。民办学校要想有出路，必须通过改革不断拓展生存空间，仅靠拼时间、拼体力来赢取分数是无法走远的。民办学校的发展环境并不宽松，与公办学校相比，民办学校既不占天时也不占地利，是在挣扎中等待死亡，还是主动出击实现突围，考验着我们整个领导班子的办学智慧和决策能力。

2003年到2005年应该说是天卉中学最具人文氛围和理想色彩的时期。那个时候，教师充满激情，工作都很投入，学生更是学得快乐。但是到了 2006 年随着第一届中考的到来，学校一切工作都转移到了中考上，活动停止了，课节增加了，学生没有了往日的欢笑，取而代之的是匆匆的脚步，紧锁的眉头。接下来，虽然连续两年取得了全县中考第一的成绩，但这并没有让我感到一点"成就感"，我甚至觉得，我刚刚看到一点影子的那个理想学校离我越来越远了。看着学校压抑的气氛，看着课堂上"煎熬"的孩子，我曾问自己："这是我理想中的学校吗？这是我要追求的教育吗？如果这样下去，学校还有办下去的必要吗？"正是基于这样的认识，我决定必须通过课改来寻找新的出路，否则我宁愿放弃。

褚清源：天卉中学一直在致力于建设新课堂，你认为传统的课堂最大的缺失是什么？

胡志民：传统课堂不是从学生的"学"出发的，而是从教师的"教"出发的，学生不是主动学会，而是通过灌输"被教会"。这是传统课堂最大的问题。

一直以来，传统课堂都是以教师的"强权"为前提，缺少对学生感受的尊重，教师说什么，学生就要做什么，否则就不是"好学生"。传统教育类似于"放羊"，"羊倌"呵责、抽打着"羊"奔向"分数"这片人人都争夺的"草地"。实际上，生活在学校里的这些"羊"，远没有真正的羊自由自在，他们只有一片"草地"，需要"被牺牲"一切去得到它。

我常常把传统课堂称为"泼水式课堂"，教师攒了半桶水或一桶水，站在讲台上凌空泼下，学生能接收多少算多少，接不着就拉倒。实际上，教师和学生的关系永远不应该是一桶水和半桶水的关系。教师应该是指引学生寻找水源的领路人。这个找水源的过程就是课堂学习的过程。

褚清源：是否可以这样理解，天卉中学今天的课堂从教师的"教"转向了学生的"学"，真正让学生成了学习的主人。

胡志民：是的。构成课堂的元素主要有学生、教师、环境。传统课堂中放大的是教师这个元素的作用，但是这个元素在一定时间内是恒定的，环境在一定时间内也不会改变，只有学生这个元素是可变的，并且这个变量是无限的。可是传统课堂恰恰忽视了对学生这个元素的开发和利用。我们把课堂的恒定元素确定为1，如果学生这个元素起的作用为0，1乘以0等于0，学生没动，你在上面讲得天花乱坠，学生在下面却无动于衷，那么我们这堂课的效益为0；如果学生反感这个老师或反感老师的讲课方式，他们在心里抵触，可能起到的作用为-1，1乘以-1的得数为负数，那么这堂课的效益则是负效益。如果我们让学生动起来，让学生主动参与课堂，与同学合作，与教师合作，学生这个元素的作用就可能发挥得更大，课堂的效益就可能是两倍效益，甚至是三倍效益。所以说，我们所实践的高效课堂的价值就在于，设定了教师这个元素以后，把学生这一元素调到最大值，通过学生主体作用的发挥使课堂效益成倍增加。

为什么要采取"拿来主义"

褚清源：天卉中学在课改实践中一直在强调模式的作用，在你看来模式之于课堂教学的最大价值是什么？

胡志民：有不少人在质疑模式，甚至批判模式，实际上是因为很多人没有弄清楚模式的本质意义，以至于把模式等同于模式化了。模式即方法，即流程，即规则。模式是我们做事的边界，是基本的课堂规则。每一个教师都有模式，区别在于有的模式是科学的，先进的，有的模式是落后的，甚至有问题的，需要抛弃的。模式不是一成不变的，它应该是一个动态生成的概念，模式是不断被突破的，旧有的模式被打破的同时，新的模式诞生。同样，学校的发展不同的时期需要有不同的课堂教学模式。我们倡导模式是为了保证教师不犯常识性错误，让更多的教师少走弯路，迅速掌握一种更有效的方法。没有模式就没有标准，教师在模式内是自由的。

褚清源：天卉中学的课改是在"师法杜郎口"的基础上，最终"破帖"生成了独特的"大单元教学"特色。你因此一直主张学习先进经验要先"临帖",要敢于采取"拿来主义","临帖"的价值在哪里?

胡志民:别人已经验证的成功经验完全可以拿来为我所用,杜郎口中学探索了十多年才总结出今天的经验,我们没必要从头再重走一遍。我们要学会借力发展,站在巨人的肩膀上摘星星。所谓拿来主义,关键是要主动拿,而非被动拿。拿来的经验首先要认真"临帖""描红",这是学习成功经验的一阶段,当走过了这一阶段,就要集合集体的智慧,依据学校自身的实际情况,对经验本身进行重新组合与改造,促成最终的"出帖"。

实践中有不少学校不"出帖",原因是"临帖"出了问题。学不好成功的经验,问题不在经验本身,而在于学习者是否真正做到了融会贯通。我一直坚持一个观点,批判吸收、挑肥拣瘦的做法是要不得的。没有步入课改的深水区,就没有发言权,对于同一个观点,处在课改浅水区和深水区的人,认识是不一样的。课堂教学改革的最佳捷径就是找一个好帖进行临摹,等真正钻进去了,你自然就能化蛹成蝶,破茧而出。

褚清源:学习成功经验重要的是学其神,但往往是仿其形容易,学其神难,天卉中学在学习杜郎口中学时经历了一个什么样的过程?

胡志民:任何一种改革,任何一种创新,如果只看它的表面似乎都没有深度,但是细细探究会发现,其背后都有一种或隐或现的文化在支撑,有着很多不被我们了解的背景与故事。最初走进杜郎口中学,我们看到的只是杜郎口中学的冰山一角,随着考察学习的深入,我们深切感受到了杜郎口人那种朴素的教育情怀和执着的改革精神。最初,我也曾认为,杜郎口中学的课堂有作秀的嫌疑,但是后来发现自己的想法是幼稚的,那里天天都有参观者,杜郎口中学没有必要天天给我们作秀。

当然,现在来到天卉中学的人中,同样有对我们的课堂存在这种疑虑的,但我可以负责任地说,大家看到的课堂就是我们的常态课堂,作为一所民办学校,我们没有必要给任何参观者作秀,因为他们都不能决定我们学校的命运，决定学校命运的只有家长和社会，只有他们认可了，天卉中学才可能有未来。

课改，"下水"方有发言权

褚清源：对于民办学校来说，升学率是立足之本，你不担心课改可能影响成绩吗？

胡志民：这可能是一线课改实践者最担心的问题。现在回过头来想想，课改初期是一头雾水、手忙脚乱；课改中期是成绩下滑、遭受怀疑；课改后期是豁然开朗、体验幸福。这就和《西游记》中唐僧求取真经一样，不能让孙猴子一个筋斗去两天拿回来经书，必须经过九九八十一难。遇到问题不可怕，解决问题就是最大的进步。

课改没有进入深水区时，因为学生还不能熟练主宰这种课堂，预习、展示都不很充分，讲解抓不到点子上，课堂时间浪费比较多，教学目标无法有效完成，课堂上表面的繁荣又往往会掩盖学生隐藏的问题，因此难免会出现学生成绩下滑的反弹现象，这是正常的。有一点需要坚信，成绩只是课改的副产品，也许改革之初，朴素的想法就是为了成绩，为了生存，但真正走了一段时间后发现有比生存更大的意义。

褚清源：你曾总结了课改初期十大绕不过去的问题，请具体谈谈。

胡志民：课改初期，由于教师对理念的认识不到位，操作方法不得当，曾遭遇过一些问题，我将其总结为十大绕不过去的问题：一是教师观念，明白容易转变难；二是学生习惯，说改容易养成难；三是集体备课，安排容易做实难；四是编学案，编写容易有价值难；五是用学案，完成容易保质保量难；六是小组，建立容易建设难；七是合作学习，表面合作容易有效合作难；八是课堂展示，泛展容易精彩难；九是学习任务，设计容易完成难；十是教学质量，不升反降容易提高难。课改不怕出问题，问题是我们进步的抓手，解决就是进步，坚持就是成功。

褚清源：作为课改的过来者，你认为校长在课改中要担当什么样的角色？

胡志民：课改出了问题谁负责？当然是校长，校长要做课改的第一责任人。我认为，在课改过程中，校长要扮演好三种角色：一个是课改发端的独裁者，改革之初不允许有第二种声音；第二是课改中期的理解者，遇到难题要敢于担当，要始终与教师站在一起，共同解决课改难题，而非一味指责；第三是课改过程的护航者，在人力、物力、财力上不断给予支持。

其实课改并不难。许多人尚未真正投身课改，则先预设出许多问题，假想出一大堆障碍，这些问题和障碍成了他们不课改的理由。还有一部分人依然在观望，犹豫不决，陷于不课改良心过不去，课改又怕自己过不去的心理困境。其实只有"下水"才能学会"游泳"，只有在行动中生发的问题才是真实的问题，思考过多，就会行动太少。一旦上路，你会发现最初预想的许多问题只是伪问题，你会体味到从事教育无法言说的妙处。

办学校还是办"学店"

褚清源：民办学校当前的发展环境并不宽松，那么民办学校发展面临的问题有哪些？

胡志民：随着国家教育投入的增加，民办学校原有的竞争优势正在逐步丧失，横在民办学校面前的有"三把砍刀，一根绳子"。

第一把"砍刀"：国家投入力度加大，进行布局调整和资源整合。过去是穷国办大教育，哪级办学哪级管理，公办学校投入明显不足，民办学校正是在这个时候，高起点高投入发展起来的。随着国家财力的增强，开始加大对教育的投入，动辄上百万、上千万，甚至上亿，再强大的民办学校也无法和"国力"抗衡，民办学校赖以生存的"硬件"开始不"硬"。

第二把"砍刀"："两免一补"政策在全国范围内实施。"两免一补"政策的出台，无疑让义务教育阶段的民办学校雪上加霜。由于许多民办学校的学生享受不到这一惠民政策，所以在社会上形成了一种认识导向，国家对民办学校不支持，民办学校的倒闭是早晚的事，很多家长对民办学校失去了安全感，不敢再把孩子轻易送到民办学校，除非你有非常特殊的吸引力。

第三把"砍刀"：公办学校大幅度提高教师工资。这一刀砍得最深！民办学校当年能够迅速发展，得益于当时公办学校的低工资。2003年天卉中学创办时，招聘教师可以说"振臂一呼，应者如云"。因为当时三十岁左右，工龄在十年左右的教师，月工资只有七八百元，而我们一下子给到了2500元之多，吸引力很大。可短短几年的工夫，公办学校教师的工资直线上升，民办学校原来的工资优势不在，教师心理失衡，开始出现教师向公办学校回流的现象，这对于我们来说是最致命的。

"一根绳子"：2007年以后，物价开始大幅度上涨，银行加息，新《劳动合同法》颁布，用工成本大幅度提高，多方面因素集合在一起，办学成本一路走高，可是我们又不敢轻易提高学费。"资金"的绳索开始套在了民办学校的"脖子"上。

褚清源：你的"三把砍刀论"道出了民办教育发展面临的集体困境。在当下民办教育的竞争力和抵御风险能力依然很弱的情况下，你如何看待民办教育的未来？

胡志民：我始终对发展民办教育充满信心，《国家中长期教育改革和发展规划纲要》传递出了促进民办教育发展的信号。但前提是让什么样的人来办教育，是办学校还是办"学店"。民办学校必然要提供可供选择的差异化教育，要无限制造家长选择你的理由。民办学校的发展空间不是政策给的，而是自己拓展的，必须靠自身的发展赢得尊严，赢得认可。

褚清源：民办学校内部存在哪些需要规避的问题？

胡志民：民办学校的发展有两种现象：一是家族式管理发展模式，二是空降兵式发展模式。家族式管理在创业初期有其积极的意义，但是发展到一定规模，不管管理多精细多到位，最后的结果都是失去教师的信任，教师没有安全感和归属感，导致学校表面抓得紧，实际上没有一点凝聚力。有的学校为了管理，不惜重金请来一些名校的二线校长或有丰富经验的校长，我把这类现象比喻为空降兵式发展模式。这些人往往起点都比较高，固有的管理经验和思维惯性使其短时间很难和学校的发展实践相融合，非常容易和创业元老发生矛盾。其次，这些人又极易引导一部分教师的追随，形成一个小圈子，一旦和办学者发生矛盾，很容易造成成批教师倒戈，久而久之，学校的发展思路渐窄，容易走进学校发展"人治"的死胡同。

褚清源：有人是为了钱办教育，你是有了钱办教育，但教育毕竟是一项大投入、低回报的投资，你为什么依然回到教育上呢？

胡志民：确切地说，是为了一种理想和尊严。教育是我人生选择的第一个职业，并且整整干了十年，我始终对教育有一种割舍不下的情结；更重要的一点是，做生意那几年虽然赚了一些钱，但说实话，每赚一分钱，我觉得尊严便少了一分，生意人和教育人的生命状态是不一样的。所以，当积累了一些资金后我毅然选择回到家乡办教育，办一所自己理想中的学校。这所理想学校就是要让每一个从天卉中学毕业的学生在将来回首往事的时候，会认为这三年的生活让他们一生受益。

褚清源：在你的理想中，天卉中学未来的规划是怎样的？

胡志民：现在，学校的很多教师经常应邀到全国各地讲学，受到各地同行的追捧，他们在成就自己专业发展的同时，也赢得了应有的尊重。至于天卉中学的未来规划，我想不在于它规模发展得有多快，关键是追求理想的教育，做有尊严的教育。民办学校要摒弃办教育赚钱的目的，要做良心教育，民办学校不能只做升学率的暴发户，要真正回归到"人"的培养上来。教育是慢的艺术，做教育不能功利，功利是教育的大忌。比如说，人家挖生源，我不能挖，如果一边在做着龌龊的事情，一边却教育学生好好做人，我会心里很不安。哪怕有一天，天卉中学失败了，也虽败犹荣，因为天卉中学是在为教育理想而奋斗。

胡志民语录

教学改革"改"的是模式，"革"的是观念，先通"道"，再换"术"。

改革初期，校长要扮演好三个角色：改革发端的"独裁者"，改革中途的"理解者"，改革过程的"护航者"。

难题就是"价值"，问题就是"抓手"，解决就是"进步"，坚持就是"胜利"。

集体备课是高效课堂的"加油站"，导学案是高效课堂的"方向盘"，小组建设是高效课堂的"神经元"。

只有教师的"高效"是"教"的"高效"，只有学生的"高效"是"学"的"高效"。真正的高效课堂必须是教师、学生"双高效"，所以高效课堂应是"双核课堂"。

改革最大的"阻力"不是家长和学生，而是老师，让讲出来的"名师"突然"不讲"，无异于让一辆高速行驶的车立刻"停下来"，不出毛病才怪。

"高效课堂"满天飞，"名词"高效了，"课堂"没高效，该对"高效"打假了。

有一种奇怪的社会现象，到医院病最重的人是找"名医"看，而在学校最差的学生往往被推到了"庸师"那里。"名师"是靠自己的本事干出来的吗？不是，名师是"名生"捧出来的。

人物档案：

范庚祥，河北省新乐市孝德小学创办人，曾任新乐市民办教育协会会长，曾荣获"全国民办教育最具创新力榜样人物"称号。

范庚祥：守住梦想的防线

梦想与年龄无关。一位70岁的老人，尽管早过了做梦的年龄，却始终守望着自己的梦想，他的梦想很单纯，也很"卓越"——办一所理想的学校。

这所理想的学校与精神有关。在这所学校里，师生不仅生活在柴米油盐里，生活在课堂狂欢里，也时刻生活在自己构建的精神世界里。教师懂得人生的意义何在，懂得如何去实现生命价值，懂得如何为生命增值。按照这位老人的定义，当学校里出现了一个精神王国的时候，这所学校才是一所真正的学校。

他的梦想不仅属于自己，也属于与他一起并肩行走的人，他总是善于将自己的梦想营销给身边的人，让他们成为他的梦想"合伙人"，于是，老师们称他为"造梦大师"，称他是一位营销梦想的人。

这位老人是范庚祥，河北省新乐市孝德小学创办人、校长。

他对理想教育的追求痴迷得近乎顽固。在他看来，学校应该是个"梦工厂"，每个人都可以在这里放飞梦想，而校长应该是一个建筑工人，是为师生的梦想搭建舞台的人。这所学校可以不豪华，但不可以不真实。范庚祥常说，"教育其实很简单，真实就好"。

这里可以成就你关于教育理想国几乎所有的想象——

在这里，不少教师以校为家，教师都像尊重和孝敬自家的老人一样对待校长。办学十多年来，教师的流失率很低，这里无帮、无派，人际关系简单和谐，同事间没有嫉妒，教师也不必取悦领导，因为这里完全没有"潜规则"，你只要多做工作，做好工作，做最好的自己就行了。每一位师生发展的权利、合理的需求都能得到尊重和满足，他们的个性、兴趣、特长都会有平台和舞台得以发展和展示，他们一时的错误、失误、不足会得到包容、理解和体谅。因为校长有，教师也有"等待花开"的耐心，有牵着蜗牛散步的智慧。

学校消灭了学生的不及格现象，"不使一个学生掉队"的承诺变成了现实。是什么让他们做到了这一点呢？背后的功夫有很多，这里仅分享他们的一个做法，每次学生考试后要自己写"试卷分析"，然后做到考后100分。在学校的档案室里，笔者看到了学校收藏的每位学生的"试卷分析"记录，很具体也很深刻，这种做法使学生真正从学会达到了会学。

孝德小学每周有一份特设的"孝德试题"，这与具体的学科知识无关，是关于行为习惯和道德养成的试题，都是开卷考试，每周一次，能够对抗各种庸俗、消极的东西对学生心灵的侵扰。

这不是传说，这些都是孝德小学最好的教育表达。这些侧面可以让人更真切地认识孝德小学的魅力。走进孝德小学似乎走进一座教育的世外桃源，可以屏蔽腐败、功利和浮躁。

从1968年10月参加工作起，范耿祥在教育战线已奋斗了45个春秋，尽管他的身份始终在变化——教师、小学校长、中学教导主任、中心校校长、镇中校长、教育局督导室督学，但那颗永不服输的心和他的教育梦始终未曾褪色。直到1997年，他由公办校长转入民办教育生涯，他在自己亲手建起的校园里重启了自己新的教育生活，从那时起，他的梦想被擦亮成火把，点燃了身边更多的人……

从学校建起来的那天起，范庚祥的家就搬到了学校。他没有豪华的办公室,办公室里到处堆满书报杂志,有新的,有旧的,有用笔勾画过的,有折过页的。老师们说,"他没有什么其他爱好,从来手不离书报","教育是校长生活的主流,其余都是生活的点缀"。他自己则常说:"教育是我一生的追求,孝德是我一生的作品。"

范庚祥是一位盛产语录的校长,他的许多讲话片段被老师们奉为经典,比如"校长就是长校,就是长在学校里干活的人""我们是散养的,自己找饭吃""不要说自己教了几年书,而要想一想自己用心教了几年书""秋天的树让果实说话""埋怨学生难教,常常是我们方法太少""胜利就是站起来比打倒多一回""解决矛盾的最好办法,就是承认自己的错误""想让课讲得'浅出'吗?那你就深入教材和学生"……当老师们你一言我一语,脱口而出校长的语录时,老师们那种为校长骄傲的眼神让人感动。

他在一篇题为《良知与底线》的文章中这样写道:"心中有'良知',脚下有'底线',几十年的校长经历,让我明白了许多,尤其是当一名校长应该有一颗平常心,有了平常心才会安于平常事。年轻时好高骛远,总以为人生漫漫,自己可以乘风破浪,一时的伤痕,一生的伤痛,往事不堪回首。1980年12月,我被调到城关任中心校校长,那年我34岁,由于年轻,太显山露水,也过于执着,我几乎成了一个工作狂……我没日没夜、全身心投入,虽然教学成绩很高,受到了立大功的嘉奖,但对教育的真谛,仍是在迷茫中探索,心中总有诸多遗憾,至今想起来还是后悔……"

范庚祥始终在守着自己理想的防线,他也试图与他的老师们一起守住学校教育的防线。

访　谈

校长是长在学校里的人

褚清源：你是孝德小学教师心中的好校长，在你看来，什么样的校长才是好校长？

范庚祥：好校长不是靠勇敢和冲动来实现学校的管理，不是靠小恩小惠、甜言蜜语、拉帮结派建立自己的威信，而是靠制度、规章和文化来打造认同感。什么是好校长？好校长多种多样，但我认为好校长的工作重点就是在校园内努力打造且不断发展一种积极向上的"团队精神"，因为没有完美的个人，只有优秀的团队。

校长不是社会活动家，要固守校园，校长的名字应叫"长校"，就是长在学校里的人。进得了课堂，讲得出名堂，这才是一名好校长。校长首先要有实力，就是有正确的教育思想，管理上有办法，教学上有对策。这几年，我每天坚持听课，坚持去写、去想、去思考，利用"晨点"向教师推荐教育教学信息，传播新思想、新理念，介绍自己的经验或体会，目的就是率先垂范，让老师们看到希望，触摸到力量。

今天的校长要坚守的不只是"平常心"，比"平常心"更重要的是"责任心"，是"教育良心"。我们所做的一切不只是为了孩子的今天，更重要的是为了孩子的明天。心中有"良知"，脚下有"底线"，学校就能在浮躁之中守住宁静，在纷杂的事务中认清方向，稳步前进。

褚清源：你刚才谈到了"晨点"，这是孝德小学多年来坚持的一项活动，也成了孝德小学教师的精神加油站。你很多在"晨点"中的讲话都被教师奉为经典，耳熟能详。每天讲，并且每天都要讲出新意，这对很多校长来说是一个挑战。

范庚祥：从一定意义上讲，校长的工作就是讲话。通过讲话，实现教育思想的领导，让教师明白前进的方向；通过讲话，振奋教师的精神，鼓舞大家的士气。因此，校长需要修炼讲话的艺术：一是不媚俗，二是真实有用，三是不求一鸣惊人，四是把追求思路清晰、语言流畅、情感真挚、思想深刻作为永恒的目标。

褚清源：作为一所民办学校，孝德小学的发展堪为典范。你如何看待民办学校的发展前景？

范庚祥：对于办学者来说，他有什么样的初衷，决定着他有什么样的办学行为。如果是逐利者，舍不得投资，那将是民办教育的悲哀。当他们过于看重钱，眼睛"红"了，心可能就"黑"了，受伤害的将是那些无辜的孩子。民办教育不相信眼泪！民办教育需要删除负面情绪，向内求变，向上发展，以自身的强大来拓展发展空间，宽松环境从来不是等来的，而是自己营造的。

关于课改不得不说的话

褚清源：你主张，课堂兴则学校兴，课堂是学校的产品，是教育的原点，回到课堂上实施育人，才是真正的教育回归。那么，孝德小学在课堂教学上秉承什么样的理念，又探索了哪些经验？

范庚祥：在时下的课堂上，我们常常看到一些教师因为过于"精明能干"，致使学生的心智受到压抑，思维受到禁锢，情感受到束缚。在课堂上教师应学会"艺术地糊涂"，为了孩子的不沉默而学会"沉默"，为了孩子的不示弱而勇敢地学会"示弱"，学会"等待"是为了孩子的不等待，学会"放手"就是让孩子去动手、动脑、动口、去做、去想、去说。"示弱""沉默""等待""放手"这八个字的真正用意是把更多的机会留给孩子,让他们在一种平等、和谐、自由、安全的氛围中找到学习的动力,获得探究的乐趣,享受成功的喜悦。

这些年,我们在实践中探索出了一套课堂教学方面的经验,叫"自动课堂教学法","动"是核心,就是教师在备课标、备学生、备教材、备方法的基础上,抓住重点,理清思路,摒弃强势、急躁、急功近利、以点带面,充分利用"示弱""沉默""等待""放手"这八字方针,选择好"动"点,设计好"动"法,让学生在"动"中观察、体验、思考、学习、总结、掌握;就是让学生动起来,积极去思考、去实践、去品味,品出自己的味道。其核心要求是关注每一位学生,不使一个学生掉队,改革教学方式和学习方式,把课堂真正还给学生。在这一理念指导下,教师创造了109种教学方法,这些教学方法形式不同,但出发点和落脚点都是要实现教与学方式的创新,尊重学生,激发学生学习的热情,鼓励每一位学生在课堂上都能"当家做主",动起来,学起来,做起来。

褚清源:孝德小学的课改始终保持校本特色,稳妥推进,成果显著。在推进课改方面,你有什么样的心得?

范庚祥:我是课改坚定的支持者和建设者。综观全国的课改现象,我有很多不得不说的话。有人说,教育改革已经到了深水区,我不赞同这种说法。整体而言,真正的教育改革尚未启动,哪有深水区啊?

民办学校应该在课改中脱颖而出,成为课改的先行者、领跑者,成为课改经验的创造者、输出者,而不能做跟跑者。现在有太多的学校习惯于跟风,我们从不追风,让风吹过,我们不赶潮,让潮散去。我们让课堂回归自然,回归"原生态"。对教育,我们心怀敬畏,追求"让教育自由呼吸""让教育自然呼吸"。

课改也绝不是推倒重来,教育本身就是一种文化的传承,推进课改就是为了更好地实现文化传承,而不是否定过去的一切,另起炉灶,另搞一套。课改不断深入推进的过程,实质上就是一个文化传承与创新的过程，一个文化不断生成、提升和丰富内涵的过程。课改本身就是文化的重建，是从头到脚都需要建设的文化。因此，站在文化变革、文化建设、文化重构的角度来审视学校的一切教育活动，应该是校长必备的基本素质。

褚清源：在具体实践层面，课改需要警惕哪些现象？

范庚祥：首先是警惕后模式化时代的模式控制。在课改初期，我们说模式是生产力，到了后模式化时代，就需要回头重新审视模式，过于强调教学模式的普适性，夸大了教学模式概括性的特征，就会造成千校一面、千堂一面，这是非常可怕的事情。对学校而言，应跳出模式的思维框架，结合自己的特点，形成自己的教学特色、教学风格，不趋时、不附势、不喊口号、不搞运动，说自己的话、动自己的脑、上自己的课。

同时，警惕我们的课堂从一个极端滑向另一个极端——从"以教师为中心"滑向"教师不作为"，从"一言堂"滑向"不作为"，从"事无巨细地讲解"滑向"撒手放羊"，让学生"想怎么学就怎么学"。当我们倡导还权于学生的时候，不要忘了教师何以存在，教师的基本职责永远不能缺位。

如果学校缺失了文化

褚清源：你曾提出，学校是制度第一，校长第二，人人敬畏制度，遵守制度。那么，学校也有超越制度的管理吗？人们常说，文化才是学校管理的最高境界，你是如何理解学校文化的？

范庚祥：没有规矩，不成方圆，只有规矩，也难成方圆。我曾经在《中国教师报》发表过一篇文章《好制度成就好学校》，核心观点就是让学校管理从人治走向法治，这一点在民办学校尤其需要重视。我认为，一位好校长建立健全一套好制度，才能成就一所好学校。但是，需要补充的是，制度的背后是文化，文化在制度管不到的地方起着作用。

文化是学校的灵魂,学校坚持什么,反对什么,应旗帜鲜明、立场坚定,这凸显了学校强大的文化自信和文化自觉及强大的生命力。这也是学校文化的底气、豪气和志气。文化就是对"价值"和"秩序"的坚守。文化是一套是非标准、荣辱标准,其核心是团队中的个体面对相同事情时行动具有一致性。因此,从学校领导的角度来说,文化建设的最高境界就是让师生员工能够在心中建立和尊重一套共同的行为秩序。如果学校缺失了文化,就会把孩子带到一个抽象、片面甚至虚假的地带,文化的缺失带来的是精神的浮躁甚至荒芜,培养的孩子就可能是有知识没思想、有记忆没根底的"人"。

褚清源:孝德小学是如何打造以学生为核心的教育文化的?

范庚祥:孩子的童年幸福高于一切,把学生放在中心位置,是一切教育教学行为的出发点,因此,我们必须以学生为圆心来改造学校,变革教育。很多时候,我们是在用成人的眼光管教孩子,而孩子却一直用自己的视角观察世界。教师对孩子心存敬畏,也就不自觉地开始了角色转变,逐渐成为儿童行为的研究者,从而更好、更多地研究他们,走进他们的生活,走进他们的内心。

教师站在讲台上,要活泼生动、有情有趣,对事物要敏感,有独到的创新精神,要做"登山人",不断达到新高度,不要做"推磨人",虽走了很长的路,但始终在原地转。教育的本质就是开启人的"本善",引导人心"向善"。我们教育人就应该承担起启迪孩子善德、善行的责任,没有爱的教育是苍白的,而没有善的生命是悲哀的。这就是我们改造学校的目标。

向农民和医生学做教师

褚清源:你在文章中曾谈道,教师要向农民和医生学习。请具体谈谈你的理解。

范庚祥：我们应该向农民学习，做学生成长的守望者。农民按时除草、施肥，按需浇水，即使到年底自己的庄稼收成不好，他也绝对不会埋怨自己的庄稼，而是从自身找原因。那么教师呢，是不是还存在抱怨学生的现象？

同样，医生看待病人也绝不会像教师那样说："你咋这样笨，又犯了头疼脑热这么简单的病！"医生也不可能对孩子的家长说："你都治不好孩子的病，我怎么能治好呢？"向医生学习就是帮助每个学生找到适合自己发展的"药方"。实施最有效的教育，不能推诿，也不能找借口。

褚清源：你曾撰文呼吁，让教育家从课堂里走出来，让教师成为距离教育家最近的群体。按照你的理解，教师怎样才能成长为有思想、有风格的人？

范庚祥：马不应该学骆驼的优势，马有马的优势，骆驼有骆驼的优势和劣势，骆驼是沙漠里的马。人也是一样，应该有点自信，不要老是惦记着自己的短处和劣势，也不要总是看着别人的长处和优势去比，自惭形秽。

我们应该尊重和学习别人的优点，但不能在简单的模仿和复制中迷失了自己，每个人都是独一无二的。我就是我，我有我自己的特色和风格，我完全可以成为最好的自己。我能出彩，我也会出彩，不在这方面，就是在那方面，我非常自信。

人，最难认识的就是自己，我是谁？我可以做些什么？这些最简单的问题往往使我们困惑。和别人去比，这是人性的弱点。我就是我，为什么非要和别人去比呢？尤其不要拿自己的弱势去和别人的强势比，会越比越不了解自己，要学会向别人学习，深刻全面地认识自己。

范庚祥语录

课堂是学校的产品，是教育的原点，回到课堂上实施育人，才是真正的教育回归。

民办教育的特质就是创新，存在的价值就是破除公办教育的行政化、同质化，利用灵活机制大胆改革创新，让教育真正自由呼吸。但决不能以市场化、经济利益为追求目标，而要遵循教育规律，把教育定在"人学"。

一位好校长建立健全一套好的学校制度，才能成就一所好学校。

不妄想，不妄动，不妄言，不妄食。

校长要坚守的不只是"平常心"，比"平常心"更重要的是"责任心"，是"教育良心"。

心中有"良知"，脚下有"底线"，学校就能在浮躁之中守住宁静，在纷杂的事务中认清方向。

人物档案：

王天民，河南汝阳圣陶学校创始人、校长，语文特级教师，全国优秀班主任。

教坛"鬼谷子"王天民

这是一个"很有情怀感"的励志故事,与一位76岁的老人有关。

他的人生是直线型的,只有一个主题,那就是教育。他在年轻的时候就已成为全县唯一的特级教师,并荣获全国优秀班主任称号;退休后他在邻县的一所民办学校发挥余热,那个时候,他一个人包班教所有学科;66岁他选择创业,变卖了县城的房产,回到自己的老家创办一所名叫圣陶的学校,在这片自留地里,他开始耕耘那个久违的教育梦;76岁,他那朴素的教育梦想花开中原,圣陶故事开始在业界成为一种传说。

这位老人叫王天民,他所创立的位于河南汝阳小店镇的圣陶学校,如今,每天来自全国各地观摩学习的人络绎不绝。

一位老人创办的学校何以引发业界的围观?他的教育梦到底是什么?

如果概括起来,王天民和他的圣陶学校的确开启了一场颠覆性的改革。这里的超常规学习打破了现行的教材体系,弹性学制打破了现行的年级升学制,无师课堂、混龄学习使打破班级授课制成为可能。

这里可以实现25课时学完小学数学基本知识,20课时学完初中化学,这里有"开卷练闭卷考",有"单科独进",有最大规模的同步学习和异步学习等具体的教学策略。也有人总结这里是"六无"学校,即无教材、无教师、无作业、无预习、无笔记,这当然不是吸人眼球的噱头,如果你走进圣陶学校，这些现象都可以被轻易发现。

圣陶的颠覆性远不止这些，他们正在尝试"小学一班一师，初中一级一师，高中一校一师"的探索，所有这些都在颠覆着教育领域既有的思维和常识。

在圣陶的校园里，王天民通常是每天起床最早的人。没有什么能影响他每天早晨5：00起床，然后在这个熟悉校园里巡视，静静等待陆陆续续起床的学生，这对他来说，是一种幸福。等到学生晨读开始了，他会挨个教室串，如果发现哪个班在学习上遇到了问题，他会给学生即兴讲上一段，而"王爷爷到我班讲课"一直是圣陶学子的期待。

白天，王天民习惯于穿梭在教室和办公室之间，重复着他常年不变的生活节奏。到了晚上，王天民会更忙碌一些。每天晚上19：30开始，是圣陶全体教师雷打不动的学习时间，要学习的内容都在王天民这里，他每天讲的内容都不同，从学科知识到《论语》《道德经》，不一而足，王天民为圣陶教师的知识边界打开了更多的缺口。

培训结束到23：30左右，是王天民常年保持的两个小时的学习时间，这段时间他会读一读常年订阅的六七种教育报刊，或相关的教育书籍。这两个小时的阅读内容很可能就会成为他第二天给全体教师培训的内容。

在很多人看来如此单调的生活，对王天民而言，无疑是一段有意义的旅程。王天民这样描述自己的一生："我是一个不知道什么是痛苦的人，我很少生病，也从来没有感觉到累。"

这样的生活秩序日复一日，年复一年，波澜不惊。直到2016年的春天，王天民和他的圣陶学校被中国教师报发现并报道，圣陶学校开始被更多的人熟知，王天民的生活秩序开始被打破，这个中原小镇往日的宁静也被打破……对于过去守得一份清静的圣陶学校而言，不知道是好事还是坏事，也许利弊兼有；对于基层的教育改革实践而言，媒体的责任就是发现，圣陶经验也许可以给处在转型期的中国教育一点启发；对于当下被改革裹挟的基层校长而言，王天民的圣陶实践给了改革者更多的教育联想——原来教育改革还可以有更大的尺度！

当外来学习者纷纷赞叹于他的改革成果时，王天民却没有太多的激动。"教育从来不需要什么改革，而是自然而然。"谈起过去的岁月，王天民总是那么云淡风轻。

正像木村之于"奇迹的苹果"，褚时健之于"褚橙"的意义一样，王天民之于圣陶，代表着一种无公害的教育，他是圣陶教育的灯塔。

我更愿意将王天民精神称为"匠人精神"，匠人精神就是专注、专业的精神，就是持续做好一件自己喜欢做的事情。

王天民一直自称是一个"教书匠"，他出身教育世家，爷爷是一位秀才，曾经教过私塾，父亲上过私塾，教过洋学，他深受爷爷和父亲的影响。王天民和家庭、家族间根的连接，培育其精神世界的关键人物是父亲。所以，"匠人精神"也许是对这位老人的最好诠释。

文字的表达力总是有限的，王天民的真实、智慧、朴素，以及情怀，不是一纸文字可以描述清楚的。只有亲身走进圣陶，走近王天民，才可能相对完整地理解圣陶，理解王天民。

王天民一直有一个梦——"不把中国教育从西方文化轨道拉回来，我死不瞑目。"这是他的教育梦，也是他的中国梦。

但他毕竟76岁了，总有退出学校的时候，离开了王天民的圣陶学校会怎样呢？局外人大多充满了担忧，但王天民显然对自己一手苦心经营的学校相当乐观。不知这种乐观到底来自哪里？也许正像圣陶的教育之道一样——顺其自然，船到岸头自然直。

访　谈

为什么圣陶学子如此痴迷学习

褚清源：考察完圣陶学校，人们普遍有一个疑问，那就是圣陶的学生为什么如此爱学习，如此专注地投入学习，他们学习的动力到底来自哪里？他们为什么能够把学习当成一种快乐，其背后的秘密到底是什么？

王天民：学生学习的动力可以用四个字来概括，那就是"梦想+行动"。如何让学生都心怀梦想，并在成长中不断优化梦想，发展梦想，圣陶学校有一套策略。但我认为，更重要的是，让学生学会自觉、自主，因为学习是他们自己的事情。

怎样才能使你的学生自觉呢？我想，什么都不要做，不要启发，不要引导，不要谈话，什么都不要，那是多么自然的事。当你跟学生谈话的时候，你说要努力，可能就是在表达他以前不够努力；你说以后要努力学习，你就是在强调学生现在学习不够努力；你说一定要树立梦想，你就是不承认学生现在有梦想。什么叫行不言之教？行不言之教必须从校长开始。

许多人问我这个问题：圣陶学生为什么这么爱学习？说实话，这个问题我也没有最准确的答案。但是，今天我想说，其实只有八个字"相信、解放、利用、发展"。

从我的经验出发，要想使学生自觉学习，首先要相信学生，只有相信才能解放学生。同样的道理，要想使教师努力工作，首先也要相信教师。我经常对来圣陶学习的校长们说，你敢不敢取消学校签到，他说不敢，因为上级有要求。我说你敢不敢对教师不加管理，他说不敢，没有过程哪里有结果。是的，这样的理由太多了，我们总有太多的理由拒绝相信教师。

你相信你的教师吗？既相信又不相信。你不相信他，他能相信你吗？我相信我的教师胜过相信我自己，真的是这样。我的每一位教师都能做比我校长想得更好更周密的工作。我相信我的教师，一百个相信，一千个相信，一万个相信，我对他们从没有否定的"不"字，疑人不用，用人不疑，在我这里从来没有否定词。

我对我的学生也是这样，教了这么多年书，在我的眼里从来没有差生，每一个学生都比我强，比我好，比我有优势，为什么？我老了，他们年轻。在年龄上我永远比不过他们，所以我看到这些孩子特别高兴，可能你没到我这年龄，到了我这个年龄你可能也会有这样的感觉。看到一个个孩子活蹦乱跳，打打闹闹，别人看到的可能是不文雅，不守规矩，我看到的是，孩子真健康，真活泼，多么令人羡慕啊！我从内心里赞扬我的这些孩子，但我不是刻意地夸奖他们，有人说孩子是夸出来的，我并不认同，夸和不夸都不能刻意为之，一切都应该是自然发生的。

褚清源：一进校园，就能看到校门口楼上有几个红色大字"学习即信仰"，能解读一下这句话吗？

王天民：高中部的胡少舟同学说过一句话，隔几天我到教室门口一站，他们就有用不完的力量。什么意思？这就是正能量的能量场，这种正能量来自哪里？不光是腹有诗书气自华，没有诗书也没有关系，只要你有一个信仰，就会有这种能量。

在圣陶学校，我经常给老师们培训，有时培训《道德经》，有时培训《论语》，还会培训数理化等学科知识。你千万不要以为我是在培训他们知识，其实，我每天晚上都在培训教师的能量场，一个单位、一所学校、一个社会如果始终处在正能量场中，大家心在一起，还有什么困难不能克服，还会惧怕什么难题呢？所以，学习即信仰，就是在营造一种能量场,在这个能量场当中每一个人都是创客,每一个人都可以创造奇迹。

除了学习,圣陶还有什么

褚清源:关于圣陶经验,业界一直褒贬不一。其中有一种声音认为,圣陶学校的学生只有学习这件事,是一种典型的应试型教育,是打着"教育之道"的大旗变相行应试教育之实。对此,你怎么看?

王天民:圣陶的学生的确都很爱学习,我也不知道为什么?有学生曾经为了一道数学题,共同钻研了23天。我认为这本身就是一种钻研精神,哪里只是为了学习,为了应试。学生如果始终乐在其中,那学习就是一种快乐,而非痛苦。

圣陶学校没有专业的音乐教师、美术教师,我们条件真的太差了,我们没有实力聘请优秀的教师,好不容易培养了一些优秀教师,公办学校一招教,都走了,哪一位教师不想有一个铁饭碗呢?即便如此,我们的学生也有他们自娱自乐的生活方式。圣陶学校每一大周(10天)都有学生自己策划组织的文娱会演活动,从幼儿园到高中的学生在一起联欢,别有一番味道。学生们都是利用课余时间进行排练,因为没有专业老师指导,他们为了学习一个舞蹈,就自己从网上下载视频,跟着视频学。圣陶学校的节目质量可能比不上城市学校,但在我眼中,这是最好的。真的,因为孩子们很开心!

褚清源:是不是可以这样理解,如果圣陶学校有更多更好的条件和资源支持,学生会发展得更好?

王天民:是的,我们也想给孩子们提供更好的条件,可是,圣陶现在做不到。我办的是平民学校,每学期收费只有一千多,我的目的是搞教育研究,我还没有实力改变学校的硬件。

令我现在感到欣慰的是老师和学生们,他们能安贫乐道,我觉得这就是幸福，我们满足了，但是我们渴望着改变。爱美之心人皆有之，谁不想好一点呢，但是这要自然而然地发生，自然而然地发展，我不祈求上天给我们掉馅饼，但是我相信，圣陶的明天一定会更好。

我希望来到圣陶的校长、教师，看到圣陶学校不足的时候，千万别见外，我们会虚心接纳所有的建议。圣陶的学生不一定见人就鞠躬问好，不一定言谈举止落落大方，因为他们毕竟是山区的孩子，环境决定了他们这种生活的样子。在圣陶学校，课间你会发现学生蹦蹦跳跳，打打闹闹，当然都是小打小闹，这里没有人看管，我们也从没有担心过安全问题。孩子们的野性、天性、纯真，要允许他们释放，允许他们在校园里面"撒欢儿"。撒欢儿，这是我们当地的方言，就是很高兴地在校园里无拘无束跑来跑去。

有人看见圣陶的学生直接对着水龙头喝生水，认为这不卫生。我说，他们都是山区的孩子，山区的孩子都是喝泉水长大的，这比泉水干净多了。我们农村人常说，"不干不净喝了没病"，也许城市的教师无法接受，但这就是圣陶孩子们的自然态，一切听凭自然。

你还可能看到个别学生会吸烟，那是其他学校开除的学生刚刚来到圣陶，刚来的学生，我们不会给予太多的限制，允许所谓"坏习惯"的存在。

褚清源：问题生转化是一大难题，圣陶学校在转化问题学生方面，是怎么做的？能具体谈谈吗？

王天民：我的理念是不跟问题学生谈他的过去，不揭他的疮疤，俗话说"打人不打脸，揭人不揭短"嘛！一些外地学校开除的学生来到圣陶，从来没有人会说他们是被开除的，他们自己不说，老师们也不允许说，我也不允许说。

登封一个孩子来了，爸爸是教育局的领导，孩子退学已经很长时间了，是很多人眼中的"问题学生"。来到圣陶以后，孩子每天都在寝室里睡觉，班主任并不管他太多，家长听说孩子在寝室里睡觉老师都不管，就向我反映。我说，你看到的都是负面的，我看到的则是孩子身上的积极变化，他现在至少不外出泡网吧了，不打扰别人学习了，这就是进步。现在一个学期过去了，孩子已经融入这个集体了，身上的很多变化让爸爸都感到不可思议。

将教育理念拉回中华文明

褚清源：圣陶是一所神奇的学校，这是很多来过圣陶学校的人的共识。因为圣陶的确颠覆了太多司空见惯的教育常识，做出了其他学校不敢做的改革。而圣陶作为私立学校的这一体制外生存无疑为这种大尺度的改革提供了土壤。

王天民：圣陶也是在摸着石头过河。许多探索只是我认为是规律的就去做了，是对是错，不得而知，只能由专家们评说了。当然，如果圣陶的探索能对我们的教育改革有那么一点点启示，我就心满意足了。如果有争议，我也坦然接受。

以前我不想让外界知道，从不接受媒体的采访，认为一生所做的事情自生自灭就行了。是《中国教师报》记者的执着和专业精神感动了我。现在《中国教师报》报道了，不少人都知道了，这有正面作用，也有负面作用。如今做事难，做人也很难，不干说你懒，干了说你贪。我真希望什么都没有发生，只愿在自己的这片教育桃花源里，独守终生。

褚清源：圣陶今天的改革不是偶然的，实际上有你几十年的经验积淀。在你的教育生涯中，助力你不断改革的关键人物有哪些？

王天民：圣陶学校能发展到今天不是偶然的，很多人说课改很难，课改是带着镣铐跳舞，我却没有这样的感觉，为什么？因为我这里有这样一个土壤。20世纪70年代，我就开始在自己的班级进行改革了。当时我有一个好校长叫马迎喜，现在已经 84 岁了。我当年尝试改革的时候，马校长说："改吧，你可以不写教案，可以不批改作业。改对了，我为你宣传推广，改错了，我老马给你负责。"我感谢马校长在我刚刚改革的时候给我的信任和支持。改革太需要这样的环境和土壤了。

第二个关键人物是县教研员王文培老师，他虽然只比我大四岁，但是我们亦师亦友，是他把我带上了更专业的教改之路，他领着我到全国各地参观学习，使我有幸接触了很多大师级的人物，学习到了全国最前沿的教育理念。这些都为后来圣陶学校的改革奠定了坚实的基础。

圣陶学校的改革之所以成为可能，还有很重要的一个原因，那就是我们当地教育行政部门没有加任何的干预。感谢他们为圣陶营造了改革的空间。

褚清源：我知道你有一个更宏大的愿望，就是让教育理念回归中华文明。你也曾说，"不把中国教育从西方文化轨道拉回中华文明，我死不瞑目"。为什么你会有如此强烈的愿望？

王天民：我认为西方偏重的是科学治国，中国偏重的是以道以德治国。我们看《论语》《孟子》《老子》，强调的大多是道和德，《论语》从头至尾，你看到六艺怎么教怎么学了吗？我想这可能就是中华文明和西方文明的区别。当然，西方也讲究德，也讲究道，也讲究思想理念，但是我觉得中国教育更重视道和德，所以我的想法是让教育理念回归中华文明，用实际行动将教书育人改为育人教书，将传道授业变成传道育人。

我一直想发表一个声明：圣陶经验不是我王天民创造的，不能过度放大我个人的因素，圣陶真的没有什么创造，如果有，那也是得益于中华文明，这才是圣陶经验的源头。我希望更多的教育者能团结起来，共同弘扬中华文明，把教育从西方的逻辑中拉回中华文明的轨道。

褚清源：那么，圣陶的教育实践中来源于中华传统文化的具体做法有哪些？

王天民：比如说我们的三级同班混龄学习和单科独进，其实都来源于古代私塾的教学方式。比如，圣陶学校提出的自主学习三大步骤：一靠顶尖名师指引，二靠优秀学习团队合作，三靠独立自主钻研的精神。这里的名师与我们现在所说的名师不同，这里的名师更多是指"人师"。我们常说，经师易得，人师难求。"人师"是教学生做人，教他们智慧的。这样的教师一所学校不可能太多，有一个就足矣。如果学校一个也没有，那么教师的作用就是通过各种资料，为学生提供这样的榜样教师，让他们知道还有这样的教师在。

褚清源：你说的这类名师如今太缺乏了！有人说，今天学校里"路人甲"式的教师太多，这类教师只是学生成长中的过客，而像你这样的"师父型"的教师，则可以帮助学生发现学习的意义、生命的意义。

王天民：我们做得真的是不够，很多仅仅是一个理念而已。我经常和学生们说的一句话是，我们每一个人都不缺少梦想，甚至不缺少为梦想开始行动的勇气，和成功者相比，我们缺少的是坚持的决心和毅力。不管别人怎么说，我都不会改变我的梦想，那就是把教育拉回中华文明的轨道，让学生真正找到自信，让老师和学生都过上桃花源的生活。

当圣陶遇到杜郎口

褚清源：地处山东的杜郎口中学和地处河南的圣陶学校，同属于农村学校中的改革典型，一个构建了"第三种教学关系"，一个在推动第三代课改。两所学校都各自有内在的"精神模式"，又似乎有着共同的"精神长相"，对此你怎么看？

王天民：与崔其升校长接触了两次。我很佩服崔校长的改革精神。有人说，我和崔校长有不少相似的地方，我们俩都有比较好的记忆力，都不知道苦和累，都视教育为生命。他常说，一事不优，不做二事，我说，不做第一，就做唯一。

有人说，圣陶和杜郎口是中国农村基础教育的两盏明灯，如果是的话，杜郎口是太阳能灯，圣陶则是一个小煤油灯。圣陶太寒酸了，圣陶和杜郎口比不着，真的比不着。

褚清源：正像当年有人质疑杜郎口中学一样，圣陶学校引起各界关注后，也不断有人提出了质疑和批评。你如何看待别人的批评？

王天民：我王天民的确有点另类，有人说我好，有人说我不好，有人说我好强，有人说我好出风头。但我就是我，别人说我好，我权当没听见，有人说我差，也不会影响我，因为我不接他的话，我是一团棉花。我这个人有一个习惯，网上的东西只关注正面的，负面的信息通常不看，为什么？我想尽量使自己心静一些，再静一些。

这可能也是我这一辈子没有苦没有累的原因。有人说要以苦为乐，我不相信，苦怎么能变成乐呢？怎么能以苦为乐呢？当你知道它的苦的时候，它就不是乐。有人说痛苦并快乐着，我也不认同，痛苦就是痛苦，快乐就是快乐，怎么能痛苦并快乐着呢？人怎能一半脸哭着，一半脸笑着呢？

褚清源：我想替去过圣陶学校的教师问一个问题。有教师说，圣陶学校的学生在课堂上自由自在的状态很好，但课堂上也有一种现象，就是有一点太随意，比如板书，比如讲题时的举止要求等似乎都不太规范，在这方面圣陶又是怎样思考的呢？

王天民：圣陶现在解决的是学生能不能爱上学习，能不能不流失社会，能不能不走上犯罪道路的问题，圣陶的学生有不少是其他学校开除的学生，圣陶学校需要改进提升的方面太多了。学生的一些行为规范暂且只能顺其自然，这在其他人看来可能不可思议，但是圣陶目前要解决的是，如何让学生不厌学、不流失，这是当务之急。在其他学校很可能兼顾，但在圣陶还兼顾不了。这正像对于一个乞丐首先要给他什么，是解决温饱问题。温饱问题没有解决,要让乞丐穿戴更好一些,举止文明一些,意义不大。

来到圣陶最应该看什么

褚清源:如果要学习圣陶的经验,你认为最应该学习什么?

王天民:千万别学圣陶,每一所学校都要做好自己,守住自己才是最重要的。

褚清源:这个问题不能回避,一定要给点具体的建议。

王天民:借用马云曾经说过的一句话,男人的长相和智商成反比。我想说,王天民的长相和它的智商成反比,圣陶学校的外表和它的内涵也成反比。

第一眼看圣陶学校可能觉得脏乱差。圣陶学校和其他的学校相比,1000条中可能有999条不如其他学校。圣陶学校的厕所太脏了,都让人不想进;教室里的墙壁破旧不堪;圣陶的教师似乎不像教师,有一些教师看上去更像个农民;圣陶学校的学生不像学生,像一群"野孩子"……就是这样一所学校,你要看什么呢?

我想举一个真实案例。曾经有一位优秀教师,据说是高级教师,反正是小有名气的教师来到圣陶考察,还没有看多长时间就和我来讨论圣陶的经验。我说请你随便到一个班里去看一看,看10分钟后来说说你发现了什么。他去看了10分钟,来跟我说:"这个班上有16名学生,其中有两个学生学习不够专心。"我说:"别说了,请看这张纸。"我把答案给他了,我说恭喜你今天得了一个"C"。人们来到圣陶通常有三种观点:第一种是大多数同学很努力,这属于A等;第二种是大多数同学学习很努力,但有少数同学学习不专心,这属于B等;第三种是个别同学不努力,这属于C等。第一种情况是来学习的,主要看到别人的优点;第二种是一般考核型的，说等于没有说，看等于没有看；第三种是检查型的、挑刺型的，只看到了别人的不足。

如果是检查和挑刺的，请不要来圣陶学校。圣陶学校有没有一点点值得学习的？我觉得有。

褚清源：请具体谈谈。

王天民：到圣陶学校听一节课，是要看你的运气的。为什么？因为圣陶学校的课堂很少有讲解，大部分时间是学生自学。所以，我建议看圣陶学校要看三点。

第一点：中学生在不在学校谈恋爱，一次两次看不出来，三次看不出来，来的次数多了，你会发现圣陶学校的孩子大多数能平稳度过青春期，为什么？我不敢说圣陶的学生都不谈恋爱，但是他们大多数都心静如水，真的让人感动。

第二点：教师三天五天不进教室，学生不乱，这是为什么？圣陶学校的高中预备班就有一个规定，教师只有受到学生邀请后才能进教室讲课，谁擅自进教室讲课扣 10 块钱，实际上也就是说说，没有真正扣过。为什么不准教师进教室？为什么不准讲？请不要简单地理解为偏执。

某年高考有一道材料作文题，大意是：一个景区树立很多牌子，上面写着"请游人不要给野生动物喂食，否则将影响他们的觅食能力，如有违者将重罚"。用在教学上，你想通过喋喋不休的讲解让学生学会，就等于给野生动物喂食，天长日久就会影响学生的自学能力。国家没有办法，我有办法，我是私立学校，请你离开我的学校，绝不允许你给学生喂食，影响学生的自主学习能力。

第三点：如果有时间一定要到圣陶的高中部看一看，学校门口就是一个网吧，学校没有大门。为什么学生不出去？在其他学校因违纪被开除的学生到这里，老师也没有谈话，一天都没有出去过，在其他学校上网违纪要被批评，在这里没有人管，但他也不去。

这就是圣陶学校对学生的无为而治，其实，对教师也一样。圣陶学校没有政教处，没有教务处，没有那么多烦琐的管理，但圣陶的每一个教师都能够独立作战，为什么？为什么他那么努力，那么勤奋，以校为家？如果来到圣陶，一定要和老师们谈一谈。我常和一些校长说，你们敢不敢不考核教师，不检查教案，不要求签到，签到，是学校管理的悲哀。只有领导对教师无为而治，教师才能对学生无为而治。我想来到圣陶，看这三点足矣。

褚清源：有人说，圣陶的经验不好学，也学不会。对此，你怎么看？

王天民：圣陶学校一次、两次、三次很难看懂，可能就像盲人摸象一样。和其他学校不同，圣陶学校的经验就像流动的空气和水，它是无形的，是不断变化的，每天都有新的奇迹发生。我自己也读不懂圣陶，这不是故弄玄虚，也不是谦虚，也许就是"当局者迷"吧。我王天民真的读不懂圣陶，读不懂圣陶学校的教师，读不懂圣陶学校的学生，也读不懂自己。

我想说，圣陶没有什么经验，也没有什么模式，王天民绝非什么大家，也绝非教育家，就是一普普通通的乡村教师。被这么多人关注，我诚惶诚恐，真的感到名不副实。请大家不要对我寄托太大的希望，为什么？我只是一名教育的老兵，只是有一份教育情结而已。

王天民语录

把 90% 的人说"好"的决定扔进垃圾桶。

教育应该是育教，育在先、教在后，校长要先育自己再育教师。

无私，无欲，无为，无我，名利对我毫无作用。

校长是舵手，不要混到划船的队伍中去。

记在脑子里是财富，记在笔记上是负担。

三流教师教知识，二流教师教方法，一流教师教状态。

教师要做唐三藏，学生要做孙悟空。

越会教的越不会教，越不会教的越会教。

授之以鱼，不如授之与渔，更不如直接向学生要鱼。

你问学生，你是学生的学生；学生问你，你是学生的老师。

我总是在最深的绝望里，看见最美的风景。

人物档案：

张建平，河南开封求实中学校长，河南省民办教育协会基础教育工作委员会副理事长，首届河南省十大教育新闻人物，出版有《为女儿办一所学校》等。

张建平的教育理想国

"这是一位母亲的故事,这是一段教育的传奇。"在《为女儿办一所学校》这本书的封面有这样两句话。该书作者张建平——河南开封求实中学校长,是一位教育的理想主义者,是一位简单的行动主义者,她和她的求实中学都是中国民办教育领域值得细细品读的一个典型样本。发现她就发现了民办教育的希望。

三年前,河南开封的三毛书城,一本名为"为女儿办一所学校"的新书首发式在这举行。这是求实中学校长张建平出版的第四本书了,但却是她第一次搞这样的仪式,参加首发式的大多是她的铁杆粉丝。当看到不少求实中学曾经的学生家长排队等候求书的时候,张建平感受到的不仅仅是温暖,还有办好学校的沉甸甸的压力⋯⋯

二十年前,当她选择从公办学校出走,为女儿创办一所学校的时候,张建平怎么也没想到这所学校会被社会寄予这么高的期望,同样没有想到自己一个朴素的念想却在不经意间成就了一个美丽的教育世界。

当然,不仅仅是为了女儿,让她走上办学之路的,还有藏在心底的久违的教育之梦,那是一个美丽的教育世界,是她童年时在上海接受教育时萌生的,是她在阅读苏霍姆林斯基和陶行知的过程中逐步建构的。因此,人们在谈到求实中学时,习惯性地把它和张建平的教育理想联系在一起。

张建平选择办学可以追溯到早些年的一个美丽的梦。三十多年前，张建平在读苏霍姆林斯基的《帕夫雷什中学》时，还是一位初涉讲坛的教师，书中描绘的一个个场景、一个个故事，让她一往情深。

张建平说，求实中学是她和孩子们的梦工厂。在她看来，办教育很简单，只是一些功利性的东西遮蔽了教育者的眼睛。这是求实中学走过二十年发展历程的简单逻辑。因为道法自然而大道至简；也因为简单，所以求实；因为简单，所以真实；因为简单，所以朴实；因为简单，所以芳香四溢……

张建平是一位真正具有教育家情怀和创业家精神的民办教育人。她的教育智慧就在她那独特的娓娓道来的教育叙事里。与她对话，浏览她的博客，我们常常能感受到她无处不在的故事，那是一种文化的张力。

如今，张建平带领她的团队正在把求实中学带到一个新的高度。这种高度不是规模的扩张，而是品质的提升。伴随着求实中学品牌影响力的扩大，张建平完全有理由和机会迅速完成它的扩张，但是她没有，当一些风投公司主动找到她时，张建平的选择是婉言谢绝。她知道自己该做什么，能做什么。

国家督学、北京十一学校校长李希贵在评价张建平时说，她热衷于事关孩子们身心成长的大事小事、烦心事和高兴事，而且从每件事里都能够发现教育的机会与灵感，这正是一个心底无私、从容淡定的真正的教育家的状态……

访　谈

出走教育围城

褚清源：你刚刚出版了新书《为女儿办一所学校》，书名反映了你当初办学的初衷，促使你最终辞去公办学校领导职务，选择办学的原因是什么？

张建平：《为女儿办一所学校》是我刚出版的关于校长生活的第四本书，"为女儿办一所学校"既是书名，也是我办学创业简单的原动力。

时光定格在1992年的夏天，在开封市一所普通初中送走了一届毕业生后，我身心疲惫，面色憔悴，人瘦了近十斤。其实孩子和他们的家长都是很让我省心的，三年的朝夕相处让我感受到了作为一个班主任老师的欣慰和幸福。我们这个班的成绩一直名列年级第一。

真正让我感到焦虑和心累的，是我们这个班任课教师的问题。公办学校一般实行任课教师强弱搭配的原则。我实在不忍眼看着一些教师敷衍了事，一堂课接一堂课地耗费学生宝贵的青春，我的心时时刻刻与学生一起遭受"晕课"的煎熬。

升入二年级时，学生听不懂某学科教师的课，期中考试，70％的学生不及格。我心急如焚、坐卧不安，就自己备课为学生补讲，但毕竟隔行如隔山。后来，我自掏腰包到外校请一位优秀教师来给学生补课，这在当时是大逆不道的行为，那位老师知道了会恼羞成怒的。为保密，我以遮阳为借口自买窗帘，每天下午自习课，我的班级教室的门窗紧闭，窗帘遮得严严实实，我站在门口装作巡视来回走。一有其他教师靠近教室，我就捏着一把汗，生怕他们听见教室里陌生的讲课声，时时揪心如同谍战片中的"卧底"。我知道,一幅窗帘,是无法永远遮挡我的"叛逆"思维和"另类"行为的,我在郁闷中一遍遍追问:我为什么不能为我的学生选择他们喜欢的教师呢?

我一直对苏霍姆林斯基笔下的帕夫雷什中学充满向往,那也许是我毕生追求的愿景:"放假了,带着孩子,背起行囊去野足,茫茫夜空下,孩子们点起篝火,搭起帐篷,围着篝火唱歌、跳舞、做游戏,躺在帐篷里讲着开心的故事,数着天上的星星……"真正的学校应该是人类真、善、美及一切高尚文化精神的源泉和珍藏地。我一直是这样认为的。

那个时候,我的独生女儿薇薇即将小学毕业。那一年开封市取消重点初中,实行就近入学。在普通中学当了那么多年教师的我,非常清楚地知道,我的女儿也要面临着许多无奈的选择,也要遭遇"晕课"的折磨,也会被某些"搭配"教师无端地浪费宝贵的青春。就是在那个时候,一个大胆的想法在我头脑中蓦然跳出——找几个优秀教师办一所好学校,像苏霍姆林斯基笔下的帕夫雷什中学,像陶行知先生的晓庄师范,像马卡连柯的少年公学团。我无法改变整个教育状况,但我要以一个有良知的教育工作者的身份创办一所真正的学校,开垦自己心目中的"桃花源"。

褚清源:但是,办学毕竟不是一件简单的事情,你想过可能要面临的一些困难吗?

张建平:有不少人问我,刚开始办学的时候一定很困难吧,一定遇到非常棘手的事情吧?我想了又想,确实找不到有什么困难和棘手的事。其实,世上的许多事情本身并不复杂,主要是我们把它们想得太复杂了。我是个头脑简单的人,简单到从里可以看到外,连一点隐私都没有。所以我的创业计划也很简单,我认为不就是租了几间教室,找几位老师吗?

我属于那种想到说到就能做到的人。于是立即行动,颇为顺利地租校舍,跑批文。

在一无资金，二无背景的情况下，开封市教委批准支持我创办了"文革"后开封市第一所民办学校——开封求实中学。就这样，女儿上学的问题点燃了我独立办学的导火索——当初只为女儿有个良好的学习环境，我毅然走出了捧着"金饭碗"的教育围城。

办中国的帕夫雷什中学

褚清源：求实中学是当地老百姓心中的一所"好学校"，那么你心中"好学校"的标准是什么，如何描绘你心中理想的学校？

张建平："一位好校长就是一所好的学校。"办好一所学校，需要有四大支柱：一是一位充满教育理想的优秀校长和他的有追求、有凝聚力、求真务实的领导班子，二是一支有使命感、有激情、高素质的、稳定的教师队伍，三是尊重学生自由意志和独立人格的快乐教育，四是师生关系和谐、与家长沟通顺畅、充满大爱的校园文化。

孔子兴办私学，一生最重要的功课是"求仁"；柏拉图创办学园，全力倡导并身体力行培养哲学王，培养有智慧的人；耶稣行走在加利利海岸，他说只需要做一件事情，那就是"爱"。这些都是我心目中的理想教育。当我们从沉闷的教育现实中抬起头来，回望这些历史的身影，当教育被物化为一张张高考通知单、一个个高分数，而分数的背后有无数利益的眼睛在紧盯的时候，我们再也找不到作为教育者向学生传播真理的崇高感了，有的只是痛彻心扉。教育的异化正在绞杀孩子心中最美好的一些东西。为此，我一直坚持关注学生整个生命过程的理想教育，由此形成了求实中学特色校园文化，而其最简单的基点，是关注师生心灵的和谐。

褚清源：有人把求实中学誉为"中国的帕夫雷什中学"，在你看来，求实中学与帕夫雷什中学有哪些相似的品质？

张建平：在苏霍姆林斯基教育思想影响下，求实中学具有以下品质：

其一，创办快乐学校，让我们的学生带着幸福感，因在求实中学三年的学习而受益终生，这成为我们坚定不移的办学目标。而快乐学习是求实中学学生减负不减"分"的秘诀。一个痛苦的行囊沉重的旅行者，是无法欣赏学习之旅沿途美丽风景而最终登攀险峰的顶点的。

其二，实施和谐教育，注重师生之间（如师生谈心本）、同学之间（如各类班级活动及自主管理），甚至家庭成员之间（如家庭教育、家访及对家长培训等方面）的和谐，让学生在学与用中，因发掘点滴的成功而自尊和自信，要找到每个学生身上的"金矿脉"，取消三好学生评比而用多把尺子评价学生，让每个孩子都"抬起头来走路"。

其三，关注学生心灵，学生充实的精神生活和丰富的内心世界是其全面发展的一个极其重要的标志。求实中学运用精神加油站、新生夏令营、"长征"、生存体验等特色活动，根据孩子们的心理需求，进行人性主动的道德教育、美育陶冶及技能锻炼，使之仰望星空、脚踏实地并全面发展。

其四，自由自主发展。学习不是被奴役，学生的创造潜力无穷，关键是我们要提供适合他们自由发展的空间。求实中学把自习、课堂及作业最大限度地还给学生，让学生成为主题校会、毕业大典及班级活动的主角，处处点燃学生创意的思想火花，成为他们预演成功人生的舞台。

离开教学一线的校长就像浮萍

褚清源：几年前去过你的办公室，很小，只有6平方米，并且还是与会计室合署办公，是学校条件所限，还是原本就不需要一个独立的办公室？

张建平：一个优秀的校长的根应该在教学第一线。我有一个这样的习惯，坐在办公室里有点浮云的感觉，只有走进教室、办公室，走到操场上面对我的学生，我的心里才踏实，晚上写校长日记的时候，白天那一幕幕的温馨的场面像电影、电视连续剧一样在我面前闪现，才能下笔如神，思如泉涌。

我的办公室原来只是学校会计室里的小套间，后来学校整体改造，我才有了独立办公室。我认为，校长办公室不可过于豪华，校长要扎根于教学第一线，"混"在教师学生中间。如果校长不能掌握并感受大量生动新鲜的教学和管理实例实践，不能在现场观察并解决问题，必然成为本末倒置、一事无成的"官僚"。

曾经见过奢华的校长办公室，看到那些校长在里面不停地开这个会、那个会，忙碌得像个陀螺。但是，离开教学第一线的校长很像浮萍，又能忙出什么结果呢？

我算是一个比较自信的人，因为自信，所以从来不用物质装饰自己，只有不自信的人才会刻意用奢华包装自己。一个奢华的校长办公室，除了昭示一种奢靡浮夸的作风，还能有什么意义？

褚清源：你认为，作为一个成功的民办教育创业者需要哪些品质？请你列出一些关键词。

张建平：作为民办教育创业者需要具备的基本品质：首先是善良、真诚，有大仁大爱的平等之心；有良好的读书习惯，并且，通过文字，能把读书的智慧转达给每个老师；拥有无为而治简单高效的管理运作智慧；对书籍天生的深厚感情；广开言路和广开才路；善于走进师生心灵的沟通能力，有人格魅力。

文化决定求实中学的未来

褚清源：有人说，师资瓶颈是民办学校发展面临的第一瓶颈，对此你怎么看？你认为，民办学校要靠什么才能留住优秀教师？

张建平：民办学校的教师有强烈的危机感，适当的危机感是有价值的，生于忧患，死于安乐嘛，但问题是我们应该给教师多大的危机感，给他们什么样的危机感。

譬如，一些民办学校搞所谓的末位淘汰制，哪位教师的教学业绩倒数第一就被淘汰，淘汰的可能只是极少数人，但是，所有的教师都如履薄冰，每天如同站在悬崖边，这样的环境能留住人吗？

譬如，我们常说的待遇留人、情感留人、事业留人。虽然情感、事业都很重要，是精神层面的财富，但是，不给教师足够的、让他们感到与付出成正比的待遇，让教师饿着肚子享受情感、事业是不行的。

也因为此，求实中学为教师购买了事业保险、医疗保险、重大疾病保险、失业保险等保险，每年都按教龄安排教师到澳大利亚、新西兰、香港、澳门等地旅游，教师的子女在求实中学上学给予很大比例的优惠……

此外，求实中学做得更多的是给予教师人文关怀。为了减轻住校部班主任的压力，我们规定晚值班期间非值班人员一律回家休息，不得在办公室逗留。我们给予教师许多的自由，同时又给予他们许多的约束，譬如，逼教师学习就是一个很人性化的举措。

褚清源：求实中学的很多人性化管理创意，为破解民办学校师资困境提供了有益参考。

张建平：一位优秀校长要办成一所优质学校，关键是培养打造一支有使命感、有激情、高素质、较稳定的教师团队。创业初期的相当长时间内，师资问题的确是求实中学发展面临的第一瓶颈。但是，求实中学敢于摒弃民办学校存在的用人误区：一是千方百计高价去挖"名校"的退休"名师"，大多为了装点门面；二是功利心态、短期行为，对教师只用不育，不愿或无力进行智力、情感投资，而且唯恐培养的人才跳槽。

我始终怀着敬畏之心，把"人"的发展放在第一位。求实中学用人机制的特殊之处，在于人本意识，是对教师全方位渗透的尊重关爱的校园文化：给教师以双向选择的尊严和机会，广纳人才；提供教师工作的舞台，关注其心灵的自由和幸福感；创造教师发展的平台，激励甚至强制其读书、写博及反思等，引领自我提升和成长完善；关怀体贴教师的生活，如发放服装费、建立教师公寓、提供养老医疗等，提高他们的生存质量和生活品位。最高境界的感情投资是一种自然而然的融合和优势互补的合作，而有意而为的小恩小惠，以收买人心，但内心深处仍视教师为"雇工"，将学生当"摇钱树"，一不小心就露出"学商"的尾巴，总难免使师生与学校貌合神离。

所以，求实中学的教师并非拥有闪光头衔的名师和出身名校的高才生，却成为开明、清明的仁爱智慧之师。一些优秀教师放弃铁饭碗到求实中学来，甚至把自己的爱人、亲朋好友介绍到学校工作。求实中学的创业元老，一直和我愉快合作直到今天。我力求做到，让每一个教师从走进求实中学开始，就有尊严地快乐地工作和生活着，并分享与求实中学共同成长的发展成果。

褚清源：求实中学在新的发展阶段需要再出发，它未来发展所面临的瓶颈是什么？

张建平：对求实中学自身的发展，我没有太多渴求。但是，我一直有一个愿望，想让求实中学的教育思想在更多的学校生根发芽，团结一批志同道合的学校，协同发展。我想，这是一个有责任感的教育者应该去推动的。现在有不少学校对求实中学的教育很感兴趣，但是苦于学校无力进行系统的跟踪指导，很多想法一度搁浅。所以，我遇到的不是求实中学发展的瓶颈，而是求实中学文化推广的瓶颈。

褚清源：求实中学必然要面临接班人的问题，你对求实中学未来的接班人有过思考吗？

张建平：没有考虑谁接班的问题。因为一个学校的发展不是靠人，而是靠文化，靠严谨科学的制度。当初，我是为女儿办一所学校，如今她虽然已经回到开封，但是，她却拒绝在求实中学工作，另辟蹊径，自己创办了开封市第一所国际高中，一所我一贯不支持的收费很高的"贵族"学校。

我认为，接班人问题并不是一个人的问题，而是一个领导团队的问题，需要我们老一代加快对现有及引进学校领导成员的选拔、培养及信任、放手，同时以学校制度建设和独特的求实中学文化，保障并推动求实中学的平稳过渡和持续发展。

我现在之所以写文章、发作品，一方面是因为我喜欢，另一方面是因为我想把我的思想变为实实在在的文字，让全体教师都来体验我的思想，理解我的思想，在工作中渗透我的思想，当我和教师的价值观达到高度统一的时候，求实中学的文化就形成了。那么它就可以像牛津、剑桥一样，不管是哪位校长领军，求实中学的文化永远不会变色。

不做"学商"

褚清源：对于尚处于弱势地位的民办教育，你认为这个群体有劣根性吗？

张建平：公办学校是国家财政供养的孩子，民办学校与之相比是自卑的，其实，更大的悲哀不在钱财上，而在校长的基本素质上。

与公办学校相比，民办学校校长的身份很复杂，三教九流，什么样的人都可以办学，特别是一些农村民办学校校长的素质实在让人感到汗颜，这绝不是偏见。

校长的素质直接决定办学目的和办学质量。而教育行政部门对民办学校校长的专业素养基本不过问。

民办学校校长的劣根性表现在如下几点：其一，急功近利。我考察过一些农村小有名气的民办中学，升学率不低。可我的心是沉重的，因为在他们学校找不到像样的实验室、图书馆和活动室。最让我揪心的是，学生每天早起晚睡，只是高压下快速开动的学习机器，几乎没有任何阅读、美育及开阔视野的机会，更没有情感教育与心理关注，甚至有的农村小学没有体、音、美教师和课程。这种靠强制、靠打疲劳战、以学生的健康和生命为代价拼升学率的做法，是目前农村民办学校的一个特点，也让我深感忧虑。青少年时期的教育背景会影响一个人的终生，孩子每个成长阶段都有自己特定的精神需要，一旦过了这个阶段，再去弥补过去的缺失，就像在一件异常华贵的完整的衣服上打了一个补丁，永远会留下不和谐的破损痕迹。

其二，把办学当经商。办学是一个长线投资，投资者一般在短期内得不到回报，一旦招生受到影响，就会出现资金链断裂。所以，投资教育风险很大。

但是，一些人却片面以为办学能盈利。许多房地产商投资办学，其结果都以失败而告终。

这些人属于典型的学商办学，挖名校退休的校长，面对的是尊严和前程不保的老师，是管不得的学生，要付出比公立学校多几倍的代价，才能满足因夸大宣传造成的家长的高期望值，而且，校长要听命于不懂教育的投资者的指令。投资者总是嫌利润回报太少，投资越大，越急于收回成本，越不顾生源质量、师资力量和教学质量。于是，生源枯竭，教师不断流失，形成恶性循环，导致资金链断裂，失败是必然的。民办学校的生命力为什么如此孱弱？自己难免有一种物悲其类的凄惶。

我常想：办学是为人生的教育理想而来，还是为掘金发财而来，抱着什么动机去办学比投多少资金更为重要。而且，不能让学生拼一时的升学率，要为学生的终生负责。

褚清源：有偿家教是学校教育的一大毒瘤，求实中学有这种现象吗？

如果有的话，你是如何规避这种现象的？

张建平：曾经看到过这样的场景，学生在里面补习功课，几个家长蹲在路边给有偿家教的教师算补课收入账，一位家长撇着嘴说："这一年下来挣得不少呢。"另一位长叹一声："什么人类灵魂的工程师，都钻到钱眼里了，能指望他们在学校教出什么好学生啊？"

有偿家教，是教育的癌症，放任不管，将会毁掉求实中学的美好前程和教师的灵魂。求实中学曾经也有人顶风作案，带着求实中学的学生回家补课，家长举报后，我马上让教师当着学校会计的面退还了所有费用，并在全校大会点名批评，且降级处罚。个别顽固不化的教师，我们给予了开除的处理，先后有两名教师因此离开了求实中学。现在，求实中学基本上没有这种现象了。

我始终认为，教师是精神产品的创造者，教师的人格、人品、声誉，都是这个产品最主要的成本，其身正，不令而行，其身不正，虽令不从。当一个老师把自己的学生带回家补习、实施以金钱买卖知识的过程后，当面带喜色双手接过学生递过来的补课费时，该如何接受学生那原本清澈的审视的目光？学生心目中高大完美的师者形象会在这种金钱传递方式出现的那一瞬间而轰然倒塌。正如周立波所言：教育一旦同市场扯上关系，所有的灵魂工程师都灵魂出窍了，老师变成老板，学生变成学徒，家长就成了ATM取款机。

张建平语录

教师是精神产品的创造者,教师本人的人格、人品、声誉,都是这个产品最主要的成本,其身正,不令而行,其身不正,虽令不从。

要把人当成目的而不是工具,把人的发展放在一切工作的首位。

感情投资是一种自然而然的融合,而非有意而为的小恩小惠,如果内心深处仍视教师为"雇工",将学生当"摇钱树",一不小心就会露出"学商"的尾巴。

我常想:办学是为人生的教育理想而来,还是为掘金发财而来,抱着什么动机去办学比投多少资金更为重要。

体现求实中学教育效果的不是高升学率,而是学生在未来的竞争中,能否坦然面对困难,能否健康、自信、快乐、有尊严地生活。

后　记

　　这是一次"艰难"的整理。

　　从计划出版到正式出版经历了整整三年。三年来，书中的20位课改人物不断被更新、修改，因为我想呈现更有力量的表达。

　　这是一次重新对话的过程。

　　从采访到写作再到书稿校对，每一次阅读都读出太多的不同。其实，这些人物本身的表达从未改变，而是我的认识在变。每一位阅读者何尝不是在通过文字阅读自己？

　　在这个多元发声的时代，专家、学者、厅长、局长、校长，还有媒体人，都在试图从自己的角度表达课改。这自然构成了最丰富的课改舆论生态。

　　正如生态系统里每一个个体都不同，不同群体眼中的课改也各不相同，但在众多不同中总有重合的部分。所以，在这本书里，当20位课改人物的不同表达集纳在一起时，我们分明发现了他们相同的立场——教育，只有在不断变革中才能抵达远方。

　　是的，如果人人敢于谋变，教育便是晴天。

　　在我的思想里，这本书是用来纪念的，纪念一群人在课改年代经历的思考和行动。尽管这些人物彼此间都是独立的，曾经写下的这些文字也都散落在不同期数的报纸上，但是，因为它们有着相同关键词的链接，于是，把这些看似碎片化的报道重新组合在一起，就有了一个不碎的主题。

这是我独立出版的第三本书了，有朋友说，"你真高产"。其实哪里是高产，我写文章似乎向来都有"难产"的感觉。当然，不管顺产还是难产，重要的是不断生产。平时生产的多了，到了某一天自然就有了丰厚的成果。

前两本书基本上是我过去十年采访报道积累的结果，而这本书则是我在《中国教师报》工作五年后积累的成果。所以，从来没有高产，只有不断坚持。我是把每一篇报道都当作我的一本书去写的。在写作这件事上，我不想轻易降低对自己的要求。

如今，在北京文慧园北路10号中国教育报刊社大楼，我已走过5个春秋。五年来，"在路上"——不只是"诗和远方"，更是一种工作状态。所以，有太多的思考和写作是在高铁和飞机上完成的。我很享受这一过程。当写作成了我生活的拐杖，这些文字便成了我可以安放思考的地方。

如果说这本书是在传播课改思想的话，那么，20位课改人物则是思想的生产者，而我只是一个记录者和加工者，所以，他们才是这本书真正的作者。

作为媒体人，我更愿意将其简称为"媒人"。媒人是负责发现的，发现好的经验、好的成果，发现思想力人物，进而写出有温度、有深度、有故事的报道；媒人也是负责营销机会和希望的。我想，通过这本书，通过这些教育英雄的经验和思想，可以完成一次全新的希望营销，让走在课改路上的人们通过他们看见希望、预见未来！

表达总是有限的，一本书也一样。这本书不可能记录下每一位被访谈者完整的思想。所以，请读者朋友对每一个新思想、新经验保持应有的理解力，客观、理性地发现他们、阅读他们。而作为写作者、作为媒体人，我终将只能作为一个旁观者、观察者，无法介入最真切的课改现场。所以，表达止于文字，也止于那份体验和观察。

我非常钟情于"立场"这个书名。我相信，每一所课改成功的学校都是坚守立场、精神站立的学校。立场往往是和精神站在一起的，当我们真正读懂了立场，也就读懂了课改，读懂了课改就会廓清这样的认识——

课改没有想象中那么难，当然，也不能低估它的难度，难易之间很大程度上体现在胆识和见识上。

不是每一位课改人都可以轻言创造经验，太多的课改者都属于学习者和模仿者。重要的不在于创造了什么，而在于挚爱着自己每天做的事情。

课改需要一种"偏执"的精神，但更需要唤醒那些"我执"的人。有时候，课改者和反课改者一样固执，都需要走出自己的牢笼，相互换位审视一下对方，也许会让你的世界别有洞天。如此，教育才可能打开一个更丰富的世界。

在这篇文章就要结束的时候，我知道，感谢，依然是绕不过去的主题。

感谢为本书题写书名的两位兄长。他们分别是河南内黄县六村乡第一初级中学教师代剑冰、河南长垣县步步高学校校长陈铭，其中代剑冰老师是中国教师报报头的题写人。两人均躬耕于农村教育，却心怀理想，以"字"悟道，让人感佩。邀请两位兄长题写书名，不仅因为我喜欢他们的字，更因为代表了希望在民间的立场。

感谢梁颖宁、孙东，在本书的整理和设计过程中他们友情支持了很多，感谢我的责任编辑杨智，在五年多的合作中，我们彼此达成了更多的默契。

感谢我的领导和同事，每一篇作品是由被访谈者、采访者和编辑、校对共同完成的，感谢他们在幕后默默为我的这些文字做嫁衣。

2016年10月于北京

褚清源作品

学校智道
——20所课改名校成长力报告
褚清源 著　32.00元

关于学校成长力的教育学解读，系统呈现课改田野的原创性成果，全新视角注释成功学校发展智慧。

问道课堂
——高效课堂理念与方法的26个追问
李炳亭　褚清源 主编　28.00元

批判课堂之弊，捍卫课堂常识，引领课堂新象，重塑课堂文化。

为民办教育立言

褚清源　黄浩 主编　32.00元

　　围绕民办教育改革与发展，呈现大量活跃在民办教育领域的改革者的观点和声音，还原一个有温度、有力量的民办教育形象。

中国民办教育观察

褚清源 著　32.00元

　　一位记者眼中关于民办教育发展态势的独立观察，一部提升民办学校办学人战略思维的经典读本，既有对民办教育发展态势的整体分析，又有对成功学校品牌发展的微格式解读。

高效课堂技术解码

王红顺　褚清源　夏书芳 著　35.00元

　　立足高效课堂推进过程中的疑惑和问题，从实践出发，对高效课堂进行技术解码，给一线教师提供一本工具书，一本高效课堂的行动指南，一本全面解读高效课堂操作技术与方法的完全手册。

图书在版编目（CIP）数据

立场:20位课改人物访谈录/褚清源著.—济南:山东文艺出版社,2017.3
ISBN 978-7-5329-5390-5

Ⅰ.①立… Ⅱ.①褚… Ⅲ.①基础教育—教育改革—研究—中国 Ⅳ.①G639.21

中国版本图书馆CIP数据核字(2017)第007378号

立场
—20位课改人物访谈录

褚清源 著

主管单位	山东出版传媒股份有限公司
出版发行	山东文艺出版社
社　　址	山东省济南市英雄山路189号
邮　　编	250002
网　　址	www.sdwypress.com
读者服务	0531-82098776(总编室)
	0531-82098775(市场营销部)
电子邮箱	sdwy@sdpress.com.cn
印　　刷	山东德州新华印务有限责任公司
开　　本	710毫米×1000毫米　1/16
印　　张	19　插页/2
字　　数	240千
版　　次	2017年3月第1版
印　　次	2018年4月第4次印刷
书　　号	ISBN 978-7-5329-5390-5
印　　数	10001~15000
定　　价	36.00元

版权专有,侵权必究。如有图书质量问题,请与出版社联系调换。